U0852470

Real Ethics

Reconsidering the Foundations of Morality

当　代　世　界　学　术　名　著

真正的伦理学

重审道德之基础

约翰·M·瑞斯特（John M.Rist）／著
向玉乔　等／译

中国人民大学出版社
·北京·

“当代世界学术名著”
出版说明

中华民族历来有海纳百川的宽阔胸怀，她在创造灿烂文明的同时，不断吸纳整个人类文明的精华，滋养、壮大和发展自己。当前，全球化使得人类文明之间的相互交流和影响进一步加强，互动效应更为明显。以世界眼光和开放的视野，引介世界各国的优秀哲学社会科学的前沿成果，服务于我国的社会主义现代化建设，服务于我国的科教兴国战略，是新中国出版工作的优良传统，也是中国当代出版工作者的重要使命。

中国人民大学出版社历来注重对国外哲学社会科学成果的译介工作，所出版的“经济科学译丛”、“工商管理经典译丛”等系列译丛受到社会广泛欢迎。这些译丛侧重于西方经典性教材；同时，我们又推出了这套“当代世界学术名著”系列，旨在逐译国外当代学术名著。所谓“当代”，一般指近几十年发表的著作；所谓“名著”，是指这些著作在该领域产生巨大影响并被各类文献反复引用，成为研究者的必读著作。我们希望经过不断的筛选和积累，使这套丛书成为当代的“汉译世界学术名著丛书”，成为读书人的精神殿堂。

由于本套丛书所选著作距今时日较短，未经历史的充分淘洗，加之判断标准见仁见智，以及选择视野的局限，这项工作肯定难以尽如人意。我们期待着海内外学界积极参与推荐，并对我们的工作提出宝贵的意见和建议。我们深信，经过学界同仁和出版者的共同努力，这套丛书必将日臻完善。

中国人民大学出版社

致　谢

在过去十多年时间里，我一直致力于思考该书的主题，欠下了许 vii
多哲学债务，尤其因为我在三四年之后认识到，如果我对奥古斯丁了解更深（我在 1994 年写了一本有关他的书），那么我为写这本书所做的准备工作就会更加充分。我应该感谢那些选修了“哲学 200 和 300”（即伦理学）的学生以及那些前来参加我主持的有关奥古斯丁的专题研讨会的学生。

我的许多同事和朋友在我写作本书的不同阶段向我提供了帮助。在这些人中间，我想首先感谢的是 Elmar Kremer，因为她准确地激烈抨击了书的第二版的部分内容。第一、二章的部分内容在马萨诸塞州沃西斯特的圣十字大学举行的一次古代哲学研讨会波士顿地区分会上进行了讨论。我感谢所有参加那次建设性辩论的人，尤其是雷切尔·巴尼（Rachel Barney）。我的一些更广泛的建议被提了出来，并被作为一个有关阿奎那的演讲稿在马凯特大学（Marquette University）发表。我还感谢 John Jones 和该大学哲学系——特别是该系访问教授即波士顿大学的 Arthur Madigan SJ 教授——为我提供了一个试教的好地方，并向我提出了有关共同善这一难以回答的问题。罗马的阿奎那研究所为我提供了顺利完成该书最后部分的工作地点。我要特别感谢该研究所的主任 Angelo di Berardino 教授以及 Robert Dodaro 教授、Allan Fitzgerald 教授和 George Lawless 教授。感谢他们向我提供了各种帮助和鼓励。

剑桥大学出版社的 Hilary Gaskin 博士是一位乐于助人的编辑。我还想感谢出版社阅读该书的两名不知名的读者，他们对书提出了很有建设性的评论，使该书尤其是有关伊壁鸠鲁和休谟的部分得到了实际改进。

viii 我总是在自己的家里探讨哲学观点。我的小孩经常（有意或无意地）为我记录的辩论做出贡献。我把我最后的敬意献给 Anna Rist，因为她对全书的语言和论断进行了严格的审查。她不仅与我分享思想，而且在很多地方帮助我纠正观点，使我的观点变得清楚明了。由于我的心里装着非专业读者，因而我努力使该书在不参考脚注的情况下就能够被读懂。

目　录

导论　新旧伦理学危机

本书将对苏格拉底时代，甚至更早时代以后的伦理学历史上的话 *1*
题进行局部的、必要的反思，但它关注的核心是当代西方在争论伦理学基础问题时所陷入的普遍危机。对这一危机的讨论——包括一些比较陈旧的观念，如连贯的道德命题是否必须建立在形而上学真理基础上；我们在没有形而上学这一真理基础时必须承担何种后果，等等——目前大部分只是在大学的哲学系进行，但在那些地方先验实在论——相信存在一种绝对善的观点——和影响力更弱的各种道德客观主义即使没有被彻底消除，也是被弱化了。我们——不管“我们”是谁，反实在论也很快会在我们这里抬起头来①——现在必须对我们视为善的东西进行“有意义的”和“令人满意的”选择，而且我们自己必须理性地“建构”道德理论思辨可以依赖的价值观。② 伦理学理论

① 参见 O. Flanagan and A. O. Rorty (eds.), *Identity*, *Character*, *and Morality*（《身份、性格与道德》），Cambridge, Mass.: Harvard University Press, 1990, p. 3。作者告诉我们：我们需要一个“更有力的身份概念”，但“问题是客观的观点可能假设一种不必要的形而上学实在论”。

② 同上：“根据……理想进行的生活可能是有意义的，因为它是一种自我选择的生活或因为个人的理想和她的性格、生活模式之间存在某种共鸣和一致性。”

面对的这一危机在大学内外的影响都是显而易见的：它存在于我们对西部各州贫民（姑且不说第三世界的贫民）所承担责任的评估过程中，存在于有关市场经济伦理或现代军火交易的争论中，存在于有关哪些政策应该被用于控制基因研究或有关越来越多因医药的使用而导致的“生活质量”问题的辩论中。

学术界和专业领域对上述理论危机的严重性和复杂性的感觉与普通人的无知搅在一起，这为公开辩论中的欺骗行为、含糊其辞、公开
2 谎言和胡说八道开辟了道路。公众在培养其潜在“道德”态度和自我意识方面总是落后于理论家。在西方社会，尽管人们对权利、选择和“自由”抱有无所不在、模糊不清的偏爱，但由单一基督教历史所产生的伦理惆怅心理在社会精英层之外仍然有相当的影响，而且这一正在逐渐消失的事实仍然在阻止学术界、新闻媒体和律师一如既往地夸夸其谈（为直接的谎言和误导辩护），因为他们的话纵然是可信的，也难以在非专业人士当中被广泛接受。大多数人对知识精英们的观点可能产生的实际影响不熟悉或不感兴趣，除非他们的观点导致了犯罪的增加——特别是针对人的犯罪的增加——或者说，某种潜在的思想潮流正在（可能通过好莱坞或音乐行业里的显赫人物）加剧某种过分公开的享乐主义或控制性欲的行为，或者说——更为常见的是导致了一种忧虑——基本教育技能的衰退。然而，欺骗在这些辩论中已经非常普遍，因为人们可能认为青少年怀孕这一有害现象和轻视“维多利亚价值观”的态度之间并不存在必然联系。

在西方有记载的道德探求史开始的时候，柏拉图就曾经在人们广泛相信当时的道德模式和道德传统不存在任何真正宗教或形而上学因素的情况下就伦理学的基础及其重大影响提出过类似问题——那些道德模式和传统本身可以理性地——假如有必要，也可以非理性地——被迥然不同的东西所替代。他相信，假如超越自我利益的道德必须得到理性的辩护，它必须被建立在形而上学基础之上。在《理想国》（*Republic*）里，他就设法把这种形而上学基础的本质置于伦理探讨的核心地位。他的书在当时太具有挑战性了，因而他的整个设想没有

在短期内获得人们的认可。

柏拉图失败的一部分——我将在第一章里进行探讨——在于他在探究哲学问题时有意采用了非系统的方法。在进行道德说教的时候，他不想引诱人们用鹦鹉学舌的方式得到“正确”答案，他试图通过对话间接引导而不是通过陈述、辩护和相应的论证来说明道德哲学和有关人的理论、人的身份之间的明显联系，古希腊人几乎没有撰写方法论著作的天赋。另一个因素在于，柏拉图的许多信徒对他的形而上学感到非常厌倦，因而他们倾向于忘记柏拉图提出观点的最初目的是为了给“最好的生活”奠定基础和保养人的灵魂。至于他的对手，由于十分强调柏拉图在形而上学方面的不足，他们忽略或误解了柏拉图的理论对伦理学的影响。他们要么将柏拉图具有明显缺陷的基础主义搁置一边，要么暗地里部分地挪用柏拉图的基础主义观点，而对其他能够使柏拉图的理论连贯一致的、更加根本的内容断然拒绝。

有理由相信，我们的时代和柏拉图的时代一样，关系道德基础的 3
理论危机内在地存在于许多关于个人决定和政治决策的直接争议中，而当今许多道德辩论中的混乱部分是由于学术界之外的人不愿意——学术界内部的人往往也不愿意——直接面对这一危机造成的。这种回避现实的“鸵鸟政策”可以在这样的事实中得到例证：甚至许多宗教界的作家似乎希望通过解释消除而不是仅仅忽略激进的基础主义对整个伦理信仰体系构成的威胁；甚至当他们自身已经熟练地掌握了当代哲学，特别是当代英美哲学的各种技巧的时候，他们也是这样。

他们当中的一些人认为，通过一些妥协或通过与魔鬼开怀畅饮，他们能够在游戏中击败对手；其他人则希望有神论者与无神论者能够在认识道德的基础方面达成原则上的一致意见。我们目前的研究将得出的一个结论是，无论这两群人能够在实际运用理论方面达成多少一致意见，从理论的层面上来讲，为了达成一致意见，他们中的一群人——必须是有神论者——从一开始就放弃他们的大多数立场：基督教伦理所产生的教人左右为难的效果在于“仁慈”似乎暗含着对敌人的过分尊重！把一种显然世俗的、通常以康德的名义出现的道德理论

4 与一种严格的宗教行为模式结合起来，有神论者支持一种哲学理性主义，同时兼有神学中的信仰主义色彩，并因此陷入了一种道德绝对主义，而他们凭借此种立场对人性、人的状况及人的理性的论述只能是一种不充分的论证。正是由于这一点，他们无法用连贯一致的哲学观点使与他们争辩的世俗对手信服也就不足为奇了。

有神论者与世俗人士或那些没有被有神论者辨认出来的无神论者之间的区别通常对于他们的对手来讲是明显的，这不仅仅局限于那些认为道德对话中没有真理和谬误划分的人——如“情感主义者”和其他的“非认识论者”。那些仅仅用效果来辨别善的后果论者和那些认为一种有效的道德能够通过审查理性主体这一概念得到确立的“康德主义者”普遍相信，试图把人性的本质界定为一种必须依赖有神论或某种“实在论”形而上学的观点已经失败，因此，“深刻的”理论思辨在勇敢的新世界里必须被有关我们的智能、能力和活动的纯实践的、世俗的反思所取代。③

这可能呈现一种让人沮丧的前景，但只要没有沦为后现代主义的俘虏，世俗人文主义者就有必要成为乐观主义者。德瑞克·帕菲特（Derek Parfit）是一个大胆的当代思想家。在暴露伦理学领域目前的混乱性质方面，他做了大量工作。他的结论中充满着希望。他不仅认为伦理学基础方面出现的危机已经处于被解决（或被消解）的阶段，而且坚信这是哲学进步的一个表现，因为对道德问题的反思还没有达到成熟阶段。在《原因与人》（*Reasons and Persons*）一书的最后，他这样写道④：

对上帝的信仰或对多神的信仰阻碍了道德推理的自由发展。大多

---

③ 参见 O. O'Neill，*Towards Justice and Virtue*（《走向公正和德性》），Cambridge University Press，1996，p. 95：“如果没有某种相应的至善论或某种必要的形而上学作为背景，根本不可能为实施者（或人）或主体（或权利享有者）确立必要的、充分的条件。然而，大多数当代普遍主义者不愿意支持这种背景论立场。”

④ 参见 D. Parfit，*Reasons and Persons*（《原因与人》），Oxford University Press，1986，p. 454。

数人公然宣称不信仰上帝不仅是近来的事情，而且这一进程还没有结束。由于这一情况最近才发生，非宗教伦理学仍然处于早期阶段。我们仍然不能预测，我们是否能够像在数学领域那样达成一致意见。既然我们不知道伦理学将如何发展，那么对其寄予很高的期望是不明智的。

伦理学目前的混乱并非是由一人造成的。然而，由于对“启蒙价值观”的攻击，同时发展和颠覆康德和边沁的尼采在制造这种混乱方面扮演了重要角色——虽然他有时只是把他自己视为一个记录重大事件的热情的编年史学家。另一位当代哲学家大卫·戈塞尔（David Gauthier）——他绝不是像帕菲特那种经过思想改造的功利主义者，而是一个新霍布斯主义者——把尼采视为我们这个时代的先知：“因为追求真理的意志是这样获得自我意识的——毫无疑问——道德现在将渐渐消亡：这是欧洲在未来两个世纪里将要出现的众多事件中的一个重大事件——它是所有事件中最让人害怕、最让人怀疑，可能也是最引人注目的事件。”⑤

我们姑且不管帕菲特认为大多数人现在已经开明到能够公然承认 5
不信仰上帝的地步的观点（因为帕菲特——不仅在这一点上——似乎认为人类就是由自诩为欧洲中产阶级和北美知识分子、理论家的先驱组成的一群人），而是集中探讨他认为对伦理问题的哲学探讨现在正处于一个新的关键阶段的观点。他的这部分观点是正确的，即使他反对的许多思想更加传统的道德哲学家——至少可以通过他们的论著来判断——几乎没有意识到正在他们身边发生的事情的意义。他们当然为人们的政治和道德行为表现感到困惑和惊讶，并因此而被引向各种各样的道德基础主义，但他们没有认识到公众态度的变化与揭露伦理学，乃至整个人文社会科学中的客观主义错误之间的关系——除非他们注意到了当代《新约》研究的困境或注意到了作者在他们所喜爱的

⑤ 参见 *On The Genealogy of Morals*（《道德发生学》），Walter Kaufmann and R. J. Hollingdale Trans.，New York，1967，p. 161；转引自 D. Gauthier，*Why Contractarianism?*（《契约论为什么会产生?》）（未公开发表的演讲）。

文学作品中的所谓隐退。⑥

这不是说或暗示所谓的“后现代世界”已经突然在我们身边出现，那个世界在某些重要方面仅仅是“现代”世界的后期阶段。然而，在经历了多年的自欺欺人之后，西方人已经能够更容易地意识到由未经检验的反先验主义（无论是所谓的自然主义者、情感主义者、结构主义者、透视法专家的立场，还是更传统的相对主义者的立场）引起他们个人世界观和行为变化的程度：这种变化当然不是单方面的，而是首先与工业化、技术发展以及最近出现的经济全球化进程联系在一起的。显然，西方校园里的咖啡馆和任何一种大报上出现的帕菲特所谓的“人类”已经在语言和形象方面被贫民化了⑦——不需要观看最下层贫民的公共卫生间——因而所谓的“低等生活”道德中的习惯（通常以虚夸的名义）迅速变成了道德和政治对话中的规范。在所谓的“低等生活”可能暗示的任何明确意义丧失之后，知识分子就变成了“屈尊的活动物体”，而一旦失去对包罗万象的德性概念的掌握，他们通常要么只是朝着本身合乎德性、高尚的方向看，要么只是多愁善感地朝着被边缘化的或被剥夺了权利的事物得到巩固的方向看。

6 西方哲学家和他们的信徒都变成了助产士——我们借用柏拉图的比喻——他们为一群有知识的陈啤酒商接生。值得考虑的是，除了个人的舒适、私利甚至安全之外，这些立论者在根本道德观点和态度方面的变化是否存在任何“不当”（即使不是“错误”）的因素——过

⑥ 转引自 M. Foucault，Qu'est-ce un auteur?，*Bulletin de la Société Française de Philosophie* 63，1969；要了解对这种写作挑战的严重性的有趣审视和考查，请参见 G. Steiner，*Real Presences*（《真正的存在》），London：Faber，1989。

⑦ N. Boyle，*Who Are We Now?：Christian Humanism and the Global Market from Hegel to Heaney*（《现在的我们是什么?：基督教人文主义和从黑格尔到黑利的全球市场》），Notre Dame University Press，1998。该书强调经济全球化在我们被（作为生产者/消费者）贫民化状态中的作用。现在没有人必须是资产阶级或行政官、业主或长期雇员、旧式从业人员或专职人员。波伊尔（Boyle）的分析（除了我不认可的过分强烈的经济决定论色彩之外）与我的分析方法是一致的。我们之间存在的问题是如何全面认识新“贫民”特点的问题。在以政治内容为题材的第八章里，我会再探讨造成我们目前道德混乱的社会和经济因素以及它们与反先验主义上升趋势之间的相互作用。

去传统的东西在方方面面都发生了可见的变化——或者我们对知识界要求我们习惯客观“真理”的态度是否仅仅变得更加明智了。假如在使用诸如“道德主体”中的“道德”这一词语时，我本应该通过使用意义更加广泛的“精神”来使问题的严重性最大限度地暴露出来，那么，按照我们这个自由时代的“绝对命令”，我使自己——至少一开始如此——用当前的话语在说话。不过，我不仅认为“道德”是一个意义不够广泛的概念，而且认为对主体这一概念的使用是用削足适履的方式减少人性的内容，但这种方法在减少伦理学问题和显示解决问题的成就方面不失为一种便利之道。⑧

柏拉图和古希腊人可以被当成例外。本书将对他们给予优先关注。假如上述反对意见能够持续，那么本书就是败笔。在整个一生中，柏拉图都认为“我应该怎样生活?”是唯一的哲学问题，而且从理论和实践上来讲，这一问题只有两个真实的答案，试图协调这两个答案的做法只能是无知、不连贯、琐碎的表现。在他的最后一部著作《法律篇》(*Laws*)里，柏拉图仍然试图描绘在没有不可腐蚀的哲学王的情况下——他转而求助于带有良好愿望的思考——“我应该如何生活?”这一问题的答案的含义怎样才能最好地——尽管通常是悲剧性地——被赋予一种实际的、程式化的形式。

本书的哲学批评并不取决于我对柏拉图的著作的阅读是否具有历史正确性。柏拉图运用的对话形式使人们很难决定其中人物的哪些观点属于柏拉图本人。⑨ 然而，虽然从哲学角度来说我无须对自己论述的历史性负责，但我相信自己归结于柏拉图的观点确实是他本人的。要对此做出解释需要另外写一本书，但对我的理由作一个简短的、不论证的介绍是应该的。⑩

---

⑧ 虽然它对人类行为的强调是过分的(或误导性的)，“行为人”这一短语有它的迷人之处，但我想尽量避免那些因为谈及“人”而出现的概念问题。

⑨ 参考卡恩(C. H. Kahn)富有挑战性的观点，见他的《柏拉图与苏格拉底式的对话》(*Plato and the Socratic Dialogue*, Cambridge University Press, 1996)。

⑩ 我在《论柏拉图对话的目的和效果》(On the Aims and Effects of Platonic Dialogues, *Iyyun* 46, 1997, pp. 29-46)一文中作了一个尝试性的开头。

7 对柏拉图式对话的最好解释是，那些对话的作者认为哲学真理不仅是一种生活方式，而且不能被归结为任何形式的命题。任何想对这种生活方式进行辩护的人必须通过分析、论证和引用的方法进行命题性辩护⑪；然而，所有这些方法都涉及将材料从其赖以存在的生活情景中抽出来的过程，因此它们至少是不全面的归约主义。假如苏格拉底的一些观点是柏拉图曾经总是试图辩护的观点，那么柏拉图也知道其辩护的有限性。虽然那些观点在辩论中是有效的，但是柏拉图经常处于反驳的地位，而作为对提出各种具体对立观点的人的一个回答，那些观点往往需要在不同社会环境和知识环境里得到不断巩固。

还有一个类似的例子。阿西西的弗朗西斯（Francis of Assisi）本来想否认把过基督教生活等同于认识和接受在基督教教规里作了规定且由教会委员会制定的基督教法令的观点，然而，假如他被要求对其基督教生活做一番解释的话，他会求助于基督教教规、基督教委员会和其他神学资源。虽然他拒绝将这些成套的神学命题作为成为基督徒的条件，但是他坚持认为它们是解决具体问题的希望所在。这一例子有助于我们审视柏拉图不愿意将哲学生活与苏格拉底或他的对话中的其他人物可能成功辩护的任何命题等同的原因；苏格拉底小心谨慎地对待哲学写作的态度也是适当的。柏拉图的观点是，通常但不总是由苏格拉底本人提出或辩护的某些基本命题有助于推动读者走向正确的方向，而任何希望断然拒绝（而不是修改）这些命题的人是在朝着形而上学错误和——我要斗胆用一个词——精神错误的方向行进。

8 本书是关于伦理学中的基础主义的，而对基础主义的讨论在没有受到犹太教或基督教神学假设干扰的古人那里往往更深刻、更有见地和更诚实，虽然它们并不一定得出了我所说的神学结论。然而，我不想仅仅去寻回包括柏拉图和柏拉图主义者在内的古代哲学家的文章，

---

⑪ 引用在这里十分重要，因为柏拉图只是特别提到了善（尤其是在《理想国》里），但他拒绝对其进行描述。他仅仅通过效果和类比的方法对善进行辨别，他的观点暗示善是不可定义的。当然，论述不知道的东西是可能的（要么不知道它的本质，要么不知道它的其他方面）；我无须“知道”铁的物理特性和结构就可以辨认和识别是否是一块铁。

我的目的是要以他们的文章为基础重新掀起更好的辩论。虽然引用了许多古代材料，但这是一本关于伦理学和政治学的书，而不是一本关于哲学史的书。假如我们忘记了我们曾经受过的教育，研究伦理学就是无益的；因此，假如柏拉图对先验道德实在论的认识基本正确，那么任何一种“现代”伦理学重建都必须被归结为某种与相对主义或透视法学说相关的“选择理论”。柏拉图已经认识到，道德哲学的主要问题是相对简单但不能回避的问题。当代道德哲学的严重复杂性和难度消解了这种简单性。

本书还通过另一方法把引用的历史材料直接视为对哲学本身的一种贡献。西方思想史不会被画成一条从泰勒斯（Thales）一直延伸到20世纪末的直线。这种延续性之中存在许多大的中断——部分与康德有关——但最大、最持久的中断出现在14—17世纪之间。那个时代的科技进步和其他方面的客观进步是以严重的哲学退步为代价的，其中一些退步——尤其是物理学和伦理学在探讨“如何”理解“为什么”的过程中导致了目的论的逐渐消失——正逐步被人们所认识。大量的“古物”丧失了，需要重新找到，以纠正对“现代性”及其“后现代”继承的强调和导向。这种需要在道德形而上学和道德哲学领域显得最突出。

本书的另一目的是要进一步清理历史记录，并使我们自身回归更早、更有希望的旅程。在此过程中，我需要对自己系统地按照一条古希腊路线展开当前研究的方法加以强调：它不是苏格拉底和柏拉图的路线，而是埃利亚的巴门尼德（Parmenides）的信徒芝诺（Zeno）的路线。对巴门尼德认为“存在是一”的观点持反对态度的人指出，他的观点是一种完全反直觉的观点。纵然他的观点是正确的，它们向我 *9*
们展现的也是一个异常的世界。芝诺从巴门尼德的立场出发指出，如果巴门尼德是错误的，那么这个世界就是更加反常、更加荒谬的。我同样认为柏拉图的道德实在论是一种古怪的理论，因为它对我们提出了严格要求，然而，如果他和那些将他的哲学发扬光大的人是严重错误的话，那么这个世界就是一个更加古怪的世界——我是说这个世界不仅更可怕，而且更不可理解——比我们有些人所能想象的更加严重。

最后，本书既是一种伦理学讨论，也是一种关于伦理学向政治领域延伸之可能性的探讨。更具体地说，我们将追随柏拉图在《理想国》中运用的技巧：第一章到第七章的论述的一部分是历史性的，而且大部分与伦理学理论有关；第八章转向探讨伦理学的政治意蕴，而一些与神学背景有更直接关系的根本性问题将在最后的第九章里再次被提出来。在第一章到第七章里，我们将首先对所有“柏拉图化”观点的两个根本方面进行明确分析：（1）柏拉图的至善理论及其后来的演变（第一章到第二章）；（2）柏拉图的爱的理论及其“灵魂分裂说”（第三章到第四章）。在第五章到第七章里，我们将探讨一些比较有趣和比较有发展前景的理论——它们试图替代柏拉图的道德实在论。

第一章　道德虚无主义：苏格拉底与色拉西曼裘斯之间的对立

伦理反思的原始材料是由我们经历和观察的人类行为提供的。历 10
史学家、新闻记者、电视摄影师、电影制片人和作家对人类行为的记录是直接的，而其他“创造性”艺术家的记录则没有那么直接。一个论点最好不由哲学家提出，因为人们越哲学化，他们就越可能用理论来包装自己的观察结果，而理论的构建往往使事实被个人的便利扭曲。一个可能的答案是，哲学家在接近历史著作或描述性著作时能够更多地意识到这种危险，并因此为了避免偏见而变得更加小心谨慎。

许多人相信叙述不受理论羁绊的过去和现在是不可能的，他们因此推论说，“哲学”观察家和非哲学观察人员的唯一重要区别在于前者往往提出更加自觉、更加尖端，甚至更加新颖的理论来包装“事实”，而后者更可能复制他那个时代的“一般”偏见。这一结论不成熟，也过分简单化。历史学家或其他进行伦理学原始材料直接收集和评估的人士不能完全避免有限的个人观点（尽管他当然能够避免粗制滥造的宣传），而文学艺术家，尤其是悲剧家能够把道德上的两难困境展现得更加生动——或更加不公正——既然他拥有可以不用道德话语论证或暗示任何结论的特殊权利，他所要做的是用不同的视角对人类混乱的例子进行描写，这并不总是能够推动我们做出理性判断，但能够激起我们的同情、憎恨或鄙视。①

然而，当代的透视法学说——它的发展已经超越了我们仅仅能够
11 部分描述“事件”的阶段，已经超越了认为我们的视野必定是由我们的个人立场、相关的历史以及它从属的传统来决定的观点——不仅仅是对史学研究方法和“无偏见”思维困难的有力描述。它是一种哲学理论，认为历史中的“真理”本身同道德真理一样，是不可获得的，因而也是虚幻的；确实，过去本身必然为现在所取代或必然转变成我们对未来的意愿。当然，这些大胆的推理决不是不言自明的，它面对的是辩证法的威胁——假如我们对其进行解构，这种威胁就会显现出来。有一种观点认为，既然我们的知识因为受到我们作为观察者的视角的影响而变得很有限，那么要获得任何完整的、包罗万象的知识就是不可能的，更不用说这种知识是不存在的，不能被作为“中性的”或“脱离语境的”东西来对待：可以假定，透视法学说是一种与历史相关的理论，而且透视法学家（不管他承认与否）本身是一个与历史有关的主体，他的观点无论看上去有多大的直接吸引力也不能成为一种优先的观点——而且他们的观点之所以能够吸引人，是因为其中包含一定程度的真理。

透视法是一种后现代主义理论，它宣称要超越自身的局限性，强调从原则上来讲不可能获得客观真理、形而上学真理、历史事实，特别是不可能获得伦理学和美学中的客观价值观念。它为认为人是一种不受时间控制的意志的观点提供专门的辩护。同其他任何一种专门的辩护一样，它也不可避免地会夸大其词，并用它所揭示的“事实”过分地夸张它所支持观点的适用程度。因为除了反对给作为历史批评家的透视法专家赋予特权的非理性做法以外，有一种观点认为我们的理解力会受到自身视角的限制，但它对这一更有趣的问题没有发表武断

---

① 参见 A. 麦金太尔在《谁的正义？何种合理性?》(*Whose Justice? Which Rationality?*, London: Duckworth, 1988, pp. 58-62) 中关于索福克勒斯 (Sophocles) 的《菲罗克忒忒斯》(*Philocfetes*) 的讨论。

的看法：通过某些视角获得的信息是否比通过其他视角获得的信息更加可靠，最终成果更加丰硕——甚至更加“真实”；或者说，假如通过某些视角获得的信息比通过其他视角获得的信息更加可靠，最终成果更加丰硕或更加“正确”，它们可以得到证明吗？成为一名探求理解真理方法的透视法专家并不会使我把真理当成一种虚幻的东西，也不会使我接受尼采认为我们不能区分事实与意象或比喻与字面真理的观点。

虽然透视法理论在某些方面常常具有误导性，但是它们可以被很好地加以利用。例如，一直以来，哲学家在关注同样问题时都采用便利的同时代的视角，即使他们是从不同的起点、用不同的技巧来探讨那些问题，而透视法理论可以挑战这一传统。广泛地说，这其中有正确的因素，但停留在广泛的层面上几乎没任何实际意义。事实上，假如它还对多个世纪以来人们一直在反思的哲学术语（和概念）的稳定的、不变的意义抱持一种不加鉴别的态度，那么它还是有害的：不管这些术语是存在于某种单独的语言和文化中，还是随着我们从一种语言和文化转移到了另一种语言和文化中。

容易忘记的是，迥然不同的哲学探讨可能使用近似的“专业”术 12
语：众所周知，“存在”（它在古希腊语里是指无限的存在，但在英语里却不局限于此）和“理智”（它在英语里仅仅指论证推理，而在古希腊语里可能还包括“直觉”在内）就属于这一类术语。这些例子说明，不管我们是从何种视角来审视哲学史，我们都可以尽可能地既考虑怎样确信我们正确使用了词语和概念，又考虑如何使不同历史时代使用的词语和概念能够与我们的主题相符合，从而增加我们审视问题的深度和严肃性。透视法专家认为我们不可能完全排除哈哈镜式的视野。我们赞同这一观点，但我们没有必要要么承认我们不知道自己带有偏见，要么承认我们没有能力纠正它们对视野的扭曲。换言之，没有必要退一步认为传统的文献学一无用处——透视法专家只不过使我们更多地意识到了它的局限性。

撰文诠释异域文化的学者（无论是当代的还是过去的）必须面对

许多困难，但对这些困难的认识却向我们提供了支持。现在让我们转而探讨西方哲学的古希腊起源。尽管他不是古希腊的第一位伦理思想家——事实上，他是一个对他自己所在社会的明显习惯和智者极具颠覆性的观点都做出了反应的思想家——但是作为一个讲求实际的人和一个受到教育和哲学职业熏陶的工匠，苏格拉底名声很好，这一点得到了亚里士多德的承认；他即使不是西方道德辩论的开创者，至少也应该被视为它的重建者——当然，他并不是西方道德信仰的重建者。苏格拉底希望像鞋匠知道鞋子是什么以及怎样做鞋子那样弄清楚什么样的行为是善的和公正的，并说明怎样践行这种行为。他希望能够辨别哪些人知道如何表现公正行为、能够表现公正行为的人掌握了什么知识以及这种人的典型行为是什么。他通过行为的细节寻找某种识别标志，因为他通过观察行为细节可以准确无误地辨认出道德上的善的行为，然后他就可以对善的行为进行归类。他承认（可能是为了论证的缘故），在美好的过去，一个雅典绅士知道如何好好地表现自己，知道他的行为模式是什么，这就像一个 18 世纪的英国绅士知道应该先付费才能打电话一样。

13 到苏格拉底时代，对行为模式的确切认识即使是狭义的，也必然会受到挑战。阿里斯托芬（Aristophanes）在他的喜剧《云》（*The Clouds*）里刻画的一个人物在被指控犯有通奸罪的时候能够说“这有什么错?”或者，在摩尔（Moore）的“开放提问”式辩论出现之前，当一个人被指控殴打其父母时，他说了这样的话：“我知道这根棍子是在打父亲的背，而且打伤了父亲。我也知道，包括父亲在内的许多人认为这是一种冒犯，但它错在哪里?”在阿里斯托芬的同代人欧里庇德斯（Euripides）的戏剧里，一个人物说了一句臭名昭著的话：“除观众认为错了的东西之外，难道还有什么错误的东西?”不管对与错，这种针对传统道德模式的攻击与所谓的“智者”（sophists）和专业教师有关，有时也与修辞学家有关，因为他们经常要求对传统中错误的东西与实际或“自然”错误的东西加以区分。他们中的一些人倾向于鼓励聪明的政治家或其他理论家来玩弄这种反题。他们能够说服人们的是，他们一直以来被灌输的错误东西仅仅是因为传统或人为的法律或风俗习惯而导致的错误，而那些风俗习惯和法律的价值仅仅在于它们体现了制定者的利益、意志或智慧。因此，假如一种法律或风俗习惯能够将杀尊长的罪定为一种恶行，那么通过某些或更多人的武力、欺骗或有意选择，一种新的法律或风俗习惯也能够将它定为一种美德。一旦人们广泛认为道德术语的意义可以以这种方式上下波动，一个传统社会也就瓦解了。苏格拉底似乎预感到这种瓦解正在实实在在地逼近，而他的学生柏拉图则仔细地挖掘了这种瓦解的特征。

《理想国》是柏拉图试图解释这些危险问题的严重性的最重要著作。道德话语（和道德概念）脱离传统的现象出现在古希腊环境里，但柏拉图不是注意到这一现象的唯一人士和第一人。在阿里斯托芬之后，历史学家修昔底德（Thucydides）描写了科孚内战的影响：寡头政治家与民主政治家斗争也就是主张少数人专政的人反对主张多数人专政的人之间的斗争：

> 人是根据他自己的标准来改变其通常的话语标准的。忘我的勇敢是一个真正的政党成员的勇气，思前想后的犹豫是一种华而不实的胆怯，克制是一种因为缺乏活力而寻找的借口……细心的计划是没有履行职责而找到的一个可信的借口……政党领袖选择华丽的口号，要么谈论法制条件下人们应有的平等民事责任和义务，要么谈论一种温和的贵族制度。

修昔底德认为政治和公共政策领域是一个由嘲笑他的“勇气不 14
足”的手下不愿意割断在旁边观察太久的人的喉咙的团伙头头主宰的世界。他仅仅叙述了政治领袖和军事冒险家为了他们自身的目的对道德语言的大肆扭曲，因为谁也说不清什么是语言的正确用法。在《理想国》里，曾经受过两种家庭政治背景影响的柏拉图本人为了他自己的目的发展了修昔底德的主题。柏拉图既没有直接描写科西雷或任何别的地方的内战背景，也不是仅仅要促使人们注意政治领袖和军事冒险家对公众的控制；他只是巧妙地指出那些政治领袖和军事冒险家如何沦为了他们自己的宣传的牺牲品。在欺骗其他人的时候，他们因为自己被欺骗而丧失了身份。这一例子在一定程度上揭示了世界的本质——即使滥用道德语言已经非常普遍，我们也必须生活：尽管这样的世界并不是无端产生的，而柏拉图预演了一场揭示社会从贵族统治走向堕落的舞台剧。在他看来，贵族掌权是为了服务他人，并且是为了将他人引向善的王国，这与利用他人以促进自身利益的“暴君”式的人物形成了鲜明对照。柏拉图认为暴君是最不懂得个人利益的人。

在写作《理想国》之前，柏拉图已经发表了许多更短小的对话，论述人在碰到一种美德时应该怎样辨认它（如自制或勇敢）。对道德的根本挑战——他在《理想国》中借修昔底德之口说——在未来仍然会存在。《高尔吉亚篇》（*Gorgias*）在某些方面是《理想国》的一种尝试，其中的卡利克利斯（Callicles）被尼采看作是得了苏格拉底真传的人[②]，他认为存在一种能够被强者认识的客观的“自然公正”，其形式是体现优等人意志的法。卡利克利斯坚持认为公正具有客观性，因此他的观点没有色拉西曼裘斯（Thrasymachus，也译特拉西马库）的观点那么激进。他还向苏格拉底做出让步，认为有些行为（如被动的同性恋行为）是非常可耻的。这是一种致命的让步，它可以与那些不相信和不承认大屠杀的错误性的潜在相对主义者或透视法

② 转引自 E. R. Dodds，*Plato's Gorgias*（《柏拉图的高尔吉亚篇》），Oxford University Press，1959，pp. 387-391。尼采对卡利克利斯式的尼采主义的论述具有误导性。他没有注意到卡利克利斯没有对他自己强调的创造性感兴趣。尼采的主要英雄最终是哥特（Goethe），而不是拿破仑；卡利克利斯没有把文学人物当成创造性艺术家，而把政治家当成直接的有权者。

然而，我们应该认识到尼采在把苏格拉底和柏拉图当成他的最大哲学敌人以及把他们两人开创的哲学传统当成其立场的最大挑战时所表现的敏锐。因为苏格拉底和柏拉图建立了哲学框架的许多要素——包括形而上学框架的许多部分——古希腊伦理学就是在这种框架里被建立起来的，如果离开了它，古希腊伦理学的大部分内容将变得不可理解。更令人惊奇的是，安纳斯（J. Annas）在《幸福道德》（*The Morality of Happiness*，Oxford University Press，1993）里论述古代道德时所用的 500 页尤其在 17～20 页里拒绝讨论柏拉图。她的理由在她的最近一些研究成果里变得更加清楚。例如，她的《新旧柏拉图伦理学》（*Platonic Ethics, Old and New*，Ithaca：Cornell University Press，2000）的大部分内容涉及中期柏拉图的阅读材料，但她在第 5 章——似乎是该文本核心部分的地方——里否认，她不愿意把《理想国》的结构作为一个整体来看——《理想国》里的形而上学旨在维护伦理学。

专家相提并论。

《理想国》是一本复杂的书，其中有许多主题。该书被安排得像一套俄罗斯玩偶，一个玩偶里面还有另一个玩偶，最里面的是一个“形而上学”玩偶——它的第 6 卷和第 7 卷是关于善的，是整个著作的核心。从第 1 卷到第 6 卷，柏拉图逐渐展开了他认为很有必要加以论述的更强有力的也是终极的形而上学观点。他认为他的“色拉西曼裘斯”的立场——“公正是强者的利益”——必须被反驳。③

根据我对历史上的色拉西曼裘斯的了解，我不清楚为什么柏拉图选择他——或许他的看法并不是前后一致的——来体现一个道德虚无主义者的立场。④ 色拉西曼裘斯认为，既然所有道德术语的意义都是由社会和政治环境决定的，那么只有傻瓜（尤其是那些在宣传斗争中受更精明的人欺骗的傻瓜）才会相信，违背道德规范和做出“不公正”行为不仅是不谨慎的表现，而且是行恶的客观表现。与色拉西曼裘斯的看法类似的观点可以在智者安提丰（Antiphon）现存的零碎话语和引文中找到——他可能是凭借个人外表获取高声望而成为《理想国》的候选人的。⑤ 柏拉图可能希望证明论述修辞学的历史人物色拉

③ 部分因为柏拉图在早期认为理念是存在的（尤其是所谓的“一高于多”的论点：假如 a、b 和 c 是善的，那么存在一个善的理念；假如 x、y 和 z 是人，那么存在一个人的理念），他提出了一种更加宽泛的形而上学实在论，并凭借它轻而易举地击败了他的对手。他认为任何一个一般的概念都有相应的现实与之相对应的观点并不是必要的——它还取决于（至少）两个错误命题：（1）“事实”和“价值”可以同等对待；（2）没有必要引进一个道德术语的“载体”（他只需要成为物体的制造者或创造者）。一种局限于非道德和非评价性术语的弗雷格实在论将解决命题的某些困难：命题（1）与之恰好相反的方式需要对伦理学的基础进行成功的辩护。我将在第二章里讨论命题（2）。后来的柏拉图主义者对这一命题进行了纠正。

④ 有一篇文章对《理想国》的该部分及后一章内容的论述在马萨诸塞州沃西斯特的圣十字大学召开的波士顿古代哲学学术研讨会上被提出来讨论。那篇文章以《柏拉图的〈理想国〉中的道德可能性》为题，在《波士顿古代哲学论丛》（*Boston Area Colloquium in Ancient Philosophy*，J. Cleary and G. Gurtler (eds.)，1999，pp. 53-72）中发表，附加了由雷切尔·巴尼（Rachel Barney）写的一篇有思想（但我认为不成功）的评论，其题为《柏拉图对元伦理学感兴趣吗？——评瑞斯特》（73～81 页）。

⑤ 转引自 D. 弗利（D. Furley）在《宇宙问题》（*Cosmic Problems*，Cambridge University Press，1989）66～76 页的论文《安提丰违反公正的案件》（Antiphon's Case Against Justice）。D. 弗利正确地认为（尽管他使用了“本性”这一概念），安提丰的观点与其说接近卡利克利斯的立场，还不如说接近色拉西曼裘斯的立场。

16 西曼裘斯是在用一种系统的方式兜售强调劝说而不强调真理的教育，它总是把人引向（可能从事这种教育的教授也不知道）虚无主义立场和行为。⑥ 或者说，柏拉图选择色拉西曼裘斯来扮演一个臭名昭著的角色可能是一个具有讽刺意味的模仿或内部笑话，其意义现在已经消失。

我现在转向该文本本身。在一次讲述公正的对话中，苏格拉底对波利马裘斯（Polemarchus）提出的保守的、轻率的请求予以怠慢，对诸如帮友害敌⑦之类的观念不加重视。此后，对这种说话者的“过分简单化的”态度义愤地嗤之以鼻的色拉西曼裘斯受到引诱，发表了“公正是强者的利益”这一意义深远的言论。他不是在提供一个公正的定义，而是在表达一个关于公正的真理。他所说的公正是指一套被称为公正的相关态度，因为根据他的进一步解释，公正只不过是法律（和习惯）对人际交往进行适当规范的名义而已。他的一部分观点很快被证明是清楚的，但也是灾难性的：不管是民主政权、寡头政权，还是暴君政权上台执政，它们从私利出发制定法律，主要目的是为了维护其执政的地位。它们制定的法律被认为是公正的，而容易受骗上当的公众——他们相信“公正”这一词语指某种客观的、规定的东西——倾向于服从它们。因此，色拉西曼裘斯把认为一切法律都是实证法则的观点与认为人类中的精明人扮演统治愚蠢人的角色，特别是认为“法律”表现客观道德规范的假设结合在一起。⑧

17 作为一个人类景象观察家，柏拉图的天赋既是文学性的，也是哲学性的：他展现的色拉西曼裘斯宣称，客观的、非武断的公正是一种

---

⑥ 《斐德罗篇》（*Phaedrus*）使之成为可能。

⑦ 波利马裘斯没有从以下几个方面考虑他的立场：

1. 像他的早期对话中的人物那样，他对公正行为的论述限制性太大。

2. 在允许他自己接受好守卫是好小偷的观点的时候，他没有理解“我不能让自己做那件事”中的“不能”的道德力量。

3. 他使用了“帮友害敌”这一概念，但不理解它的含义。

4. 他没有区分“惩罚”和“损害”。

⑧ 我对色拉西曼裘斯立场的论述与T. J. D. 查普尔（T. J. D. Chappell）在《色拉西曼裘斯的美德》（*The Virtues of Thrasymachus*，载《实践智慧》（*Phronesis*），1993（38），1～17页）中论述的观点最接近。也可参见A. 弗卢（A. Flew）的《回应柏拉图的色拉西曼裘斯》（*Responding to Plato's Thrasymachus*，载《哲学》（*Philosophy*），1995（70），436～447页）。

虚构，但他不能离开公正的语言（现实）（347，352Aff）来表达他自己对“公正”的理解。这一具有讽刺意义的描写当然是导致学者们在理解色拉西曼裘斯的表达意图时出现分歧的一个原因——如果《理想国》被作为一个整体工程来看待，那么他的观点就没有这么模糊。

该工程要展示的是——它也是我在这里的工程——与色拉西曼裘斯的立场大体类似的立场构成了对待“道德”首要原则的两种连贯性态度的一种：它是一种本身可以以两种形式出现的立场。一种更加不成熟的看法因为它的提倡者太心地善良或看不清他的方法的完全含义而容易辨认——部分与使人类行为得以适当讨论的“让人震惊”的语言有关。另一种清楚的看法需要用普通民众难以接受或可能无法接受的术语来表达。因此，色拉西曼裘斯主义（Thrasymacheanism）对于观察权力政治现实世界表面的人来说仅仅具有有限的直接吸引力，尽管它在有关道德本质的论述中具有极大的重要性。[9] 哲学家能够或多或少在他们中间展开公开辩论的东西可以被逐渐引入公开的政策之中。正如修昔底德所说，除了在诸如内战或其他根本性社会动荡所构成的残酷社会情况下，公众需要被（有意的或别的方法）软化，以接受“无法接受的东西”。

既然不可能用非理性的方式来为一个不合乎理性的立场辩护，那么柏拉图可能把色拉西曼裘斯的立场当成一种无法用理性的方法进行辩护的观点。这可能说明了为什么他一方面使色拉西曼裘斯为苏格拉底使用的论点感到困惑，而苏格拉底的观点——除非是为了部分地迎合对方的感情——似乎通常不太勉强（虽然色拉西曼裘斯本人因为总是坚持他所坚持的东西而缺乏智慧和技巧来看穿它们），另一方面又承认色拉西曼裘斯太轻易地放过了苏格拉底，因为他本来可以为捍卫他自己的立场做更大量的工作。[10] 因为柏拉图知道，由于能够理性地

⑨　转引自 A. 弗卢：《回应柏拉图的色拉西曼裘斯》，443 页。

⑩　色拉西曼裘斯由于忽略对理智的工具主义论述和倾向于认为“强者”总是“不公正地”行动而不必要地削弱了他自己的立场，尽管格劳空（Glaucon）和阿底曼图斯（Adeimantus）对他进行了纠正。

加以言说和太人性化（虽然不是道德吸引力），色拉西曼裘斯的观点
18 是可以获得支持的——尤其是容易获得那些受过一半教育但具有复杂头脑的人以及那些羡慕他们自己曾经害怕拥护的政治目的和缺乏勇气进行政治犯罪的人的支持。

色拉西曼裘斯认为，特别的政治集团利用“道德”语言和促进“道德”信仰来谋求它们自身的生存，这反映了一种更广泛的观点，即不管任何个人或由个人组成的集体的意志是怎样实现的，它都足以决定一个规范性“道德”术语的引用程度。当色拉西曼裘斯把公正（即人们从某种规范的视角视为公正或承认为公正的东西）视为强者的利益的时候，他是在推导一个合法性结论，其理论前提是社会的主导成分——无论他们是个人还是群体——都会为与他们头脑里的自身利益相一致的“公正”（不管他们是怎样来界定它的）立法——除非他们相信存在某种告诉他们不应该这么做的至高无上的理由。这种观点更加宽泛，但它可能没有像色拉西曼裘斯所想象的那样不言自明。休谟（Hume）已经看到，大多数人确实似乎只能保留非常有限的慷慨；即使存在一个机会问题，我们自己的利益也是社会其他一些成员（甚至所有其他成员）的利益。

色拉西曼裘斯认为不存在非武断性的价值观（“善本身”）。如果我们愿意，我们可以自由地设计、决定或建立任何能够使我们经常感到幸福和获利的价值观——包括其他人可能被引诱去支持的道德体系。那么，柏拉图书中的苏格拉底会怎样回答呢？《理想国》的主要思想是——直到第 6、7 卷这两本具有核心地位的书——除非对诸如“公正”和“善”之类的术语的正确应用能够被建立在某种至善和公正（柏拉图将它们称为“理念”）所构成的先验的现实基础之上，否则，色拉西曼裘斯无法成功论证这样一个重要论点：他不认为传统里被称为不公正的东西比被称为公正的东西可以使人得到更多的幸福感，但他认为我们因为受到欺骗而认为公正和善（即现代所说的“人权”）拥有客观规定的性质，即它们存在于人的思想之外（或多或少体现了理性的可能性）或存在于人的意志之外（体现了有利的或不利

的习惯或惯例）。在支持道德客观主义尤其是先验实在论方面，我们可能是可利用的傻瓜，但从哲学角度来讲，我们仍然是傻瓜。

为了历史的真实性，我们应该排除针对《理想国》的潜在反对意 19
见。柏拉图并没有（通过对善的诠释）提供一个专题，即如果道德虚无主义应该被击败，那么一种先验的元伦理学的存在就成为必要。人们可能不会认为——尤其是在第 1 卷被单独阅读的时候——与色拉西曼裘斯有关的论证与元伦理学毫无关系；苏格拉底和色拉西曼裘斯仅仅在规范伦理学领域内代表两种截然不同的方法。他们一致认为所有人都追求幸福，但他们在理解人们追求幸福的方式方面持不同看法。

苏格拉底和色拉西曼裘斯之间的争论主要不在于如何达到幸福，而是在于色拉西曼裘斯是否正确地否定了道德价值的客观性。苏格拉底（最终）指出，假如没有独立于人的现实或理念使人们谈论幸福或谈论连贯的、可理解的道德，那么对幸福的一切追求都是无效的。如果这一观点成立，那么，即使色拉西曼裘斯谈论幸福，他也不知道有助于幸福的东西是什么；在考虑这一问题方面他的知识是不充分的。不是因为苏格拉底和色拉西曼裘斯在如何实现幸福目的方面是立场不同的“幸福主义者”，而是因为在苏格拉底认为幸福必须被定位的地方，色拉西曼裘斯不承认对话的存在。因为他对那个世界一无所知，所以他排斥了有关怎样保证价值观（包括那些他认为是他自己的价值观）的考虑，并拒绝接受我们在追求幸福过程中的任何应当的行为。

那么，苏格拉底和色拉西曼裘斯之间的辩论不能归结为两个实在论者之间的辩论，因为他们当中的一个人——苏格拉底——后来认为幸福与灵魂的和谐紧密相关，而另一个人则否定这一点；它是一种发生在一个先验实在论者和一个否定道德可能性以及道德与幸福相关联的反实在论者之间的辩论。色拉西曼裘斯要求有关错与对的判断必须是武断性的，他的观点暗示——苏格拉底最终把先验实在论视为唯一全面的答案来回应它——“对”与“错”是人类制造混乱和操纵的产物，因此幸福（假如与“成功”有区别）是不真实的。

从起源和目的两个方面来讲，《理想国》首先是作为一本实践书

而出名的：柏拉图害怕，如果他不能证明色拉西曼裘斯是错误的，那
20 么他将无法展开他自己的观点。对于柏拉图来说，暴君集中体现在色拉西曼裘斯式的反面英雄身上——色拉西曼裘斯精明地论述了我们对犯罪的隐藏的或不太隐藏的普遍羡慕——而把“资产阶级”美德或其他“美德”全部抛弃了。因此，柏拉图提出了两个矛盾的观点。一个观点认为，除非先验实在论和道德语言的交流意义是可以确定的，否则，没有逻辑理由，而只有令人怀疑的世界观——或者只有在每一代新人那里复兴的纯粹的前哲学道德——才会把暴君（或任何别的东西）作为人性的目的进行血腥的追求。另一种观点认为，随着客观道德的丧失，任何对我们有用的东西都必须丢失。伊壁鸠鲁（Epicurus）是一位热情的反柏拉图人士，他支持前一种观点，试图——他可能确实受到格劳空（Glaucon）和阿底曼图斯（Adeimantus）在《理想国》中的演讲的影响——否定后一种观点，因此他解决了上述矛盾。柏拉图仅仅对后一种观点做过有限的评论——虽然他说的话很有趣——《理想国》的主要目的是要说明能够确立前一种观点的哲学立场是什么。

柏拉图就是这样用尽可能少的术语提出了道德客观性问题的。他最后指出，我们必须在色拉西曼裘斯的道德虚无主义和苏格拉底的观点之间做出选择。色拉西曼裘斯认为，善是我们客观上作为傻瓜而相信由人类或一些人制造的东西，而在苏格拉底看来，仅仅因为道德术语具有固定的、先验的指称意义，它们不能被用于指称我们喜欢的东西、对于我们来说方便的东西、暂时似乎有意义的东西或者我们能够让人们赞同的东西。它们意指世界（或“超越”世界）的根本“现实”，而且从中获取力量。对于苏格拉底来讲，假如传统社会成员已经接受一种粗糙的、简单化的、从一开始就站不住脚的道德，那么批评家仅仅应该指出它们在细节和应用方面的错误，而不是原则上的错误。他们——处于前哲学时期的我们与他们一样——根本不知道他们自己到底试图建构什么。

色拉西曼裘斯发起的挑战是严谨的，因此我们几乎无法再多说点什么，但现在有一个时髦的推论，它可以间接地对他的挑战施加影

响。即使道德“实在论”相信存在一种终极道德标准（如理念）的观点是一种迷信，它也可能是一种有价值的迷信——它不仅对在社会中占有强势地位或主导地位的政党有价值，而且对每一个人有价值。如果道德客观主义这一有选择性的非实在论理论不足以挽救我们的道德基础，而且在此情况下，我们最好相信，甚至全心全意地相信存在客观的、其实是实在论的标准这一谎言，那么事情必然是这样的。任何一种选择都会导致“道德”无政府主义和社会无政府主义——此处固有的矛盾中包含“实在论者”的最保险的基础。在当今社会，没有“信仰”意味着在社会和政治生活中鼓励恐怖主义，意味着任何人都不能指责——除非是出于利己的考虑——种族大屠杀，以及在国际争端中威胁使用和使用化学、生物或核武器等等罪行。 21

柏拉图认为这种“虚拟的”或“假设的”道德⑪处于分水岭的色拉西曼裘斯一边。《理想国》已经对这一点进行了说明。如果我们当中的许多人（即使不是全部）从情感上相信有些行为（如种族大屠杀）是错误的，即使无法将它们归类，只能将它们视为可怕的或不方便的行为，那也是有利的，但色拉西曼裘斯仍然会讲真话。柏拉图可能也认为，色拉西曼裘斯会因为看到这种欺骗行为得到实践和受到除了他自己以外的所有人的鼓励而感到高兴。我们还可以注意到西季威克（Sidgwick）和其他一些近来的哲学家提出了各种形式的观点。他们认为人的一般性在不知道某些似是而非的真理和没有因此而在黑暗中推理的情况下显得更加真实。⑫

柏拉图知道，如果道德语言获准，尤其是在人们知道的情况下获准自由流通，那么它会对社会带来威胁。如果他对我们面对的死板选择的认识是正确的，那么他对“实在论”本身的认识也是正确的，但

---

⑪　S. 布莱克本（S. Blackburn）在《词的传播》（*Spreading the Word*，Oxford University Press，1984）一书中提供了一种当代看法，他将休谟看成先驱。要进一步了解这种观点，请阅读本书第六章的内容。

⑫　威廉姆斯（B. A. O. Williams）对这种“政府后果论”进行了评论，见 J. J. C. Smart and B. A. O. Williams（eds.），*Utilitarianism：For and Against*（《功利主义：赞成与反对》），Cambridge University Press，1973。

无论对先验道德实在论的论述是否具有可辩护性，他会要求这种理论必须接纳或重申《理想国》中的论点。当然，即使他那些最有力的观点或多或少是正确的，那也不能以任何形式决定某一行为是否比另一行为更好或更公正，更不用说知道如何正确地行动。他想说明的是，至少原则上存在一个检验这种决定的标准或尺度。⑬

22 苏格拉底与色拉西曼裘斯之间的辩论——以及这一辩论在《理想国》其余部分的延伸——不仅使道德判断的客观性问题和道德实在论的可能性问题被戏剧化了，而且还将这些问题与人类事务中的权力及其回报问题紧密地联系了起来。需要注意的是柏拉图的理论思辨与当代透视法学说之间形成了鲜明对照。尽管后者并不要求这种联系，它的许多提倡者（既追随又颠覆尼采）倾向于在减少社会态度和行为方面霍布斯化，而那些社会态度和行为构成了传统道德向各种权力功能演变的情景，这就导致人类行为的各个方面都被“政治化”了。柏拉图认为，政治从根本上涉及权力的性质、用途和滥用，而如果考虑到人的社会本性，任何权力关系都具有“政治性质”。

当代把所有社会关系视为“政治”关系的观点与柏拉图赋予色拉西曼裘斯的观点至少在历史重要性方面有区别。使用古希腊文化语言的色拉西曼裘斯没有把这种语言的私人领域仅仅当成公共领域中的一个领域，而是公共权力关系通过包括家庭在内的社会制度来运行的一个领域。那些认为公共领域和私人领域的划分在很大程度上是武断地通过惯例和立法来确立，而公共生活中的惯例（包括关于统治与附属关系的假设）经常延伸到私人领域和家庭领域的批评家是正确的——那些惯例逐渐被已经在新领域发展起来的类似惯例所强化。⑭

---

⑬ 亚里士多德及其他德性伦理学家往往认为，善良的人只有在需要做出特别决定时才知道他应该做什么。这种观点不一定是纯直觉主义观点，它只是宣称善良的人并不能总是预测他的“意向”将如何引导他的行为。显然，这种困难情景是罕见的。不管怎么样，亚里士多德的“直觉主义”——与近来的直觉主义不一样——取决于在多年纪律生活中对“德性”的培养。

⑭ 然而，这不是说，即使合理公共生活的最基本条件是需要的客观公正，家庭生活中的爱与公正之间的关系仅仅应该反映这种公共需要。只要公正必须是客观的，那么我将证明它可以和应该被超越——至少私人生活领域是这样的。公共生活领域在可能的地方也是这样的。

根据色拉西曼裘斯对公共领域和私人领域的划分，他的“理想”世界不太“极权化”，而如果他按照 21 世纪的要求对其进行重新设计，那个世界的极权色彩要浓厚得多。他给私人生活中的家庭世界——尽管当时有斯巴达（Sparta）城邦——赋予了一些“低等级”的自主权。他没有充分认识到“真正的统治者”在私人领域——他轻蔑地称之为“妇女”世界——被赋予反对公共领域的自主权远远超过了他准备多大程度让步的时候所承担的风险。然而，一个被改造的色拉西曼裘斯需要承认他在社会心理学方面犯了一个错误[15]：该错误不涉及政治学的理性原则，但涉及政治学的应用。

色拉西曼裘斯的道德虚无主义与现代的道德虚无主义有区别，但 23
它们之间的相似性更多：与任何当代的解构主义者一样，色拉西曼裘斯挖掘了每一种（不管是公共的还是私人的）“道德”的理性看法，挖掘了每一种关于权力关系，特别是关于在某个特定时间碰巧成为人们向往的或合适的（独裁的、寡头的或民主的）宪法和社会结构的道德语言的本质。与任何当代的政治家一样，色拉西曼裘斯把那些相信对他人的关心具有某种客观基础的人视为善良的傻瓜。同样，我们也可以在《高尔吉亚篇》里发现卡利克利斯这一前色拉西曼裘斯主张通过有效使用武力和欺骗手段追求个人利益的满足，它向类似的傻瓜提供了暗示，并批评了苏格拉底的不成熟。[16] 谈论政治哲学和伦理学是小孩的事情；假如你“长大了要生活在真实的世界里”，你可以参加这种斗争，而且，如果你将目的的力量与适当的残暴手段结合起来，那么你可以处于主导地位。这难道不是唯一的目的吗？

---

⑮ 如果色拉西曼裘斯读过 S. 塔尔蒙（S. Talmon）的《极权民主的起源》（*The Origins of Totalitarian Democracy*，Hardmondsworth：Penguin，1986）对在法国大革命期间及后来将私人的东西全部归公的做法的评论，那么他很快就会看到他自己的错误。如果他读了 S. 斯卡玛（S. Schama）的《公民》（*Citizens*，Toronto：Random House，1989），他也会这样。

⑯ 我们已经注意到，卡利克利斯和色拉西曼裘斯观点的不同之处在于，前者认为“可能的东西”（在他看来）确实是正确的，而后者相信认为存在自然正确东西的观点和认为存在自然善的观点一样幼稚。这两位反苏格拉底的人在重视权力及其带来的利益方面的观点相同，但在色拉西曼裘斯看来，卡利克利斯充其量是另一种误导人的客观主义者，即使他的“自然”客观主义的效果更加合理。

柏拉图从广义的角度辨别了在有关道德基础的辩论中可能出现的两种一致性态度。要么道德语言或多或少具有一定的稳定性，道德术语应当被适当运用；要么道德语言的规定是随意的、武断的，道德术语仅仅表达（某一个人）感觉到的（甚至真实的）需要、欲望、希望和偏好。假如后者能够成立，那么道德语言的使用者可以分为两类："强者"即"推动者和震动者"（包括"伪"道德家），他们发明或利用道德支持他们自己的客观或基本爱好、需要和欲望——和那些不加批判地接受他人施加的评价标准的人。

24 在后面的章节里，我们将探讨柏拉图的基本选择是否构成了各种可能性，但当前旨在阻止他的选择得以实现的两种普遍的努力可以马上被拒绝。许多专业哲学家对柏拉图做出了反应——可能是受到维特根斯坦（Wittgenstein）的影响。他们认为，如果处于被道德推理家排斥的痛苦之中，那么讨论色拉西曼裘斯认为"不诚实是善的"这一观点是不可能的。这种命令和划界当然会导致基础主义者的问题被排除，其代价是必须为道德推理家所关心的道德假定某种"实在性"，即"以假定作为论据来辩论"。色拉西曼裘斯的挑战刚好是一个激进的挑战，它认为假定道德的存在是愚蠢的，由道德推理家组成的社会是一个由傻瓜组成的集体。即使他们在人类中占据多数，那也不可能减少其愚蠢程度。⑰

第二种回避柏拉图的方法通常可以在当代"社群主义者"的身上发现，他们可能都是有意追随列奥-斯特劳斯（Leo-Strauss）的人。这些人首先假设我们是在道德传统里学习道德的，而那些道德传统通常存在于一定的社会政治体系中，尤其是民族国家中。既然我们所有的道德思维都被局限于这些体系中，那么我们不能超越或——根据一

---

⑰ 我从 E. L. 平科夫斯（E. L. Pincoffs）的《窘境与美德》（*Quandaries and Virtues*，Lawrence：University Press of Kansas，1986）中引用了色拉西曼裘斯论述不诚实的例子。不是因为平科夫斯的书是我喜欢批评的那一类书，事实上，只要平科夫斯反对以解决问题为基础的伦理学，且提倡一种有关意向培养的伦理学，那么他的方法是可以让人接受的。我的引用旨在表明，甚至在那些向许多现代伦理学最无用的特点提出最猛烈批判的人中间，以要求提问的特别方式研究基础主义是一种广泛的做法。

种极端的观点——合法地批判其中的道德内容，但我们必须等待，直到无效的传统因受到最优选择的挑战而丧失其自信，并走向消亡。对这一观点的反对意见是，如果没有这种零碎的批评——它通常来自敌对的源头——无论多么邪恶的传统都可能使它自己永恒化，而鼓励人们假设他们的特别传统从道德上来讲是完善的和不可辩驳的，更是愚蠢至极——尤其是我们大多数人在对未经审查的道德基础进行假设时满足于把我们的传统置于显然无法挑战的社会政治制度之中。⑱

"社群主义者"的上述态度似乎在上升，其理由是他们不能将"社群主义"纲要中的两个共同特征统一起来：对待传统方面的反个
人主义倾向以及认为传统会随着时间"合法"发展的幼稚观点。第一 25
种观点可能导致一种相信存在客观安全基础的随便态度，而第二种观点则会导致对个人传统的根本特征和偶然性特征的混淆。对此，柏拉图可能会进一步提出社群主义者只会忽略或否认的观点⑲：在没有先验道德哲学的条件下，社群主义理想的安全基础是无法被建立起来的——那么，社群主义者应该将他们自己局限于辨别自由个人主义的不足之处和邪恶影响方面，而不是假装要提供一种可行的选择。⑳

可以合理地认为，柏拉图不知道他已经使他自己面对一个巨大任务，如果他针对色拉西曼裘斯而进行的最初的"苏格拉底式"的辩护

---

⑱　参见 N. K. 柏德沃（N. K. Badhwar）在《社会主体、社会和公正》（Social Agency, Community and Impartiality, in *Social Philosophy and Policy*, 1996（13）, pp. 1-26）一文中的有趣评论。

⑲　M. 沃尔兹（M. Walzer）在《公正的领域：对二元论和平等的一种辩护》（*Spheres of Justice: A Defence of Pluralism and Equality*, New York: Basic Books, 1983）中的评论很典型："公正从社会意义上来讲是相对的"。

⑳　我们将在最后一章返回这一推论。自由主义者有时宣称他们能够在没有争议的基础上立论，参见 J. 罗尔斯（J. Rawls）的《政治自由主义》（*Political Liberalism*, New York: Columbia University Press, 1993）。J. 哈尔丹（J. Haldane）在《个人、国家和共同利益》（The Individual, the State and the Common Good, in *Social Philosophy and Policy*, 1996（13）, pp. 59-79）一文中认为这种观点通常是有争议的。他们为了确保一种"民主"一致性将意见的分歧具体化了。要了解罗尔斯对"广泛"自由主义和"政治"自由主义的区别，请参见 J. 斯科莱普斯基（J. Skorupski）最近在 J. 哈尔丹主编的《哲学与公共事务》（*Philosophy and Public Affairs*, Cambridge University Press, 2000, p. 66）中发表的文章《自由是空洞的胜利》（Liberty's Hollow Triumph）。

最终得到维护，那么必然会出现大量附带问题。然而，这决不会减少他的挑战的意义——他认为，除非某种先验的道德价值观理论能够被辩护，否则不可能说明或充分地推动和维护人们对美好生活的追求。《理想国》从整体上来说就是为了这种辩护而写的。具体地说，它体现在该书对善的理念的论述当中。柏拉图认为生活是可能的——至少从他所说的“天意”、基督徒所谓的“神佑”或天佑以及异教徒所谓的命运或运气来考虑——表面的和现实的东西构成“可信”的美好生活；他确实希望说明的是非实在论者对美好生活进行的勉强理性辩护是不现实的。然而，为行为进行辩护是伦理学关注的一个重点。至少当我们考虑错误成为错误的原因时，我们可能不会直接去思考我们自己过美好生活的能力（尽管我们的反思有时会涉及它），而是主要考虑我们是否有能力说服或影响其他人，以使他们过上美好生活，并考虑我们是否有能力对来自知识界的挑战进行自我辩护。

至此为止的讨论被局限于“价值观”体系的一部分内容，即道德价值观。柏拉图几乎没有对道德评价和美学评价进行区分，因此，如
26 果他对客观性的论述在伦理学领域无法成立的话，它也无法在美学里站住脚。假设他的观点在伦理学里能够得到维护，它在美学里是否必须得到维护却是另外一件更困难的事情。柏拉图本人原本希望通过论证达到这种效果，而且他无疑进行了有力的论证，这一切都将在以后的论述中变得明显。

在《克拉底鲁篇》(*Cratylus*) 里，有一个对话可能比《理想国》稍微早一些。柏拉图在那个对话中考虑过命名的“正确性”问题。他试图确立的主要观点首先是，假如名字以任何一种意义“使用”都是正确的，那么这种“正确性”只能通过调查被命名的事物来决定，而不是仅仅由对它们进行命名的词语来决定。他的第二个观点是，只有能够进行直接思维（“辩证法家”）的人才最有能力决定词语与事物之间的搭配或决定各种因语种不同而不同（柏拉图否认“理想语言”的存在可能性）的传统语言符号与靠词语指称包括道德内容在内的客观事物之间的牢固联系。他暗示的结论是，能够为道德对话和道德本身

提供基础的只能是一个独立的道德领域，而不是一套人为的道德概念。

上述柏拉图的观点会在目前的讨论中以不同的公开程度重复出现：一个典型例子就是他认为我们在哲学中通常倾向于评论旧问题而较少发现新问题的观点。然而，更有挑战性的是，我们是从不同的起点来评论旧问题的，因为我们是在不同的环境和从不同的视角来看待它们的。在进入新的让人激动的领域之后，我们可能发现更多的理由接受或拒绝已经延续了很久的理论，并且知道——只有用经验证明的方式——它们终究是盲目的理论。因此，随着我们对当代伦理学危机的考察的深化，我们会经常记住：柏拉图和那些发展了他的观点的人就在我们面前。

第二章　伦理学与形而上学

柏拉图为道德建构的形而上学基础

27　对“道德”和“伦理学”进行传统的、通俗的理解能够从情感方面吸引很多人。一个“普通人”说出“那是不对的”或“希特勒是一个邪恶的人”这样的话是可以接受的，而当一个坦率的哲学家处于与普通人类似情绪的时候，他不会用“我们一致认为我们不喜欢希特勒的所作所为，因此我们把他称为一个邪恶的人”或“既然希特勒的所作所为给这个世界带来的是最大危害而不是利益，我们将他视为邪恶的人”或“希特勒的种族大屠杀政策的‘错误’在于，它是非理性的、矛盾的”之类的话来装饰自己。然而，对“共同道德”[①] 的这种理解已经在哲学话语系统里被有意或无意地改变。由于“公共关系”的原因或出于一种像希特勒的例子所显示的残余“羞耻”感，许多希望用前面所讲的方式掩饰他们对希特勒行为的评论的哲学家不再说

① 这一术语是因为 A. 多纳根（A. Donagan）的《道德理论》（*The Theory of Morality*，University of Chicago Press，1977）而流行起来的。

“道德应该被某种东西所取代”，而是仅仅使用“道德”（或“伦理学”）这样的词汇，好像用它指称某种神秘的东西。

经常有人抗议这种巧妙手法：菲尼斯（Finnis）在一本介绍性的书里面用一章的篇幅论述道德哲学，其题为“功利主义、后果论、比例代表制……或伦理学?”（Utilitarianism，Consequentialism，Proportionalism… or Ethics）②。不过，这种抗议似乎效果甚微。由于不同原因，那些希望对伦理学的传统内容进行重大改变的人和普通的非哲学专业公众对较传统的说话方式投入了太多情感，他们愿意公开地——而不是仅仅由哲学家在一个精选的圈子里——承认或接受任何对我们或对或错的行为的激进的重新展现。

头脑清醒的哲学家，尤其是那些坚信“客观道德”的哲学家一直 28
都能够认识到非客观主义者面对的问题，即希特勒是否真的曾经做过错误的事情或种族大屠杀是否只能是错误的，这对于后者来说是一种挑战。在客观主义传统开始的时候，作为哲学家和戏剧艺术家的柏拉图通过在《理想国》里展现变化的恶，尤其是通过淋漓尽致地刻画暴君的形象将这一传统推向高潮。我们已经考虑到柏拉图在《理想国》第1卷归结为色拉西曼裘斯的观点的预示意义，现在我们必须更加仔细地审视一下《理想国》的整体叙述。

《理想国》的读者常常会为它的第1卷的结尾部分感到迷惑不解。柏拉图的兄弟格劳空和阿底曼图斯坚持认为，色拉西曼裘斯没有公正评价他自己的立场。他们试图重申他的立场。在重申过程中，他们提到了许多关于公正的观点，那些观点第一眼看来似乎与色拉西曼裘斯本人的观点只存在有限的联系。一个观点认为，公正可能是在弱者联合起来反对强者时出现的，因此公正是约定的产物。色拉西曼裘斯本人从来不这样说（尽管他拒绝承认存在任何一种比传统公正“更高的公正”，他总是让它成为一种开放的选择），但是这种方式往往使他的观点（如果是正确的）更容易体现应用价值。因为，如果不是像柏拉

② J. M. Finnis，*Fundamentals of Ethics*（《伦理学原理》），Washington，D. C.：Georgetown University Press，1983，Chapter 4.

图那样论述公正，还有各种各样的论述方法可以被用于论述“公正”的作用。在色拉西曼裘斯的民主模式里，相信守法的观点可以通过参照一个契约得到辩护——假如民主人士是真正的“强者”，那么契约“从理想上来讲”是不可信的。色拉西曼裘斯本人可能怀疑那些民主人士是否足够强大以导致这种不可信的局面；可能性更大的是，那些人相信他们自己对这种契约的历史性抱有的幻想。

《理想国》的第 2 卷是对色拉西曼裘斯观点的新“应用”，这种应用可以被置于一个现代性更强的环境中。假如柏拉图没有在《理想国》的其余部分对传统意义上的“公正”进行哲学辩护，某些带有或不带有霍布斯色彩的功利主义、权利论、契约论就是使某些事物免于崩溃的更加可信的办法：霍布斯认为我们至少能够确保个人的安全。柏拉图的基本想法是，要么道德具有某种先验性，要么道德具有一定的人为性，但他对如何在道德的人为性内部进行区分的问题不感兴趣。

29 在柏拉图明确强调上述二分法的重要性的同时，许多别的哲学家——有趣的是，这包括伦理学领域的亚里士多德——却没有这样做。③ 虽然亚里士多德认为我们追求的各种善以及我们必须承担的各种义务是客观的，而且它们取决于人的本性以及人的本性能否指向一个正确的目的（它自然是一个可能的目的），但他与柏拉图不同，因为他没有提出这样一个激进的问题：“假如‘道德’仅仅是一种能够带给人安慰和有用的幻想，那又怎么办?”——这不仅恰好是《理想国》的主题，而且刚好是苏格拉底在色拉西曼裘斯用最有力的方式提出来而他必须试图回答的问题。与柏拉图不同，亚里士多德把某些客观的（甚至可能是现实的）内容赋予道德（“有些事情是好人——为了高尚的或良好的目的——不会做的”），而且他就如何一般性地认识

③ 有趣的是，因为这个例子似乎可以说明哲学历史的一个显著特征：一个哲学家的一些主要观点和思想可能最容易被他们的继承者忽略、低估或误解，不管他们多么有能力。另一个典型例子是——阿奎那的继承者在他死后十年或二十年之内——忽略了他关于存在的某些最有创新性的观点。

最好的社会以及“为高尚的目的”进行的最好教育提出了假设，但他自己没有对这些假设进行辩护，他具体关注的是人的“作用”、人的独特行为和德性的实质。

在《理想国》第 1 卷的末尾，色拉西曼裘斯生气了，这说明他没有信服。他知道自己失败了，但同时又认为他受到了一些欺骗，因而还有获胜的可能。导致他困惑的一部分原因在于他的性格使他不能明白自己的错误所在。作为一位重要哲学家的柏拉图现在面对的挑战是要对色拉西曼裘斯已经说过的许多话进行重述，但需要放弃苏格拉底反驳他所使用的那些带有偏见的论点和策略，至少应该在以后更有建设性的辩论里对它们进行修正。为了达到这一目的，必须为苏格拉底提供另外一个对话者——一个对色拉西曼裘斯的观点留下了深刻印象，但希望色拉西曼裘斯能够对其观点的失败心服口服的人。这样一个对话者必须不具有那些阻挠色拉西曼裘斯看见自身不足的性格特征；他必须是一个更好道德世界的产物。在那样的世界里，虽然他害怕反道德主义立场可能是正确的，但是他能够进行难能可贵的辩护。

柏拉图没有进行第二次辩论。假如他这样做了，他可能取得了更多的成就，但争论却会变得无休止。《理想国》就不会只有十本书，
它需要柏拉图将终生精力倾注其中！那么，柏拉图写完第 1 卷之后的 30
辅助性策略是什么？显然，他不会让第 1 卷成为败笔，因为他对第 1 卷的设计旨在说明，假如一个类似色拉西曼裘斯的观点造就了类似色拉西曼裘斯这样的人或假如一个类似色拉西曼裘斯的观点只能由类似色拉西曼裘斯的人忠实地坚持，那么，虽然这样的观点是不可辩护的，但是它可以被其提倡者辨别出来。那么，柏拉图再下一步的策略是什么呢？进一步说，我们的辅助性策略又是什么呢？他必须显示，某种加上非常具体的有关人的理论的形而上学不仅为道德提供了必要基础，而且充分说明了这种基础在无法建立条件下的可怕的个人后果和社会后果。对于柏拉图来说，对道德的充分论述既依赖我们对人性的诠释，也取决于我们划分人性的方式，这就如同我们在考虑人类知识和爱的时候诉诸形而上学理论一样。然而，在《理想国》第 2 卷中

的格劳空和阿底曼图斯重申色拉西曼裘斯的立场时，读者对他们通过指控色拉西曼裘斯的方式重新发起对苏格拉底的挑战可能展现的东西仍然不明白。

色拉西曼裘斯本人从来没有求助于自然公正来反对资产阶级的公正或传统的公正，因为在他看来，公正仅仅是一个名字和一个便利的虚构。由于这一观点可能是最激进的观点，因此格劳空和阿底曼图斯引用包括“自然公正”（正如卡利克利斯在《高尔吉亚篇》里所认为的那样，它是一种可能正确的公正）和契约公正在内的其他公正理论是合情合理的，因为色拉西曼裘斯将其作为一种虚构暴露出来的“公正”可能通过一些方式转变为某种具体的政治和社会规划。对认为公正是一种虚构的各种理论进行审查，可以增强针对客观的和真实的公正进行多方面挑战的严肃性以及最认真地面对这一挑战的必要性。

无论“自然公正”（或“不公正”）理论是否在形式上是由《高尔吉亚篇》里的卡利克利斯提供的或者是在引用《理想国》的观点中被提供的——或者说，它是否因此而被作为柏拉图再次引用的原则。它的最后引用是在《法律篇》——它本身不是色拉西曼裘斯的任何理论。它是一种客观理论，它在强者的权力“正确”流行的时候不取决于作为强者的我们；它是客观存在的。柏拉图似乎认为，虽然这种“自然公正”理论有一定的客观性，但是它不是规范性的，因而也不
31 是伦理学中的一种客观理论，因为它没有提供这种情形的理由，即强者强迫弱者按照他们的愿望来做“应该”之事的理由——这是针对人而不是针对动物来说的。因此，如果这种理论被作为，甚至被相信是道德的东西和客观的东西，那么它从根本上来讲具有色拉西曼裘斯理论的性质，其表现是它的提倡者想把（可能是部分的）事实应用于适合其行为的规范之中。这种做法使想象中合乎事实的观点即认为纯粹的权力是一种特别的“力量”或一种我们应该理性地和适当地予以支持的自然的善的观点处于一种未经审查的状态。

休谟可能把卡利克利斯的举动视为从“事实”到“应当”的不合理推理。柏拉图的相关反对意见是——他在《美诺篇》（*Meno*）中论

述了意见（不能凭借理性或经验加以辩护）和知识（它与被解释事物的原因有关）的区别——卡利克利斯及任何与他类似的人都不能对规范性的公正做出合乎理性的论述。事实上，它不仅不合乎理性，而且是武断的，这可以通过郭灵（Goering）的名言“权力是我打在你喉咙上的拳头”表现出来。假如我们超越自然界中以强凌弱的明显真理，而这恰恰是卡利克利斯的立场立足的地方，我们没有理由认为任何关于这些真理的事情向我们提供了义务的合理依据——除了被迫采取任何最不需要用来反驳卡利克利斯之类的人的行动进行自我辩护。如果我们自己是卡利克利斯或纳粹分子，那么我们留下的就不是辩论，因为我们根本不需要辩论有没有理由用我们的力量虐待他人，我们只需要坚信自己喜欢拥有权力做合乎我们意志的事。这并不令人奇怪——尽管它经常让评论家感到奇怪——柏拉图眼里的卡利克利斯仅仅喜欢一种简单化的原则。

不管怎么说，正如柏拉图在《理想国》的一些段落里所暗示的那样，卡利克利斯以及与他类似的人在解释“自然”这一术语时含糊其辞。他还把“强者”等同于“更好”和粗糙理解的“成功”。他没有解释为什么“成功”是值得追求的。卡利克利斯在《高尔吉亚篇》里所提供的一切——他相信他敬佩的人民喜欢权力——体现了一种对待快乐的态度：“我们应该将我们的快乐最大化，并努力满足我们的欲望。”后一个目的是难以理解的——在《高尔吉亚篇》里，它被描写成一个漏水的大水罐——《理想国》的后面部分也对此进行了论述。

应用色拉西曼裘斯的理论在格劳空和阿底曼图斯的推动下得到复兴，这给柏拉图留下了两个挑战。一个是他必须论证“自然”——被认为是不变的东西——不应该仅仅用“饮毛茹血的自然本性”这样的术语来理解。另一个挑战是，假如自然不是这种意思，那么它应该具有怎样的意思？或者，用略有不同的话说，永恒的、不变的世界里到底存在什么？永恒的、不变的东西又会对伦理学产生什么影响？这些显然是形而上学问题。虽然我们在阅读《理想国》的第 2、3 卷时并没有得到警告——假如色拉西曼裘斯和他那种有诱惑力的“道德”要

被拒绝的话，那么形而上学的考虑是无能为力的；然而，当柏拉图最
32 终选择揭露它的时候，我们不应该感到惊奇。

苏格拉底必须解释“自然”这一概念或事物的基本性质，但他也必须具体地证明这种自然为我们提供了证据，使我们相信真正存在一种“自然的”、客观的道德，并相信形而上学研究与道德研究是分不开的。假如柏拉图要为苏格拉底的命题即我们的生活应该使我们的灵魂尽可能地向善进行辩护，那么道德世界至少是一种如同物理学家研究的“自然”王国那样的客观现实（他应该更加具体地说，它是另外一种客观现实）；同样，正如他后来在《蒂迈欧篇》（*Timaeus*）里所说的那样，物理的（包括心理的）自然本身是由道德和目的控制的。

我们已经看到，苏格拉底没有试图直接反驳格劳空和阿底曼图斯的观点；他只是要求对反道德的观点进行“辩证”审查。这说明苏格拉底想考虑的困难在于被严格证明的结论是不能被超越的。不管怎么说，它逐渐辩证化了，虽然哲学生活需要这种倾向——但它是不完善的，因为它没有像《理想国》的后面几本书那样对可能的行为提供想象的图画——但是它不可能在一种有意而为的文学作品里无限地延续下去。我认为，这可能是柏拉图怀疑书面哲学的一个原因；好的哲学是对苏格拉底式的生活进行的陈述。苏格拉底不得不重复（和改善）他在《高尔吉亚篇》的结尾的独奏表演；假如要让人达到绝对的、可靠的信任，他不得不详细地进行说明，但那种冗长的辩证的解释并不是必要的。

既然公正应该体现个人与人类社会之间的一种内在联系，苏格拉底要求我们考虑如何使它最有利于社会的构成。我们现在不关注这样
33 的细节：保护的需要，有效劳动分工原则，发现能够保卫城市和他们自身免遭抢劫的人的困难，对乐园的（原始的）天真状态的回顾，询问更加复杂的问题和追求更加复杂的生活的危险后果。在《理想国》的直接背景下，苏格拉底想要说明的主要观点是，如果那些有权的城里人要成为“真正的卫士”，而不是寄生虫，他们必须理解最早制定法律的人的善良愿望，并乐意贯彻落实法律。换句话说，假如一个城

市要生存，它的所有市民都尽可能地要追求繁荣昌盛，那么那些有权的人必须接受教育和训练以成为某种层次的人。然而，又有谁会愿意进行这种转向呢？

柏拉图的答案是，那些不愿意这样做的人必须掌握某种“知识”——从一定意义上来说——认识到我们中的其余的人是非常“无知”的。假如他不能成功地论证这一点，他就必须通过仅仅展现另一个“传统的”、被色拉西曼裘斯及其支持者称之为虚构的道德城市的方式被提问。这样一来，在第 5 卷的结尾部分，我们可以看到两种类型的人和两种认识对象之间的重要区别。

“意见爱好者”把他们的生活经常用于观察像在剧院里“上演”的东西那样变化的事物。“现实爱好者”也观察变化世界最终赖以存在的外在的、不变的世界。他们是清醒的，不再“做梦”。最终，他们把自己的生活方式建立在“善的理念”基础之上。为了理解这种观点，我们需要一般地掌握——不需要过多地担忧细微的，主要是文化性的区别——柏拉图设法宣扬的那种形而上学的，甚至“有神论”的观点——即使他是在捕捉他不能适当把握的东西。

可能抓住柏拉图的建议更加容易，假如我们不审视善的理念，而是审视他似乎已经首先辨认的理念——因为它是爱的目的——而且由于它的物理上的表现，他在《斐德罗篇》（*Phaedrus*）里将其称为最明显的理念，即美的理念。柏拉图认为，具有物理意义上的美的物体是一种通过对比而获得的美（海伦与邻居的女孩对比是美丽的，但与阿芙罗德相比却不美丽），任何一种美都比不上美的理念本身。它不仅是一种无与伦比的美丽，而且为所有其他的美的衡量提供了一种尺度。这种尺度不是人为的，尽管我们当中的任何人都可以至少模糊地 *34*
辨认它。

柏拉图拒绝说出美到底是什么，但认为它独立于任何思想，而且不是物理性的（因而也不是可灭的）物体。既然美本身比任何别的事物都要美，既然美本身是一种能够鼓励我们行动或产生反应的特征，那么它比任何别的不太美的事物更加具有激励性。要抓住柏拉图思想里面的东西，我们必须考虑：假如我宣称爱上了某人（用柏拉图的话说，就是说我看到和羡慕那个人的美），那么我想做对被爱的对象有利的事情；假如我说自己爱上了某个人，但不愿意为他做任何事情，那么柏拉图认为我根本就没有爱上他。我可能只是希望以某种方式“利用”某人，并可能因为这一缘故错误地认为自己爱上了他。因此，如果存在一个美的理念，那么它很可能驱使那些“知道”和热爱它的人按照它来行动。事实上，理念作为一个整体既是灵感性的现实，又是我们在日常生活中决定公正与不公正、友善与不友善行为可以依靠的标准。

柏拉图将理念引进《理想国》既有简单理由，也有复杂理由。简单理由是他已经到达这样一个阶段，要么必须引进理念这一概念，要么必须离开苏格拉底回答格劳空和阿底曼图斯的全部答案，自己悬挂在空中；比较复杂的理由在于，引进理念这一概念旨在澄清苏格拉底认为哲学家应该成为国王这一显然反常的观点。哲学王被提出来的理由是，只有这样的国王既知道自己的职责，又有能力履行那些职责。哲学王所做的事必然是正确的，因而他缔造的城邦是最好的。既然他懂得什么是最好的政治体制，那么他可以尽可能地将其变成现实。最好的政治体制应该是公正和其他美德的完美象征，它就像法律制定者必须完美无缺一样。假如哲学王要获得成功，他必须对公正的内涵有充分的理解，因为公正的真正内涵最有利于人的灵魂的修养，而灵魂是依据指令而存在的。

完善的城邦不仅要求公正的人执政，而且主张用一种先验的公正标准引导执政的人。没有这两个前提条件，就不可能出现公正的社会；我们只能暗示一个公正的社会，但不能严格地去想象它，因为被“想象”的东西就是相对公正的东西——正如哲学王所知道的那样，它没有满足公正要求的条件。他要求的是一个外在的和道德的（而不
35 只是审慎的）标准，因为只有通过这样的标准他才能既建立他的城邦，又能够按照执行标准的程度针对各种可能性衡量各种现有的城邦——他们在《理想国》的后面几卷里就是这样做的。柏拉图没有对

善的理念的存在提供严格的论证；虽然可以依据他自己和其他批评家的著作来理解——主要是亚里士多德的著作——但是从他在《理想国》里倾向于使用论证并逐渐复杂化论点来看，他在大多数时候没有对理念这一概念进行论证。他希望证明的是善的理念的存在——或某种类似的东西的存在——是任何一种合理的德性理论和道德义务理论的必要条件，而这种德性理论和道德义务理论不同于某种尽可能好地计算似乎（考虑到某些关于人性的假设）属于自我利益或他人利益的方法理论。柏拉图认为，义务与利益之间的区别只有在假定利益的内容能够不通过诉诸某种外在的人性“终极原因”得到评估的条件下才是可以理解的。

以苏格拉底身份出现的柏拉图认为，由色拉西曼裘斯（以及——实际上——由他那些生活于社会和政治生活中的信徒）构成的威胁在不受外在的善的标准制约的条件下是无法通过理性减少的，而试图以色拉西曼裘斯本人身份出现的柏拉图（和在别的地方以苏格拉底身份出现的柏拉图一样，其最显著的表现是在《斐多篇》（*Phaedo*）里）证明，“资产阶级”的德性和公正是建立在缺乏自我认识基础之上的——其实是建立在有意或无意的自我欺骗和欺骗他人基础之上的。有趣的是，此处的柏拉图不仅与色拉西曼裘斯站在一边，而且在很大程度上与霍布斯及他的许多别的哲学对手站在一边。④ 如果不存在道德体系借以获得保障的善的客观标准，所谓的善的人——根据《斐多篇》(82B)，他将被作为一种如同蚂蚁或蜜蜂的社会动物来看待——仅仅是一个“幸运”地出生在令人崇敬的社会和家庭里的人，他没有在当“好人”是政治错误，甚至政治危险的环境下被迫支持某些站不住脚的观点。

柏拉图实际上在想象我们已经暗示的问题：假如伦理学不能得到

---

④　我们已经注意到，霍布斯的情况尤其能够增长我们的知识，因为，正如麦金太尔在《道德研究的三种不同视角》（*Three Rival Versions of Moral Enquiry*，London：Duckworth，1990，p. 53）中对福柯的评价一样，极端反柏拉图主义者甚至尼采都很难不陷入霍布斯的立场。我们将在后面讨论霍布斯。

形而上学的辩护，“资产阶级”社会可能不得不通过制度上的自我欺
36 骗，甚至通过有关道德“真理”的公开谎言来得到辩护。在撒谎和自我欺骗是否为传统社会所需要这一问题被提出之后，柏拉图就难免会对包括他自己的理想社会在内的任何一种社会提出同样的问题。

柏拉图具有革命家的气质，但人们可能因为没有理解他的目的和把他的观点与某些当代的思想理论家混为一谈而扭曲对他的看法。⑤他的激进主义的某些方面可以通过区别那些认为存在一种客观的、实在论的道德标准的少数人——他们因此能够为他们的道德信仰提供依据，并在遭到反驳的时候进行自我辩护——和那些通常相信有关道德标准的普遍的和未经审查的假设在受到政治、社会压力的检验或知识辩论的检验时将它们轻易放弃的多数人而被辨认出来。那些人之所以放弃那些假设，是因为他们“了解”它们（或用柏拉图的话说，他们真正地相信它们），但没有通过直接的、长期的经验来认识它们。

如果这种直接的经验是不能持续的，那又怎么办呢？有关的理念会存在，但对于我们来说只有很小的用途。那么，是不是有关道德的站不住脚的观点应该有意（和误导性地）受到鼓励？“正确的观点”——个人通过道德教育和知识教育可能进行辩护的观点——能否在社会里成为一种有效的东西？它能否真正获得提升或得到长远的维护？

坚信道德圣人或道德英雄的观点存在的一个问题是，它对普通人的要求太高了。英雄道德可能适合于韦伯“教派”，但永远无法在韦伯教派中生存下去——并不是只有在宗教背景下“教派”与“教会”之间的区别才会显现出来，它也存在于任何要求其成员坚持高标准信仰的政党之中。柏拉图认识到了这一问题（而斯多葛派和苏格拉底——从某些方面来讲——没有认识到），因此他不想马上建立一个由明智人士组成的国际社会和一个仅仅由哲学王组成的世界性“城市”。他的最初也是持续的目标总是很实际的，从来都不是纯粹理论性的；他希望治愈被他诊断为在希腊政治和知识气候条件下染上的小

⑤ K. R. 波普尔的《开放社会及其敌人》（*The Open Society and its Enemies*，London：Routledge and Kegan Paul，1952）所作的过于简单化的错误解释最臭名昭著。

病。因此，从次要的意义上来讲，必须有明智的公民：他们自己不是哲学王，但他们能够辨别和服从哲学王。有争议的是，柏拉图没有充分认识到要使人们理解（而不是接受）最好的生活是服从的生活这一观点的实际困难。 37

柏拉图当然倾向于轻视“第二等级的”人，但我们可以合情合理地问，他对善的论述是不是没有他理解体现了他的特殊民主观念的善所需要的必要训练那么重要。如果是这样，那么柏拉图用实在论构建的世界中的重要东西在于，虽然所有人都必须按照道德来行动，但并不是所有人都必须能够为这种行为进行辩护。

现在让我们对至此为止出现的柏拉图主题概括一下——除了暂时停止对色拉西曼裘斯的探讨之外，柏拉图在他与道德虚无主义的更加广泛的斗争中提出了以下观点：

1. 由道德实在论和先验实在论构成的形而上学是完整地回答道德颠覆者的唯一可能的基础；假如它没有成功，那么色拉西曼裘斯就获得了胜利。

2. 假如色拉西曼裘斯获胜，各种伪道德理论（契约论、卡利克利斯主义和各种现代流派）可能会与道德虚无主义展开竞争。它们的共同特征是：强调快乐和主观偏好。有些人会引进有关人类早期未堕落状态的神话来论证他们的观点。

3. 传统或“资产阶级”社会在全盛时期依赖正确的信仰，而在衰落时期依赖有关人性和“价值观”的欺骗和自我欺骗。

4. 必要的形而上学现实（“理念”）必须揭示美，激发和鼓励爱，鼓励和维护行为。

5. 男人在将道德和智慧相结合的能力方面即在品质方面极为不平等，这在他们为道德信仰进行辩护方面表现得尤其突出。

6. 理解公正社会这一概念有两个条件：必须有能够从形而上学角度进行辩护的善的存在；公民能够通过学习好好生活的技巧以不同的方式从这种善的存在中获利。这种学习——或者理解——需要时间和情感准备。

7. 欺骗和自我欺骗的问题（包括公开的撒谎）不仅仅局限于劣
38 等的社会。柏拉图认为，如果理想社会首先应该被建立起来，然后应该支持下层阶级的“真实意见”，那么具有象征意义的神话（即“高尚的谎言”）是必要的。然而，如果先验实在论被抛弃，那么卑劣的、自利的谎言、欺骗和自我欺骗在公共生活和私人生活中都会变得无处不在。它们甚至可能被作为社会稳定性的前提条件来对待。

从柏拉图到奥古斯丁

一

柏拉图对色拉西曼裘斯的挑战是强大的，但它显得不完整。在柏拉图对那些或者是评价性的或者是规范性的广泛术语的论述中存在一个一般性困难。至少柏拉图的一些论点似乎导致了超出处理道德虚无主义问题的需要的理念——因此为道德实在论制造了不必要的困难。逐渐地，通常是间接地，后来的柏拉图主义者既是异教徒又是基督徒，他们开始提炼柏拉图主义。

我们已经看到，在柏拉图那些暗示理念的一般性术语里至少有三类相关条目：（1）用于指称人造物体，如桌子，它们是人用先已存在的材料制造的；（2）用于指称自然物体，如树，它们在有神论者的眼里是由上帝创造的；（3）用于指称评价性的概念，如公正，它们在有神论的柏拉图主义那里被作为上帝的本质或上帝的思想来看待。只有第三类候选的“理念”对于实在论的道德形而上学来说是义务性的，因此，我们可以忽略柏拉图对另外两类理念的处理。换句话说，在道德形而上学里，我所说的“柏拉图主义”是指一种将评价性理念（如善的理念）视为根本需要的理论。当然，假如所有被用于论证这些理念的论点结合起来使另外两类理念成为必要的东西，那么柏拉图的困难将变得严重得多，但它们因为运气好没有发生这种变化：在有神论世界里，上帝能够创造数和人类，人类能够创造桌子，但善和公正不是由上帝创造的（它们也不是由人创造的），它们只不过存在于上帝的存在或本质之中而已。

从柏拉图的视角看，上帝和上帝的本质是评价性理念和善本身的继承者，它们不仅是继承者，而且它们还反映了形而上学的进步，因为善看起来像一种品质，但正如亚里士多德所认识到的那样，柏拉图需要他的理念变成各种各样的物质。除非善实在地存在于某种“善的事物”中或作为一种实在的事物存在，否则它会作为一种无法解释的品质出现，而它也因此不能完成被赋予的哲学任务。

首先以异教徒的伪装出现，后来以基督徒的伪装（有时带有犹太教和伊斯兰教的伪装）出现，柏拉图主义者在两个方面推进了柏拉图对道德的辩护：首先——我们在本章关注的内容——他们改进了他对 *39*
善本身的论述；其次——我们将在后面探讨——他们发展和纠正了他对道德主体、人的“灵魂”和行为等内容的论述。在公元 3 世纪，基督教哲学家奥里根（Origen）把人们的注意力吸引到人类不平等问题上，认为柏拉图主义迎合的是社会精英的兴趣，而基督教能够（至少充分地）向其余的人提供他们所需要的东西。[6] 如果他是对的，那么不仅原始基督教的组织体系是如何和为何更加有效地延伸到更多的人群里这些历史问题可以得到解释——但这不是我们目前关心的事情——而且从更高的理论视角来看，柏拉图是否在论述他认为是我们身上的“神圣”东西的时候设置了太多的限制或犯了不准确的错误：他所谓的“神圣”东西是指我们的能力——它是通过正确道德约束和理智的多年约束才发展起来的——即辨别和热爱客观的善的能力。

因为柏拉图认为我们的内心世界有一种至关重要的理智之光[7]——因此人类的“价值”会因为智力不同而不同[8]——那种理智

---

⑥ Origen，*Against Celsus*（《驳塞尔苏斯》），5.43。

⑦ 柏拉图对“理智”的理解涉及一个重要的影响因素，他通常不关注对理智和情感进行的康德式区分。这一点很复杂，不适合在此讨论。《理想国》（*Republic*）的第 9 卷和《斐德罗篇》（*Phaedrus*）最好表达了柏拉图的成熟观点。

⑧ 转引自 J. M. Rist，*Human Value*（《人的价值》），Leiden：Brill，1982，pp. 68-83。

之光被埋藏在错误的观念和习惯下面，但它们没有受到损害，是完美的。这样一来，他对绝对标准的解释与对统一的人类灵魂或人的本质的值得怀疑的论述以及对人天生具有的道德能力的论述紧密地结合在一起。令人高兴的是，这种理论并不是“实在论”道德理论的必要组成部分。

我们将在第三章里区分对灵魂的考察——考察它的统一性和纯洁性——和对道德主体的考察。与此同时（而且通常是这样），至于研究柏拉图的善的理念中的一些困难的基督教柏拉图主义，我们将引用奥古斯丁（Augustine）的著作，这不是因为他是第一位基督教柏拉图主义者，而是因为他对柏拉图形而上学（他认为它概括了柏拉图的爱的理论和灵魂理论的重要特征）的应用在此后的所有西方基督教哲学里占据主导地位[9]，这包括托马斯主义者（Thomists）的基本观点在内（我们将在第六章对此进行说明）。

因为当柏拉图的善的理念——假定它是存在的——是一种有效的标准，它就成了一种异常的存在：我们已经注意到，它是一种品质，
40 而不是一种具体的物质；它是一种非人的存在，显然自由地游离于生命世界之外。要理解这种观点的古怪，我们必须追溯苏格拉底对道德语言的最早关注。苏格拉底关注的道德语言对道德行为的描写和它对道德个体的描写一样多。虽然我们也会倾向于将善的行为和善的人等同，但如果我们是哲学家，我们应该在本体论方面变得严肃不苟，并认为“行为”的存在取决于行为主体的存在，因此，假如存在一种独立于人类思想的善的标准，那么主要的候选对象不应该是一个像公正这样的“对象”或——正如敌对的批评家所说的那样——一个被具体化的行为，而是一个至高无上的“灵魂”或按照我们的说法，一个至高无上的“人”。这一假设会被这样一个观点强化，即如果这一标准像柏拉图所认为的那样必须是最高的爱的理念的对象，那么它必须是

---

⑨ 要了解本人对奥古斯丁的一般看法，请参见 J. M. Rist, *Augustine: Ancient Thought Baptized*（《奥古斯丁：被洗礼的古代思想》），Cambridge University Press，1994。

一个人。[10]

理念理论——当然是指它的最初版本——似乎将行为的品质具体化了，而不是将行为主体具体化了。可能在晚年的时候，柏拉图把善的理念当成一种神圣的思想，即当成某种上帝[11]，但是在其著作的大部分地方，神各自代表灵魂的一部分，它们在概念和“文化”上显然都源自理念；正如柏拉图本人在《斐德罗篇》（249C）里所说的那样，那些神是通过认识理念才变得神圣的。因此对于柏拉图来说，神是人的灵魂的更加强大和永恒不变的翻版。它在道德上更加强大，其表现是它们永远不会“堕落”。用柏拉图的话说，我们不可能完全拥有善，但只要我们尽力向善，我们可以“像上帝”。

可能比柏拉图的善的明显客观性更加可疑的是，柏拉图把“理念”（包括善的理念）作为道德范例来论述的做法使它们被遗弃到了形而上学的垃圾场。即使人的心智或神的心智不能够辨认它们，它们也只能作为根本不能理解的观念存在：作为思想的对象，而不仅仅是要素或概念。然而，正如奥古斯丁所认识的那样，也正如希腊的新柏拉图主义者所说的那样，如果离开了不停地进行思维的主体，有关思想之永恒对象的概念（对于柏拉图来说，它是思想的原因）是不可理解的。可以理解的理念从来都不会被仅仅视为概念，它们不能像柏拉图最初所认为的那样被作为自由漂流的形而上学内容来看待。

虽然柏拉图已经指出客观的、实在论的道德体系得以建立的一个 41
原则，但他没有令人信服地对其进行说明。如果他的理念像最初被提出时那样被拒绝的话，那么那些决心以“柏拉图”式开头建构道德体系的人被交付给了人的或神的思想或被交付给了某种别的“道德感知”力量或“道德辨别”力量。这不是说“理念”必须是由思想产生的概念，而是说，既然它们从根本上来讲是由思想来辨别的，那么我

[10] 客观的“爱”不可能只有一种含义。如果我说我“爱”奥维多白葡萄酒，那意味着我“想”喝这种酒。

[11] J. M. Rist, *The Mind of Aristotle*（《亚里士多德的思想》），Toronto University Press，1989，pp. 196－204.

们就应该知道它们要求一种基本的思想来辨别它们：事实上，正如奥古斯丁在发展普罗提诺（Plotinus）将柏拉图主义更加客观化的观点时所指出的那样，我们应该从它本身出发把它视为“神的特性”。当然，我已经注意到，这种人化的神意不会把桌子的理念或树的理念当成神的特性，不会消除我们害怕的更加广泛的柏拉图主义所包含的某些问题。它可以通过这种方式辨别公正的理念。最重要的是，它可以辨别善的理念。

柏拉图提出那些理念旨在解释物理世界的内容构成的本质和构建客观道德判断的基础。那么，他为什么和他的许多基督徒、非基督徒继承者一起拒绝（至少在他的生命临近结束时）确证——理念等同于上帝或至少善的理念等同于上帝——它们应该被视为某种神意？部分是由于他有限制性的上帝概念。我们很容易忘记，古希腊人的上帝概念与西方理论中长期假设的上帝概念具有很大差异。例如，在古希腊人的思想里没有万能神的概念。更具体地说，古希腊之后论述上帝或神的著作将两个“神”的特征糅合在一起，而柏拉图将它们分开：即存在和行为。柏拉图没有将他的理念称为神，因为虽然那些理念在存在和价值的等级中位居最高位置，但是它们并不是直接活跃的主体。假如我们要把任何最有价值的东西描写成“神”，那么能够充当候选对象的东西会很多，其中的一些，尽管不是全部，可能是活跃的主体。因此，假如我们把权利视为世界上“最重要的东西”，那么我们应该把最强大的和最活跃的东西（如宙斯）称为神或“神圣的东西”。我们可能认为，既然柏拉图所说的善是最高的实在，那么不直接活跃的善必须是一个神，因为——按照希伯伦和安瑟伦的思想，而不是根据柏拉图的看法——我们把最高的善与神性联系在一起了；然而，柏拉图认为，如果存在需要被贴上“神”的标签，那么它必须表现出直接的活跃性，因此，他没有把理念视为神，而是将它们看成某种更高的东西。

42 让我们现在停止讨论柏拉图提出的最初的善的概念，谈一谈奥古斯丁在此基础上提出的看法。奥古斯丁在很大程度上是从普罗提诺的

"一"概念里学会非物质性地思考问题的，而那个"一"仅仅是半途中的一座房子。奥古斯丁的上帝和他那些基督教柏拉图主义者前辈所信奉的上帝一样，是拟人化的神，因而也更容易受到人的爱戴。上帝代表柏拉图将其视为善的标准的善的理念，但他的本体论色彩要弱一些。就像普罗提诺的"一"，"他"是一种不能具体化的品质，而是一种活的、自知的"存在"和一切生命存在的最终原因；与柏拉图的神（但不像柏拉图的理念，因为它们不是主体）一样，基督教徒的上帝是我们应该尽力相像的存在，因此，它同时也是柏拉图的理念，亚里士多德的"现实"的心智，一种万能的、代表天意的和"道德意义上"的犹太人的法和命令的人为原因——但是，人们对万能的观念的理解还是不完整的。他——不带偏见地接受《旧约全书》里的这个代词非常便利——不仅是道德语言应该引用的地方，而且是能够积极地提高道德善的所在。与古希腊、古罗马思想里的神不同，他甚至可以为一种被视为一套神圣命令的道德提供依据，但他不会保证有关这种神圣命令的假设必须是武断性的。这样一来，道德并不是由他创造的，而是他的本质或存在的体现。也就是说，他是道德产生的"原始"的或最早的原因。虽然是"透过一块玻璃模糊地被审视"（就像我们现在理解客观道德真理一样），他只有通过那些忠诚于他的人的忠诚才能得到清晰辨认。

奥古斯丁对犹太教和基督教的继承也符合另一个重要的柏拉图道德主题——斯多葛派（the Stoics）在表现这一主题时表现出过多的柏拉图色彩。犹太人和后来的基督教徒把人类分成两类：优等人和非优等人，精选的人和被淘汰的人或被咒骂的人（"咒骂"这一个词的含义非常广泛）。那些优等人做的是正确的事情（不管怎么界定），而且拥有怎样做正确事情的知识。从根本上来讲，这是上帝的知识和关于上帝命令的知识。或者说，它可能不是知识，而是信仰。根据奥古斯丁的看法，这种信仰通常是宗教认识的前提条件，因为在他看来，（严格意义上的）知识只局限于眼前和现在的逻辑和分析真理，只局限于诸如"这东西对于我来说是甜的"这样的命题。

43 不仅优等人拥有“正确的信仰”，而且他们的生活目的只能是两种可能方向中的一种：指向上帝，这不是直线指向，却是全面指向。他们是“上帝的仆人”，否则就只能成为“魔鬼的仆人”。上帝的仆人像柏拉图的哲学王一样把他们的信仰建立在客观现实基础之上；魔鬼的仆人却不是这样，他们是耶稣所说的那种“满天飞的人”。然而，对于奥古斯丁来说，每一个人都具有这种救世的“信仰”，因为这种信仰不像柏拉图所说的那种仅仅局限于拥有专门“智力”的知识——因为，正如保罗（Paul）所说（I Tim，2.4），上帝希望所有的人都被拯救，而对善的爱对于每一个人来说都是可能的。在柏拉图看来，从自然的角度来说不存在次等人，但没有人可以通过柏拉图或别的详细审查预测谁将成为优等人。接受基督教的洗礼和加入教会大大地提高了安全，但那决不是一种保证——一个要持久发展的教会必须不断地向我们提供不可理解的真理，就像哲学王大学的继承人一样，必须一代一代地进行自我更新，以使他们的制度能够永久化。

这种制度性的或神学性的问题不是我们目前关注的东西，尽管它们会反复出现。从哲学的视角来看，最重要的是必须有一种客观的和“道德意义上的”先验的实在，因为只有凭借这种实在的肯定和鼓励，我们才可以单独地过上一种好的生活，而通过参考那种实在我们才可以对好的生活进行合理辩护，否则，艰难的时候或尖锐的挑战就会出现。色拉西曼裘斯和他的继承者必须获取胜利：并不是要马上获取胜利，甚至可能在历史上永远不会获胜，但是色拉西曼裘斯的立场将成为唯一诚实的选择——不管我们是没有认识到这一点的“有用的傻瓜”，还是对它加以利用的机会主义者。

奥古斯丁对一般的、“堕落的”生活（根据柏拉图的标准，甚至是黑暗的生活，因为它是对善的清楚看法的反面）的悲观描绘使假定存在一个道德“实体”（或上帝）的世界的“真正”本质和不存在这一假定的世界的本质之间形成了鲜明对照。如果我们反思由奥古斯丁提出但没有奥古斯丁所谓的上帝的宇宙，那么我们将被遗留在萨特的宇宙里，其中的价值观是由“诚实的”民众根据需要随意建构的，其中的地狱必然是抢夺的世界，其中的生活本身似乎是一种荒诞的东西，它只能用最终无望地或毁灭性地追求一种真正的“自由”行为获得超越。一般来讲，奥古斯丁和柏拉图都希望证明存在一个可以真正为道德提供依据的原则，而且他们都认为，唯一显然有选择余地的立场甚至不 44
能被连贯一致地表达出来，而只能用更加可怕的术语和通过描绘没有连贯性和爱而由色拉西曼裘斯统治的宇宙表现出来。柏拉图和奥古斯丁都提出了同样的挑战性问题：难道真的就只有两个选择吗？是不是所有其他的可能性都会因为一头扎进色拉西曼裘斯主义而消失呢？

二

柏拉图写作《理想国》的目的不止一个，但我们集中探讨的是他的一个观点，即如果没有一个客观的“实在”的善，那么所有道德义务和美德都是不成立的。我们也会探讨自我欺骗和撒谎的问题。在柏拉图看来，这两个问题在一切非柏拉图化的社会里具有传染性。这些问题都需要进一步讨论，但在《理想国》里，另一个重要但未经审查的问题具有优先地位。苏格拉底认为，我们在此生应该做的事情与对我们有利的事情是一致的，“好的事情”也就是“有用的事情”；即使他承认我们不会仅仅因为一件事情对我们有利才应该去做它，是否有长远利益或短期利益是我们需要考虑的事情。针对那些就美德的功利性提出挑战的人，苏格拉底不得不证明我们在追求本来卓越的东西时又承认的它的（终极）功利性所构成的悖论。任何一种对伦理学进行的柏拉图化的论述都必须面对类似的挑战。

柏拉图会问，除非善是有用的，否则它在哲学和生活中有什么意义？这一问题可以被归结为某种所谓的独特的“古希腊实用主义”，但柏拉图拥有紧迫的和清楚的哲学和政治理由来将它提出来。他是在反驳一些人，因为他们宣称即使公正存在，它也是无用的或无利的，或者正如雅典的发言人在修昔底德的对话中所说的那样，公正仅仅是一个对弱者有用的概念，因为他们在所有人诉诸武力不可能的情况下可以祈求公正。这些人的错误是显而易见的，因而他们这些歇斯底里或“硬鼻子”的对手只能缴械投降。因为任何幸福主义者都知道，假如实在论者能够证明认识真理对我们所有人都是极为有用的，情况只能是这样子的。

色拉西曼裘斯认为公正是强者的利益。他所说的“利益”是一个模糊的词。苏格拉底不愿意反驳的一种公正含义是，真正做到公正对强者和其他所有人都有利。假如他宣称公正不需要任何代价，色拉西
45 曼裘斯会嗤之以鼻，认为它根本就不足挂齿。因此，柏拉图坚持认为，善不仅独立于我们的错误观念，而且有关善的知识对我们所有人都极为有用。可以说，如果离开了有关善的知识，一切都将变得无用。如果没有有关善的知识，我们既不能“命令”我们的灵魂，也不能建立一个让所有人都满意的国家。因此，我们现在可以在柏拉图认为他已经完成的七项任务中再增加一项任务：

8. 善的理念不仅是道德善的一个先决条件，而且是我们所有人都可以借以——虽然是间接地——维护自我利益的可靠点。

集基督教徒和柏拉图主义者于一身的奥古斯丁当然接受这一观点，同时也考虑到“拯救”我们的利益和“信仰”上帝都是我们的利益所在。另外，从历史的角度来看，任何可能的实在论形而上学的本质内容现在都处于保险的合理位置：没有必要马上寻求进一步的提升。

反柏拉图实在论的理论

伊壁鸠鲁与归纳主义心理学

许多试图取代先验实在论的当代努力都极大地依赖康德的人的意志自由理论，因此我们需要在现代背景下对康德进行更广泛的讨论。我们将在各种康德传统之外更直接地考察别的对柏拉图伦理学更有影响的观点，而康德（Kant）的传统可以与由柏拉图创建、经奥古斯

丁发展、到后来至少被阿奎那（Aquinas）挪用的柏拉图化的亚里士多德立场以及被断断续续的基督教思想家不断丰富的伦理学和形而上学体系并列——虽然在纽曼（Newman）那里情况变得非常富有戏剧性——直到最近几个世纪。我们认为这些观点或多或少具有色拉西曼裘斯性质，它们并不总是以各种显而易见的道德虚无主义表现出来，然而，由于它们的基础无法得到确立，它们对于“歇斯底里的”色拉西曼裘斯归约法是开放的：他们的观点（在不寄生于实在论的时候）最终依赖归约主义关于心理学的观点和/或最终依赖对善的纯粹偏好。因此，它们要么是道德虚无主义，要么是有意而为但无法辩护的非道德虚无主义。

我们将探讨伊壁鸠鲁、马基雅维利（Macchiavelli）、霍布斯 46
（Hobbes）这些与我们的主题有关的几位思想家的某些思想。他们都是当代后基督教伦理学和政治学的先驱。最后，我们还将转向克尔凯郭尔（Kierkegaard）。他对“奥古斯丁”伦理思想的辩护被出乎意料地当成强调人类选择和偏好优先性的反实在论理论的一个来源。

在反柏拉图的理论家中，无论从历史的角度还是从哲学的角度来看，首先考察一下伊壁鸠鲁都是合适的。他不仅和柏拉图都是雅典人，而且他的许多对立观点在柏拉图本人的著作，尤其是在《理想国》、《斐德罗篇》和《法律篇》中有预示。他否认柏拉图的“天意论”——他的神过分关注自我，也不关心人的道德——伊壁鸠鲁随时准备反驳柏拉图的观点，即假如我们把善视为一种想象（他认为我们必须这样），我们必须同时摆脱任何像“道德”之类的应然的东西和有关美德的全部传统观念。后者现在往往被视为达到某种目的的手段。他说，除非它能够给他带来快乐，否则他“唾弃”它，但他认为某种审慎的、有用的“善”加上一种让人满意的生活方式仍然是合理的。从政治层面来看，伊壁鸠鲁的谨慎可以为社会契约论提供辩护，这在《理想国》中的格劳空和阿底曼图斯那里就已经有预示，而且从一定意义上来讲，它还让人回想起霍布斯。伊壁鸠鲁不仅对宇宙采取归约主义方法，而且对人的本质采取这种方法，这就是它能够吸引柏拉图的原因。与我们时代的帕菲特相比，伊壁鸠鲁对他自己的信仰拥有更强的自信。他没有试图去重建或论证传统道德，而是旨在取代它。即使这种评价已经是矛盾的，诚实本身不是伊壁鸠鲁学者追求的美德，但他的目的是诚实的。

伊壁鸠鲁认为，幸福的主要前提条件或（按照他自己的说法）摆脱痛苦的充分自由在于消除想象（尤其是关于更丰富或“更深刻”的人类善的理论的想象，它们使我们从情感上依赖他人的运气和行为）和真正面对生活的“哲学”意愿。[12] 对非物质性的灵魂或死后生活的形而上学探讨——即对非物质性的善的探讨——必定会被抛弃；“哲学”的方法将被用于治疗由想象引起的伤口。和他的许多继承者一
47 样，伊壁鸠鲁用人性概念和人的“利益”取代了“理念”。我们必须认识到我们的自然需要——即我们作为人的需要——这是事实。然而，如果我们不生活在自然或社会之中，我们又怎么能够知道我们的“自然”需要？在伊壁鸠鲁看来，我们生来就为各种意见所包围，而在那些意见中，只有少数是正确的，其余的特别是哲学家的意见都是错误的。在这一方面，我们可能很容易追随他的观点，但当他开始辨别少数正确的观点与多数错误的观点，尤其是开始辨别善与恶的时候，他就变得困难了。

伊壁鸠鲁宣称我们所有人都“自然地”希望将我们的快乐最大化或至少希望将我们的痛苦最小化。为了立论的需要，我们可以假设这确实是自然的，但它却不能说明到底什么是自然的东西，但伊壁鸠鲁必须得出他的结论。考虑到我们在无情的宇宙中的生理和精神结构，无论是处于“原始”道德状态，还是处于更加成熟的状态，我们都不能做到这一点：伊壁鸠鲁派经常与坚持认为原始的善不是快乐而是自我保护的斯多葛派发生争辩。

在伊壁鸠鲁理论体系的核心存在一个不充分的和没有得到充分

---

⑫ 最近与自我治疗有关的是 M. 纳斯波姆（M. Nussbaum）提出的《欲望疗法》（*The Therapy of Desire*，Princeton University Press，1994），详见 102～279 页。大多数希腊化时期的哲学家倾向于接受伊壁鸠鲁论述善的归纳主义观点。

论证的观点，即假如错误的意见被消除了，我们所有人都会优先考虑怎样将我们的痛苦最小化，而且我们应该有这种优先权，因为这样做是合乎理性的。然而，纵然我们曾经作为婴儿处于这种原始的、未被腐化的状态中，我们为何应该相信它要么是可能的，要么是可欲求的——更不用说它是任何一种合乎理性的义务——因而拥有成熟思想能力的成年人应该保持这种状态呢？如果它是不可能的，那么它是不相关的；如果它被认为是可能的和可欲求的，那么伊壁鸠鲁需要（至少）另一个前提：处于人类生活欠成熟阶段的行为为成熟的、有思想的成年人生活的相近快乐价值提供了令人信服的证据。然而，如果面对的是一个希望追求一种哪怕带给他（至少是间接的）痛苦——甚至可能既是"生理"痛苦又是"精神"痛苦但最终没有确定的享乐主义回报和满足的生活方式的禁欲者，伊壁鸠鲁的理论体系又怎么（在没有求助于一种"形而上学"价值理论的情况下）能够回应他的观点呢？为了处理这一问题，伊壁鸠鲁不得不重复他的观点（可能会被补充一种精神病理学理论）：快乐（或痛苦的消失）是唯一的根本的善；禁欲者的所有欲望都与错误引导的信仰有关，它们与我们追求快乐的自然的根本欲望是相冲突的——这就是问题所在。如果认为儿童在"信仰"方面具有认知优越性的观点未能站住脚——即使那些信仰是正确辨别的结果——那么，它们也是不充分的观点；他们当然不能证明痛苦的消失是我们 48
成年人应该坚持追求的目标。⑬

请注意伊壁鸠鲁的困难是怎样在他处理友谊问题时冒出来的：它是一个被所有古代道德哲学家长期讨论的话题，因为普遍的观点是拥有朋友对我们发展能力的培养具有很大影响。我们可以再回顾一下伊壁鸠鲁的观点。他认为，我们所追求的一切都是自身利益，而自身利

⑬ 要了解更多有关伊壁鸠鲁处理儿童行为的有趣但不完整的讨论，请参见 J. Brunschwig，The Cradle Argument in Epicureanism and Stoicism（《伊壁鸠鲁主义和禁欲主义的最早论点》），in M. Schofield and G. Striker（eds.），*The Norms of Nature*（《自然的规范》），Cambridge and Paris：Cambridge University Press，1986，pp. 113−144。

益就是所谓的快乐或痛苦的消失。拥有朋友当然可以给我们带来快乐，因此，用伊壁鸠鲁的话说，朋友对我们来说是有用的。再看一看“客观主义者”（非实在论者）的观点：朋友不是“好像”有用，而是“真正”有用。这样一来，我们需要努力将偏爱的行为建立在我们发现的人性事实基础上，即朋友有用这一事实：朋友的有用性不仅仅在于他们能够在我们有困难的时候帮助我们渡过难关，而且在于他们可以让我们感到安慰和轻松。

信任是朋友友谊的本质所在。既然在伊壁鸠鲁的眼里每一个人追求的都是自己的而不是他人的安慰，我们又怎么能够从伊壁鸠鲁那里找到很好的理由保证我们的朋友不会让我们失望呢？伊壁鸠鲁提供的答案是，如果朋友是优秀的伊壁鸠鲁，那么他们就会计算出友谊带来的巨大利益，因而以不守信的方式丧失一个朋友是不值得冒险的，而且伊壁鸠鲁准备沿着这一方向走下去，宣称一个朋友在某些情况下愿意为另一个朋友而死。可能他会这样做，但我们很难找到理由说明，为什么一个伊壁鸠鲁在大多数情况下，特别是在他的生命需要抢救的时候不会合理地改变他的想法或出卖他的朋友或使他的朋友受到损伤。如果另一个伊壁鸠鲁认为朋友不会互相忠诚，这种可能性会增加；朋友之间的交往从一开始就已经是一种追求相互便利和相互利益满足的契约关系。

柏拉图已经预见到这种立场，并指责它恰好与他自己的立场对立。苏格拉底首先在《斐德罗篇》里指出，一个人应该屈服的是一个非恋人的求爱，而不是屈服于恋人的求爱，因为这样可以避免互相的牵连，每一个人都可以获准利用另一个人以使他的当前的和可预见的未来快乐最大化。后来他撤回了他自己的话，并指出了这种说法的严重误导性，因为非恋人只会为了其自身的便利完全利用另一方，而不
49 会严肃地考虑其伙伴是从中受到了伤害还是获得了利益。我们应该注意这种平行的二分法：柏拉图区分非恋人和恋人，而伊壁鸠鲁则区分明智的哲学家和疯狂的非“哲学家”。

这样，伊壁鸠鲁把他自己套上了一个友谊功利性的结：友谊可以

被视为一种必要的快乐源泉，但这种观点是经不起理论检验的，因为伊壁鸠鲁认为宣称没有任何事情从它本身来讲是好的这种观点是值得商榷的——有谁会信任一个仅仅把他当成工具来看待的伙伴呢?⑭ 然而，柏拉图会因为伊壁鸠鲁的幸福无法实现而高兴；况且，即使幸福是用归约主义的术语来定义的，或者即使聪明的人进行欺骗是好生活的一部分，或者即使我们赞同伊壁鸠鲁（或其他后果论者）的观点，相信对利与害的精心计算可以实现，结果也是如此——假如个人的利益应该考虑的话。伊壁鸠鲁在计算利益方面确实比一般的后果论者要站得稳。例如，现代的功利主义者试图使全人类的每一个方面的状况都被最优化。柏拉图可以说，伊壁鸠鲁的情形是很有趣的，假如他这个公开的利己主义者不会进行导致快乐的计算，那么其他后果论者又怎么能希望按照他的要求来做呢？况且，不具有计算是否出卖朋友的能力（实际上）是伊壁鸠鲁对友情冷漠的一个主要原因。⑮

有关友谊的例子说明了伊壁鸠鲁的一个观点，即假如某人要建立一种连贯一致的反柏拉图立场，他必须放弃向他人行善的“浪漫主义”或“多愁善感”的想法，除非这种行为能够给自己带来便利或快乐。相反，其他人则必须做出最大的牺牲，因为理智要求他们这么做。伊壁鸠鲁对柏拉图主义的选择在其他方面也具有预见性，其主要表现是他的立场取决于我们对自然行为的充分理解。然而，如果自然的行为仅仅是人愿意做的事情，除非它们是被惯例和哲学家混淆了，那么我们为何应该自然地行动？伊壁鸠鲁当然会说，因为我们能够认

---

⑭　请参见 P. 米特西斯（P. Mitsis）在《伊壁鸠鲁的伦理学理论》（*Epicurus' Ethical Theory*，Ithaca and London：Cornell University Press，1988，p. 128）中的评论：“和密尔一样，伊壁鸠鲁认为我们能够因为一个事物本身的原因而重视它，而不需要考虑它让我们满意的工具性贡献。这种立场与他的享乐主义不一致。”米特西斯让我确信，我早期试图认为伊壁鸠鲁具有连贯性的想法部分是受人误导的结果。

⑮　因为一些可以从我对伊壁鸠鲁的讨论中推导出来的理由，我在该书中（请看后面的第六章）几乎不想再对功利主义和后果论的其他现代形式说什么；功利主义者不能进行精确的计算是众所周知的，这就和功利主义观点必须从功利主义本身的外部获得的问题一样。现代功利主义倾向于在一种纯形式的模式中发挥作用：将善最大化，而不管这种善是怎样碰巧成为善的。

识到这种行为可以给我们带来最大的安慰。换言之，因为某些行为能够带来最大的安慰，因此我们应该认为一切行为都具有这样的效果。
50 显然，这里并没有道德义务要求：伊壁鸠鲁的观点是，我们应该做合乎理性的事情，而合乎理性的事情就是可以导致快乐的事情。然而，以这种方式从“是然”走向“应然”的前提是，快乐是最重要的事情。伊壁鸠鲁的失败可以在保留反柏拉图主义立场的条件下通过更好地论述自然事物被避免，但这种论述必须澄清所有实在论假设。另外，既然伊壁鸠鲁通常被看成一个不彻底的自然主义者，我们必须在对自然主义进行进一步区分之后才能讨论这一思想派别中最有影响的代表休谟。我们马上要讨论的是另外两位思想家，他们出现在欧洲舞台上的时候正是奥古斯丁把上帝这种善当成道德基础的观念崩溃瓦解并开始被一种更加激进的个人主义取代的时候——其形式各异，但往往会让人惊奇地想起伊壁鸠鲁主义和其他非实在论的前基督教思想流派。

马基雅维利与选择

马基雅维利写作的时候，宗教改革正拉开帷幕。就像文艺复兴一样，它正在不断扩大。因此，马基雅维利有机会站在几个十字路口。他知道传统中有两种生活方式是互相冲突的：基督教徒对上帝的爱和“异教徒”对荣誉的爱。作为文艺复兴人士的典型，马基雅维利爱荣誉的观念深受柏拉图、亚里士多德等经典道德家，及其罗马、基督教尤其是奥古斯丁的继承者对美好生活的最“吸引人的”选择的影响——《理想国》把对荣誉的爱视为次要的选择，而亚里士多德在《尼各马可伦理学》（*Nicomachean Ethics*）里认识到，爱荣誉的生活与追求快乐那种“野兽般”的生活是对立的。虽然它对人身上的更高贵的东西具有令人惊奇的吸引力，但他否定了它，因为在他看来，它使人的价值取决于一个或多个同胞对他的错误评价。至于早期的基督教作家，他们习惯于观察——用《创世记》中的一个比喻来说——善良的人必须抛弃的最后一件皮大衣是他的荣誉大衣。

尽管马基雅维利努力对可接受的和不可接受的“皇家”道德败坏形式进行了区分——他的决定因素在于需要用残酷、欺骗手段达到的目的[16]——他知道，甚至对基督教的上帝这种善的爱的最有吸引力的选择也具有一种根本不同的秩序，因此他建议那些有这种爱的倾向的人选择不同道德行为模式。马基雅维利的观点有一些“惊人”特征。例如，他（不可避免地）认为王子经常性地利用撒谎和残暴手段既是必要的，也是有效的——虽然他们的方式很聪明——实际上是为他们的智力和洞察力提供了证词。他的结论是，奥古斯丁的基督教假设与他的世俗对手的假设相比，具有一种根本不同的秩序。虽然它是仅有的“道德”生活方式，但不是唯一吸引人的生活方式，因此也不是唯一的“好”的生活方式。马基雅维利的原则是一种绝对主义；既然对建立在关于善和上帝的实在论观点基础上的道德生活的任何选择都具有根本不同的秩序，那么，如果一个人打算否定旧的基督教生活方式，追求某种更加有利的生活方式，但他却固守（除非是偶然地）旧的基督教生活方式，这是一种智力上的懒惰或虚伪。 51

马基雅维利增加了选择基督教生活方式的可能性，但他的增加不是武断的，也不是依靠荣誉的简单吸引力。对于他来说，它既受到紧急需要的推动，又取决于奥古斯丁基督教中的巨大约束。实际的想法是将意大利从“野蛮人”（特别是法国人）那里解放出来，并改善佛罗伦萨及其他地方的共和政府的欲望。[17] 这些都与理论关注有关。经常的情况是，不仅奥古斯丁本人身上几乎没有“政治”框架，而且他的道德禁欲主义和他对人性、社会的深刻的实在论分析说明，爱面子的人在政治领域是很难有所作为的；在“社会生活的黑暗”中，他们不得不做太多使他们的“手变脏”的事情。有时，奥古斯丁似乎阻止了那些受到他的道德要求影响的政治和军事人物出家为僧，而且他可能还被后果

---

⑯ 请参见 S. Buckler，*Dirty Hands*：*The Problem of Political Morality*（《脏手：政治道德存在的问题》），Aldershot：Avebury，1993，pp. 25－38。

⑰ 我们将在最后一章返回到马基雅维利，并把他作为现代“共和主义”的来源之一——共和主义要求在自由（民族）国家的范围内确定善和道德。请参见罗尔斯（Rawls）在《政治自由主义》（*Political Liberalism*）205～206 页中对这一观点的应用。

主义者关于政治实践的观点所动摇，但他反对将政治实践应用于私人生
52 活中。然而，对奥古斯丁就人性和社会本质做出的许多分析的明显攻击似乎暗示，一丝不苟的基督教在公共生活领域注定是无效的。

正是这种暗示——被许多中世纪神学家所关注和支持——影响了马基雅维利。因为他既认为道德生活在政治领域是无效的，又认为政治生活不仅作为荣誉的源泉而受到喜爱，而且被作为社会更新的手段而受到欢迎，因此他的结论是我们必须支持或反对道德（即基督教）生活。这样一来，他就提出了是否可能建立一种道德政治学的问题，这些问题是提倡柏拉图理论或主张人从本质上来讲是一种“社会动物”的理论的人无法回避的。

马基雅维利的荣誉选择理论是否比伊壁鸠鲁追求快乐的理论更容易得到较好的辩护，这无关紧要。因为他愿意追求荣誉——在这一问题上，他总是站在十字路口，而且他的思想是异常模糊的——他赞同柏拉图认为在道德实在论这一根本问题上不存在半途房子的观点，同时又认为任何反对柏拉图的决定都“让人震惊”。统治者向他们的臣民撒下的聪明谎言是必须履行的；对于王子来说，最好的事情莫过于他的臣民没有他那么清楚地看见理论选择的可能性。

从我们当前的目的看，伊壁鸠鲁和马基雅维利之间的相似之处比他们之间的区别更重要。我们应该注意的是，当伊壁鸠鲁要求把他的立场建立在假定的人性基础上，即假定人处于一种没有受到错误的和让人发生错觉的意见腐化的状态中，我们所有人事实上都在追求快乐（即追求痛苦的消失），而马基雅维利——作为现代持这种看法的思想家之一——似乎或多或少要求我们“选择”（elect）荣誉作为一种善。然而，他似乎没有完全“亲选择”（pro-choice），而是可能从古代经典中继承或获得了一种观点，即在荣誉追求中有一种“自然”的高贵因其自身的原因而存在。这种观点是柏拉图在《高尔吉亚篇》里展现的人物卡利克利斯的观点，其表达方式与他在《斐德罗篇》里通过利西阿斯（Lysias）的演讲以及苏格拉底本人的第一个“腐化性”演讲预示伊壁鸠鲁的观点的方式是相似的。

霍布斯：权力与契约

现在我们从伊壁鸠鲁和马基雅维利转向托马斯·霍布斯。霍布斯是在翻译修昔底德的人类历史著作时死去的。他的道德哲学受到的挑 53
战是如何描述——没有柏拉图实在论的支撑——“自然”人的状况。伊壁鸠鲁是一个异教徒，他不承认神意的存在；马基雅维利是分裂的，他对基督教客观主义怀有羡慕的同时希望人们有选择的余地。霍布斯似乎将由马基雅维利预示的否定基督教的传统和伊壁鸠鲁的公开个人主义结合在一起，他显然已经抛弃基督教，面对的是一个类似于伊壁鸠鲁世界的“自然状态”。自然状态中的生活过去是、现在在它的“深处”仍然是一场人与人之间的争斗——虽然霍布斯把伊壁鸠鲁与斯多葛派糅合在一起，他既认为“善”表现的是“快乐”，“恶”表现的是痛苦，又认为人的最高也是最强烈的动机是谋求其自身的生物性生存。[18] 从这一点来讲，他是当代诸如遗传学家达尔文这样的无神论者的先驱，尽管人们很难相信，他会像达尔文凭借拟人观献身于基因研究那样献身于从哲学上来说如此幼稚的东西！

在霍布斯看来，人不可避免地会处于一种充满交易的社会背景下——在这一方面他也与伊壁鸠鲁相像，但他们所说的交易是不同的。伊壁鸠鲁试图从城邦状态里退出来，希望能够过上一种和平的生活，其条件是他在社会整体生活中，尤其是在政治生活中不扮演角色。我们看到，他有时是从伊壁鸠鲁的视角来讨论什么是社会“公正”。我们对法律的有用性达成了一致认识。我们签署任何社会契约都是为了使痛苦最小化。

可能与伊壁鸠鲁学派的期望相背离，他们退出城邦状态之后并没有走入一种更好的状态。像古代的基督教徒那样，他们被认为是“人

---

⑱　有关伊壁鸠鲁和霍布斯之间的相似性和差异性，可以参见米特西斯的著作（同本章注释⑭）67、87页的内容。霍布斯对签订契约之前的世界的论述优于伊壁鸠鲁，因为他对权力和竞争的理解更深；正如休谟所说，他的不足在于他没有谈到或低估了慷慨情怀的有限性（甚至最终走向了自利性）。

类的敌人”，因为他们没有分享同代人的大众“理想”。霍布斯则比较明智。虽然面对的是类似的社会和政治压力，而且无法回避，但他试图只向理性主体提供旨在支持暴政的最少理性。最重要的是，我们都渴望个人安全和生存权，因而我们都准备与我们的潜在敌人签署一个
54 契约，其目的是为了让我们的生活安排最有利于保障安全。这种生活安排必须出现在独裁统治秩序中，它要求无条件的（因此它涉及民众的义务）忠诚，其条件是它能够保护那些支持它的人的安全。如果它不能做到这一点，那么可以通过诉讼合法地推翻它。

在这种推理过程中，虽然霍布斯一般来说比伊壁鸠鲁更敏感，但是在关键问题上他不得不翻出后者的错误。伊壁鸠鲁的方法是把需要监护的未被腐化的儿童时代作为人的最佳生活状态进行假定的、不准确的和误导性的论述。霍布斯也诉诸“自然”和“自由”这两个概念，但他所说的人类生活的自然状态是一种“肮脏、残暴、短暂”的状态。人们可以看到这种思维的吸引人之处。承受着生存压力——就像在内战和饥馑情况下承受的生存压力，也像修昔底德所描写的那种生存压力——人很容易转向残暴。因此，残暴对霍布斯来说是“自然的”，因为它出现在“危机时刻”。然而，休谟曾经指出，如果要使霍布斯的分析有效，那么每一个人有必要表现出同样的残暴性——历史上的人都必须被假定恰好处于霍布斯所说的“原始”状态中，而且人类甚至应该被假定都恰好和完全地选择了残暴。

让霍布斯的观点显得可信的是，我们在不太野蛮的状态下有时似乎处于一种接近噩梦般的状态中。理查德·尼克松总统曾经指出：“假如有人抓住了你的小辫子，他们的心思就会全部围绕着你转。”他在很大程度上讲了真话，这至少真实地反映了与他一样处于政治事业中的人的处境。然而，尼克松和霍布斯都没有谈到所有人或所有场合。况且，将我们置于假定的和不可能的情形下并不能引导我们在实际环境中表现出合乎理性甚至可能的行为，因此总有一些人的行为并不像这些分析家所预测的那样。统计学上的准确性（“男人和女人的行为通常就是这样的”）不能为霍布斯提供帮助，因为假如一些人拒

绝了契约——甚至即使他们（无论以任何理由）假装拒绝——他们就会破坏契约的完整性。霍布斯的观点取决于一种从经验上来讲不可信的理论，即所有可能的“道德”圣人和英雄都可以从他们的信仰和行为中推导出来。假如他们不能如此被推导出来，那么没有政府会（或应该）确信，只要它负责其公民的生存，它就可以被授予合法性。霍布斯的观点——取决于极端的归约主义心理学——认为至少实在论道德的大部分工作实际上能够由独裁权力赋予效力，因此它是建立在一种不保险的基础之上的。我们可以看到，柏拉图在《理想国》的第 2 卷已经预见了利用社会契约逃避由于忽略道德和美德的保险基础而导致困境的做法。可能一种比伊壁鸠鲁和霍布斯提议的契约更好的形式可以找 55
到，因此我们会在第六章探讨休谟的当前影响时再次返回这一话题。

克尔凯郭尔的矛盾立场

我们已经就霍布斯和伊壁鸠鲁如何激进地取代先验实在论进行了比较，而且我们已经考察了马基雅维利是怎样通过把荣誉作为取代基督教生活方式的最佳选择使他自己成为主张把优先的“选择”作为解决由虚无主义（或由显然无限的生活目的）产生的真空状态的“方法”的先驱者。然而，难道古代和中世纪就没有先驱者就激进的选择发表过看法吗？如果没有，其原因是什么？部分答案在于，包括“色拉西曼裘斯”、“卡利克利斯”（他认为“激情”的后面是理性路线）和伊壁鸠鲁在内的所有古代思想家都提倡伦理首要性——不管是否能够得到辩护——主张用理智引导生活。要么理智可以集中关注善，要么它可以首先辨别我们的自然（与惯例相区别的）愿望，然后工具性地服务于它们——或者说，它可以同时完成这两件事。色拉西曼裘斯主义者当然认为我们应该发明（或通过契约制定）某种道德，但他们希望挑选他们认为是最合理的“伦理”观。和柏拉图、亚里士多德（他们绝对没有仅仅把理智当成工具来使用）一样，他们要么选择理性，要么提倡因其自身的原因而存在的自由。假如他们走的路线可以被证明是“不合理的”——也就是说，它不能得到理性的辩护——他们将不得不承认自己犯了错误。他们希望达到合理的要求。如果他们被认为是为了满足自己的意愿而有意违反理性或宣扬生活中的重要事情不能或无须得到理性的辩护，那么他们会感到恐惧。他们可能没有很好地去思考问题；他们会正确地否认他们失去了应有的理性，仅仅“衷心拥护”或“追随”他们的激情。

那么，为什么许多现代观点如此不同——权利是对商品的保护还是对选择权的保护呢？就是这种情况[19]——当然，导致当前情形的原
56 因是多方面的，但其中的两个原因对于我们来说最重要。第一个原因是康德对自主决策的根本人性的强调。我们将在后面讨论康德。然而，在与“背弃信仰”——在追随某种特别路线时所做的一种激进的、基本的决定——这一概念结合在一起时，康德主义只能单独成为某些当代观点产生的原因。可能马基雅维利需要这种背弃信仰以使我们在对基督教方式和追求荣誉的方式进行取舍时富有特色，但他满足于几乎不考虑选择本身来描写这两种方式。[20]

当代强调选择和偏好的更直接的理论源头可以追溯到 18 世纪就基督教的对与错展开的讨论——其实际目的是为了进一步削弱奥古斯丁对基督教和柏拉图主义的协调。当时的神学家为了给基督教提供一种理性主义体系结构付出了不懈的努力（巴莱（Paley）的《证据》就是一个典型例子）——而不只是进行辩论，证明基督教合乎理性——但是这些努力所达到的可理解的和可预见的结果是失败的。结果是，超自然主义在很大程度上被削弱，而曾经衰弱的自然神论得到辩护，但它对基督教的论述已经与传统的论述相差悬殊。

上述失败使人们开始逐渐怀疑基督教的可辩护性，而这种怀疑产

---

[19] 转引自 L. W. Sumner，*The Moral Foundation of Rights*（《权利的道德基础》），Oxford University Press，1987，pp. 45-53。要了解当代（特别是美国）介绍权利的辩论所隐藏的法律和道德困难，请参见 Mary Ann Glendon，*Rights Talk*：*The Impoverishment of Political Discourse*（《权利对话：政治对话的贫困化》），New York：Free Press，1991。

[20] 马基雅维利可能在头脑里有两个不同的古代“选择”——赫拉克勒斯（Hercules）在快乐和德性之间的选择；奥古斯丁在《上帝之城》（*City of God*）中在上帝之城和世俗之城之间的选择。

生了五花八门的结论。法国国内外的哲学家及其支持者同时还看到了放弃基督教之后的理性举措。康德也曾试图将许多基督教教条非神学化，其目的是为了使基督教变成一种完全合乎理性的宗教。[21] 第三种不同的立场尤其与克尔凯郭尔有关，它认为基督教是一种正确的宗教，但它的教义辩解者受到了错误思想的引导。对于克尔凯郭尔来说，它不仅是一个经常被基督教狂热分子宣扬（更多的是被他们经常实践）的主题，它还可以从传统上追溯到13世纪的迦太基的德尔图良的主题[22]：正如他所说，雅典和耶路撒冷之间没有任何共同之处；或者说，基督教的荣耀之一就是它完全与哲学精神对抗。

克尔凯郭尔在西方思想史上的角色是矛盾的。他的目标似乎是要把基督教从"基督教世界"的资产阶级和制度羁绊中以及康德和黑格尔的自然神论和自然主义里解放出来，并且将其恢复为某种类似奥古斯丁和路德信仰的最虔诚的宗教形式，而他自己就是在这种信仰中长大的。[23] 然而，他在很大程度上被他的同代人忽略了，他在哲学领域 57
的影响或多或少是20世纪的事情。

㉑　要了解最近的研究，请参见 P. J. Rossi and Michael Wreen，*Kant's Philosophy of Religion Reconsidered*（《康德宗教哲学再论》），Bloomington and Indianapolis：Indiana University Press，1991。

㉒　E. Osborn，*Tertullian：First Theologian of the West*（《德尔图良：西方的第一位神学家》），Cambridge University Press，1997。

㉓　克尔凯郭尔的最新著作——这应该受到注意——不仅否定程式化的路德主义，而且——其哲学意义更大——否定了他自己更早时候坚持把上帝的保佑看成我们克服"道德空白"的唯一手段的观点。要了解19世纪对"道德空白"（它起源于康德）的看法，请参见 J. E. Hare，*The Moral Gap：Kantian Ethics，Human Limits，and God's Assistance*（《道德空白：康德的伦理学、人的局限性及上帝的帮助》），Oxford University Press，1996。要了解对克尔凯郭尔与康德之间的关系的一般性介绍，请参见 R. M. Green，*Kierkegaard and Kant：The Hidden Debt*（《克尔凯郭尔与康德：隐形的债务》），Albany：State University of New York Press，1993；A. Rudd，*Kierkegaard and the Limits of the Ethical*（《克尔凯郭尔与伦理的局限性》），Oxford University Press，1993。要了解麦金太尔对克尔凯郭尔论述理性的误解，请参见 M. Piety，Kierkegaard on Rationality（《克尔凯郭尔论理性》），in *Faith and Philosophy*（《信仰与哲学》），1993（10），pp. 365－379；N. Lillegard 在 R. L. Perkins 主编的《评克尔凯郭尔的〈非此即彼〉》（*International Kierkegaard Commentary，Either/Or*，Macon，Ga.：Mercer University Press，1995）第二部分的文章《审理中的威廉法官：麦金太尔评克尔凯郭尔的伦理学》（Judge William in the Dock：MacIntyre on Kierkegaard's Ethics）以及 C. K. Bellinger 的文章《克尔凯郭尔的〈非此即彼〉及〈浪子的寓言：三种对立观点中的三种对立观点〉》（Kierkegaard's Either/Or，and the Parable of Prodigal Son：Or，Three Rival Versions of Three Rival Versions）。

最近，他的朋友和敌人都把他当成激进“自由”理论的主要来源来阅读他的著作。各种思想家（如萨特和麦金太尔）认为他在情感和追求“美学”的人的生活与理性道德生活之间提供了一种选择[24]，而他提供选择的理由是不明确的。既然理性是两种选择中的一种，它必然不能被作为一种能够决定两者的手段来使用。克尔凯郭尔的这种解释曾经产生过很大影响，因此值得我们去理解它崛起的原因以及它成为历史错误的原因。

在考察马基雅维利时，我们看到他只提供了两种选择，即基督教（和道德）的生活和追求“王侯”荣耀的生活。克尔凯郭尔的《非此即彼》（*Either/Or*）似乎也提供了两种选择：批评家认为必然以绝望而告终的“唯美主义者”或快乐论者的生活及道德生活（它代表职业、婚姻和理性义务）的代表人物是贾基·威廉（Judge William）。根据麦金太尔的看法，克尔凯郭尔也看到了这一点，我们不可能在这两种生活中做出理性的选择。因此，他是激进选择理论的创造者。然而，在《非此即彼》里有三种生活，而不是两种生活。在书结尾之前，第三种生活即宗教生活仅仅处于贾基·威廉的世界背景之中。它是以贾特兰的一个牧师写的一首很短的圣诗出现的，其主题是人在上
58 帝面前总是错的。在迟于《非此即彼》的著作，特别是在《恐惧与颤抖》（*Fear and Trembling*）中，克尔凯郭尔更加具体地阐述了宗教生活。他甚至在其内部划分了几个层次。

那么，克尔凯郭尔在《非此即彼》一书中是怎样思考我们从一种生活转向另一种生活的呢？不是莫名其妙的选择的结果，而是因为在这两种低级生活（虽然它的过程仅仅在唯美主义生活方式中得到明显体现）中，我们可以看到的是只能通过超越（而不是放弃）唯美主义生活方式的决心才能得到解决的矛盾。正是这种理性选择的行为——

---

[24] 要了解19世纪对克尔凯郭尔的忽略和萨特在转而成为非理性选择理论的先驱者过程中的重要作用，请参见R. 帕利（Roger Poole）：《未知的克尔凯郭尔：20世纪的反应》，A. Hannay and Gordon D. Marino（eds.），*The Cambridge Companion to Kierkegaard*，Cambridge University Press，1998），48～75页。

能够按照自己的信仰自由地做出决定——构成了“背弃信仰”[25]。这些矛盾是怎样被发现的呢？它们是在唯美主义生活被认为不能让个人满意，特别是不能满足克尔凯郭尔所说的理性之外的个人情感需要时被发现的。通过这种方式将人完整化，克尔凯郭尔拒绝了一个传统，即对“我们是什么”进行理性论述的传统，这一传统至少可以追溯到笛卡尔（Descartes），后来通过康德的理性概念和道德义务概念获得最全面的伦理体系结构。康德所谓的理性和道德义务概念是我们在不考虑“幸福”、感情或自我利益时必须履行的义务。因此，克尔凯郭尔的“背弃信仰”不是否定理性，而是否定理性主义者对理性的比较狭隘的定义，而且它的目的在于恢复某种更像《理想国》第 9 卷所说的带有性欲色彩的柏拉图理性。

可笑的是，挑战者克尔凯郭尔——即对马基雅维利未做解释和说明的决定提供论述的克尔凯郭尔——在最近的西方伦理学历史上产生的影响比“萨特”化的克尔凯郭尔要小。[26] 更可笑的是，克尔凯郭尔曾经希望反对 18 世纪的贫乏的理性主义，但他却变成了 20 世纪的非理性主义的重要支持者。

在试图改进理性这一概念的同时，克尔凯郭尔似乎也坚持了，甚至从他的反现存制度神圣论的立场来看加强了把人视为孤立的伦理个体的新教传统——尤其是，不管出自什么理由，他最终甚至与在丹麦得到确立的路德教断绝了关系。我们将看到，激进选择理论本身同其 59
他许多伦理思潮一样，既是新教改革以及人与上帝单独对话理论的产物，也是它目前与之紧密相关的康德自主性理论的附属物。

当然，虽然激进选择是新教改革派的“独立信条”和一些晚期经院哲学家所持的信仰主义的衍生物，但是它对于所有这些早期的思想家来说都是不可接受的，因为他们的信仰是从《圣经》里获取无法回

㉕ 要了解康德提出“背弃信仰”一词的背景，请参见 Green，*The Hidden Debt*，pp. 139－146。要了解更多内容，请参见 M. J. Ferreira，Faith and the Kierkegaardian Leap（《信仰与克尔凯郭尔对信仰的背弃》），*The Cambridge Companion to Kierkegaard*，pp. 207－234。毫无疑问，克尔凯郭尔对自由的强调鼓励了萨特（更不用说海德格尔）。

㉖ 萨特不欣赏没有把自我选择与创造自我等同起来的《非此即彼》（*Either/Or*）。

避和容易理解的证据的，而《圣经》被他们视为上帝的直接的、未经中介的传话。对于他们来说，人类自主性并不必然是由宗教虔诚性决定的，而是神赐予的一种对客观现实和耶稣基督的存在意义的自信。然而，上帝的命令无论在加尔文教传统里，还是在路德教传统里，似乎通常是上帝权力的武断性张扬，而当代有关激进选择的世俗理论与伦理学中的神启理论相类似（有些人认为它们是世俗世界对后者的滥用）：进行对与错区分的理论主要是这样的（或被认为是这样的）或完全是这样的，因为上帝是这样决定的。根据世俗的看法，只有自主的自我才能做出道德决定。假如一次克尔凯郭尔式的“背弃信仰”与虚假的康德（或最好是米兰的）自主性（自由选择权利）糅合在一起，而且假如这种糅合使我们变成了人类和珍贵的东西，那么我们就理解了有关激进选择的当代概念。从克尔凯郭尔对人类自由的关心来看，这种糅合不是不可能的。[27]

当然，柏拉图对神的万能性把握不足，因而他不能预见这种神学理论，更不用说具体地去否定它。他只是在进行其他探讨时可能偶尔涉及了激进选择的可能性。他没有预见这种可能性，其他主要古代哲学家也没有，因而他们都应该被视为某种道德自然主义者和道德“理性主义者”。

矛盾的是，克尔凯郭尔的工作产生的一个主要效果在于它推进了一种与他自己明确表达的哲学和神学目的相抵触的伦理学方法：色拉西曼裘斯、伊壁鸠鲁、马基雅维利和霍布斯反柏拉图的许多力量都可以被归于这种方法的范围之内。因为所有针对“柏拉图”的伦理学客观性的理论可能表现的观点是——它们在克尔凯郭尔之后变得明显起来，但这主要得感谢克尔凯郭尔——世界上重要的东西是我们喜欢的
60 东西，是我们喜欢的“自然的东西”，是我们为自己选择的东西——而且恰好因为我们是作为自主性存在为自己选择了它，它们才显得重要。这种观点适当地把选择与快乐、权力联系在一起。柏拉图已经在

[27] 参见 Green，*The Hidden Debt*，pp. 147-150。

很大程度上，尤其是在《高尔吉亚篇》里预见了这一点。

这种联系将被进一步探讨。然而，我们目前需要做的是必须离开关于善的实在论形而上学以及审视柏拉图化的心理学概念的可能观点。柏拉图认为，任何一种伦理思想都必须既依赖道德形而上学，又依赖某种具体的哲学心理学和人性概念。依赖后者是为了将其作为柏拉图主义者和反柏拉图主义者都能够赞同的适当的研究话题（伊壁鸠鲁和霍布斯就是这样的例子），这就像他们能够依赖经验支持他们的心理学观点一样。

第三章　灵魂与自我

多重自我

61　伦理学家要么是公开的自然主义者，要么是隐蔽的自然主义者。讲究实证的律师不会告诉我们应该怎样生活、什么是正确的事情或什么是对我们有利的事情，除非他能够对我们的现状和可能的状况提供公开的论据或一种假定。所有这些理论家就人性的相关特征以及他们假定的人性知识提供一种描述，但那是一种不完整的描述。他们的所有描述都建立在此基础之上，因而他们都是“自然主义者”。修正论者认为涉及何为“自然”的观点是社会观念，其目的是为了控制或剥削——例如，男人可以借助于生物学定论论证妇女的从属地位——他们必须承认，虽然论述“自然的”东西从“性别”方面来说取决于社会条件，但是社会条件的单独作用是有限的。除非社会条件能够将医疗垄断包括在内，否则它们是不会允许男性异想天开的。①

① 因此 S. 法伊尔斯东（Shulamith Firestone）认为，任何把性别盲目性作为性别“平等”来看的社会必须要求广泛实行人工生育，见他的《性别辩证法》（*The Dialectics of Sex*，London：Jonathan Cape，1970）：这是一种“反自然”的平等主义的范例。

所有伦理学理论也都是自然法理论，因为它们都假定“应当意味着能够”这一基本原则——虽然这有时具有误导性——说明了一个重要真理：假如我们没有腿，那么告诉我们应该多走路是没有用的；或者说，假如我们的头脑没有受过充分教育，那么要求我们多思想是没有用的。解剖学反映的至少是一种无法改变的状况，它们就像物理学和心理学一样，反映了人类发挥作用的界限，其方式是限制——在大概可以接受的理智范围内——我们制定的法律以及我们为自己设立的目标——不管是在物理世界（没有人可以一分钟跑完一英里）还是在道德王国（没有人会从绝对纯洁的动机出发来表现他的所有行为）。认为我们应该进行自我创造以实现一系列自由行为的存在主义者甚至也提出了一种关于何种存在能够对这一目的进行沉思的理论。

人性为理性的伦理探求设置了界限。说“应当意味着能够”具有 62
误导性是从理想，尤其是从我们无法实现的理想来讲的。然而，暗示这一点就是暗示我们可能抓住的东西是什么，即理解“我们”是什么。假如我们可以和布朗尼（Browning）的一个剧中人物一起宣布“如果一个人可以得到他能力范围之外的东西，那么天的存在就没有用了”，我们将更容易理解自己的善行和职责，或者说，我们将更容易理解那些对我们至少有利的东西和可以合理地要求我们付出的东西。

“什么是真理？开玩笑的比拉多（Pilate）问，但他没有期待一个答案”。弗朗西斯·培根（Francis Bacon）就是这样写的。不过，这个问题比比拉多要老得多，但比培根要年轻得多。用多种语言表达的“自然”概念也如此。要么我们将它复制出来——有效地回答比拉多提出的问题——要么关于世界的真理被当成有关世界的理论的基础：因此，伦理学理论应该与有关人的明确的或模糊的观点结合在一起，而且最好是道德理论与更正确、更能够得到辩护的人性理论结合在一起。伦理学理论关注的是“真”，对于一般的人来说是善的和正确的东西以及个人——而不是狗或超人——要做或经历的正确事情。

这种必要的铺垫在较多注重分析我们从一种语言转入另一种语言

的道德话语但较少注重人性分析的道德讨论中是缺乏的。遵循这种程序的哲学家不懂得或至少不愿意辨别他们所谈论的东西；既然他们没有对人性提供明确论述，那么他们只能在未经批评的观点基础上或以文化为条件的观点基础上建立他们的理论。虽然这种假设一定是荒唐的②，但是坚持这种假设的部分原因可能在于不愿意把“思想哲学”的困难——康德提出的这一标题其实应该指的是人性哲学——引入已经四分五裂和乱七八糟的伦理学世界。不管出自怎样的良好愿望，这种不情愿是一种遗漏，它导致了陈腐观念的产生。

让人失望的是，当代的思想哲学几乎没有为伦理学提供任何帮助；相关的伦理材料确实被从伦理学辩论中排除掉了。我们听到的是人的身份，几乎不直接涉及道德身份。那些讨论“自我”的永久现实的人提供的是与心理学或物理学有内在联系的迥然不同的理论；或者
63 说，他们考虑的是某个固定的内在物或“延伸物”③ 在我们变化无常的个性和行为表象之下的可能隐藏方式。在所有这些讨论中，“自我”是一个技术性术语，它大体上是指（康德的）意识中心或有时被视为独立“核心”的活动能力和经验能力的持有者（或“拥有者”）。这种自我通常应该是“统一的”——甚至是“单一的”——至少每一刻都应该是这样，因为我们能够“认识自己”。矛盾的是，我们不仅应该对我们作为意识主体或作为思想者的持久身份怀有自信，而且应该对我们的持久道德身份怀有自信——我们假定自己天天拥有大体相似的道德信仰、道德责任和道德权利，而且这些道德信仰和道德意识构成了一种统一体，即我们的道德品质或思想模式。

与具有持久性但可能受暂时性限制的物体（包括构成我们身体的各个部位）构成的统一体进行比较可以使人的身份和道德身份这两个概念变得更加可信。以头——一个物理器官——和大体上来说是在头

② 要了解最有影响的评论，请参见 G. E. M. 安斯康姆（G. E. M. Anscombe）在《哲学》（*Philosophy*，1958（33））1～19 页发表的文章《现代道德哲学》（Modern Moral Philosophy）。

③ 转引自帕菲特：《原因与人》（*Reasons and Persons*）。

的某个部位“内部”即头脑出现和驻扎的思想为例。我们都知道，我们每一个人都有一个头；我们很容易假设，我们每一个人都有——至少在某个特别时候——某种或多或少具有连贯性和统一性的持久信仰、习惯和行为，它们可能具有道德性质，也可能具有别的性质，但具有道德性质的信仰、习惯和行为是我们直接关心的内容。这种假设不会因为意识到总是存在我们无法决定的道德问题而被削弱；在此情况下，拿不定主意的情况在我们对统一性的假设范围内是允许存在的。我们不能决定，是因为还不知道、可能永远也无法知道怎样在具体道德困难和构成我们道德世界体系的信仰、态度之间达成一种平衡。一个头就是一个道德世界，我们或多或少具有道德意义上的连贯性。

也不是因为我们忘记我们可以“改变看法”，而是我们并不总是
能够理解我们的改变，也不是因为那种自我观是通过“改变我们的看
法”被预设的结果，更不用说是通过谈论我们的“分裂”而导致的结
果。我们把宗教或政治对话放置一边，集中关注一下我们被说服时发
生的事情。我们通常在经过一段时间之后开始“怀疑”某个我们过去
接纳的具体观点——例如，反对赦免第三世界债务的观点——是错误
的。有三个可能的原因可以说明为什么这种改变会出现：或者我们认
识到自己对他人的痛苦表现了不应有的冷酷，或者我们认为这种摆脱
方法比我们原来设想的要有效得多，或者我们认为这种摆脱方法会随
着时间的推移“给予我们回报”。无论是哪一种情况，我们都可以调 64
整我们先前相信具有连贯性但现在认为无效的道德观。我们可以对由
于缺乏想象力、不了解事实真相或对一般生活看法不全面而导致的无
效进行判断。

假如我们认识到，我们的判断会因为事实错误、想象力差和我们假定统一道德观而表现的严重不一致性而经常具有不充分性，那么我们对自己的心理状况的感知会提高。如果我们经历过宗教、政治和社会信仰的转变，我们就会对此有更清醒的认识，因为信仰转变涉及自悔——通常伴随有懊悔或自责——即悔恨我们曾经犯的根本错误。如果那种被感知的错误被认为是整体的道德“自我”进行的一种广义的

错误道德取向，即对我们最基本的伦理信念的错误定位，那么它仅仅是我们目前关注的一小部分内容，但如果我们意识到自己坚持的是尖锐对立和自相矛盾的道德信仰，追随的是结果矛盾的道德路线，那么我们不仅需要研究这些信仰对立的本质，而且需要考虑研究的可能性。

我们可以首先假设，在我们当前的多元社会里，很可能仅仅拥有一个头并不能保证它的道德内容会形成一个统一体——除非一个圆形的或球形的统一体已经以最佳的方式部分成型，因为现在的我们是从一种大杂烩式的传统、惯例和信仰中“接受教育”的，而这种“大杂烩”来自各种首要原则：五花八门的基督教，马克思主义，自由主义，达尔文主义，弗洛伊德、荣格和阿德勒的心理分析理论，康德和尼采的理论，具有异域特色的禅宗。现在几乎可以确定，当我们大多数人的强烈道德信仰涉及当今世界的热门话题——流产、安乐死、正义与非正义战争、和平主义、死刑和生态危机——我们会坚持自己立场中的原则，只要这些立场本身不是被分开地密封在防水的房子里。我们坚信自己的道德立场是“全面的”。在我们多种多样的个人信仰里，可能确实有一种占主导地位的倾向，但我们能够从一个基本前提 p 推导出一整套道德结论，同时——事实上几乎是同一刹那——我们也可以从其他的前提即 not-p 中推导出别的结论。④

65 一个简短的考查——它可能容易受到思想反省过程中的传染性自我欺骗的玷污——可能对确立这一观点的可信性很有利。⑤ 然而，假如它在很大程度上是正确的，而我们的根本道德信仰不具有连贯性或一致性，那么我们仍然是分裂的，没有统一的身份。即使在推动道德建设的规划中，我们也无法在思想上同时关注建设的所有内容。从哪种意义上来讲，我们是分裂的呢？这不同于分苹果或分房子，因为我们自我分裂的各个部分彼此之间至少具有潜在的冲突，它们是相互矛

④ 参见麦金太尔：《追寻德性》（*After Virtue*，London：Duckworth，1981），1～5 页。

⑤ 我曾经多次要求学生讲出两种强烈的道德信仰，并思考其背后的理由。大多数学生承认他们同时坚持了 p 和 not-p。

盾的，因此我们在特别情形下可能要为路线的选择进行思想斗争，并且可能“憎恨”我们自己得出了某个结论。那种憎恨不一定是表面的；在“我”通过自己的表现和完成的行为认识到自己的内在分裂和我必须依靠的不同道德自我的时候，它就会出现。因此，我们身上出现的基本道德分裂可以被视为我们潜在的不同人格的发展，每一种人格在任何时候都只能得到部分实现。

特定时间里的一个特定的人可能倾向于沿着一个具体的方向前进，也可能倾向于改变某个具体的方向，从而走向一个不太混乱的“道德自我”；在那种“倾向”中，他或她将变得冲动、多变和不可预测。个人的多样性可能是我的道德审查无法表达的，而且由于现代文化交融的复杂现状有助于拓展我们不同自我的范围和类型，情况就更加如此。然而，正是这些部分地通过反省发现的不同“人格”或潜在自我造成了我们在前面提到的自我憎恨。我们还会认识到自我分裂的更多原因：我们文化中的社会因素和意识形态因素的多元性和我们在公共和私人生活中承担的不同角色（萨特对此作了精彩描写）：在家里，在上班——在不同家庭和工作单位背景里——以及在由伙伴、朋友和密友组成的不同人群里。

喜剧作家已经注意到，人类总是倾向于为他们的公共生活和私人
生活“戴上不同的帽子”——他们的“爱情”生活、商业生活和“精
神”生活都是这样的——至少没有争议的是，不同的外在行为和举止
（如在穿衣服方面）都被认为是恰当的不同人类活动。然而，在现代
城市化的丛林里，尤其是在要求就业市场应有“灵活性”的条件
下——我们在从一个办公室转到另一个办公室的过程中似乎需要不断
变换“人格面貌”，更不用说从一个岗位转到另一个岗位。我们的变 66
化比“下班”回来与自己小孩快乐玩耍（因为他希望他们能够忘记自
己所做的一切）的黑手党职业杀手还要复杂。让人迷惑不解的是，
“我们”是在何种意义上忘记：谁忘记谁以及谁是被忘记的人。

每一个潜在的自我既是由新经历的欲望、信仰构成的一个复合体，也是由各种得到进一步巩固的信仰、欲望和习惯构成的一个复合

体。我们分裂的自我会在我们“适应”环境但没有认识到自我变化的情况下形成：部分因为我们在认识到自己的不同信仰和欲望时缺乏对自己进行统一组织的智慧，部分因为我们缺乏这样做的意志力和变成了某种自控能力缺失症的牺牲品；我们“知道越多，做得越糟糕”，可能是为了某种短期利益或即使我们怀疑自己最感兴趣的信仰是不可信的，我们也不愿意放弃它们，而是把它们当成“次要的本质”或有希望的思想加以保留。或许我们还可能告诉自己已经到了无法补救的地步——“危害已经造成”，因此我们对自我欺骗采取了默许的态度。

在探讨自我分裂和潜在自我时，我们不仅仅是在重述我们在不同时候的不同行为表现。当然我们的错误行为可以构成一个系列，只要我们不能马上集中关注或兑现我们所有的不同愿望。相反，在任何特别时候和在考虑产生于我们自身且能够进一步发展的多元性的情况下，我们在被要求扮演任何一种不同而确定的角色时实际上能够“连贯地”行动。然而，假如我们迅速而连续地扮演不同角色，那么我们可能认为自己的扮演是错误的和失真的；接踵而来的困惑将增加我们重新考虑我们整体生活的可能性——这将导致我们的“自我”相互侵犯领土的错综复杂局面。

正在讨论的道德自我分裂与弗洛伊德对前意识、意识和潜意识的区分不一致，但我们将它们提出来并不是为了否定弗洛伊德的区分。在要求我们采用不同人格面貌的情况从记忆中消失或被埋藏在有意的和逐步习惯化的自我欺骗的时候，我们的每一种“自我”或每一种发展的人格都是由意识因素和非意识因素构成的。它们也不应该被视为某种核心人格的亚系统或基本系统，这就像疣或囊胞是独立生长在一
67 个“核心”身体上一样。这种“系统”或“亚系统”意味着存在一个固定的、已有的，甚至先有的——核心自我，因此将它们提出来就是要探讨终极道德“自我”的优先性的本质问题——尤其是它们仍然没有确定为什么原初的自我应该“不合乎理性地”分裂。⑥

⑥ 例如，D. F. 皮尔斯（D. F. Pears），详见 *Motivated Irrationality*（《受动机驱动的无理性》），Oxford University Press，1984，pp. 67-106。

这种不可避免的不确定性造成了相当的后果：如果不清楚“我”这个假设的道德主体是谁或者不清楚是否存在一个单独的“我”，那么，我们将很难确保下面这些担忧能够合乎理性：我们是否关心“我”应该做的事情、“我”应该服从的原则、“我”是否应该试图将某种形式的善最大化、“我”是否应该不背离“我”认为合乎理性的路线或者“我”是否应该履行“我”认为“我”已经签订的道德契约。

一切道德理论要么与主体相关，要么是主体中立的，要么是这两种情况的混合。一般来说，我们在一个主体中立的体系里关注的是计算如何使欲求的一个善或许多善最大化，而无须考虑那些负责实现善的人的社会地位，除非他们的社会地位本身可以被包括在要实现的善里面。在我们不太（或根本不）关心保证善（或效果）得以实现的手段时，这种体系会挑战我们将它们最大化的努力；或者说，至少它们不允许担忧“道德”上合适的手段决定追求价值目标的可能性。主张“主体相关”的批评家——从苏格拉底到目前——认为这种计算遗漏了道德（和人性）的一个根本特征，即人们永远都无法忽略个人责任的重要性，它是通过“我现在应该做什么”、“我现在做的事情是否应该得到某一个目的的辩护”、“我在具有道德独特性的其他人中间是否具有自己的独特性”等等问题表现出来的。然而，如果“我”这一概念作为一个道德主体是不清楚的、模糊的，那么这些担忧还有意义吗？如果仅仅是出于法律目的，有关每一个道德“自我”的复杂性或简单性的担忧是不重要的：统计学家和其他人都可以处理诸如“法律人”或“经济人”这样的抽象概念，而且为了辨别一个法律人——一个法律上成立的个人——某个物理的、心理的或社会准则很容易被制定出来；遗传或传统指纹鉴定可能能够让人满意。甚至一个道德种类 68
齐备的社会也需要一个法律制度，因此“讲究实证”的律师会假定法律同样只需要它自己的工具，而法律规范和道德规范之间的相似性可能是或许最终必须是相对的。

法律实证主义使道德和心理学归约主义成为必要，但哲学家必须对此提出质疑。假如我们每一个人在不考虑道德分裂和潜在自我的条件下有权把自己称为道德主体，那么我们必须协调自己的统一性与多元性。可能一个被改造的休谟可以帮助我们。我们的道德自我——我将大胆使用“灵魂”这一比较古老的字眼——必须是一种“描述”，而且至少在某些方面像一个民族或俱乐部。然而，假如我们的“灵魂”一定是一种有意义的道德的——和形而上学的——描述，那么它拥有或能够建构一个我们可以而且应该有意追求的目的或目标。只有在拥有（和不仅仅建构了）这样一个个人目的的情况下我们才会超越能够相互转化的道德个体——“法律自我”——然后才能完全拥有主体相关道德。况且，只有在此之后——无论我们目前融入何种我们赖以过不同生活和承担多种角色的竞争性“人格”——我们在推进人生的路上都不会是一个偶然的集合体。只有这样，我们才会区别于霍布斯的“雅典人的轮船”——或者区别于任何可以随时更换部件的无生命物体——在此条件下，我们每一个人都有能力和有理由成为一个独一无二的有机主体，并且与我们独一无二的过去的“自我”——甚至“自我们”融为一体——它是通过我们自身的活动得到实现的，不仅涉及我们被施加的东西，而且与我们应该在未来达到的灵魂类型有关。

这一活动事实表明，我们的统一性寄居的道德“集合体”不可能是纯粹偶然的东西，它与我们不可减少的感觉相冲突，即“我”仍然能够拥有足够的“目的”而超越了偶然性的感觉——我们大多数人似乎——沿着和希望沿着一个全面的方向而不是另一个方向运动。这种运动要么被视为进步，要么被当成退步，它不同于年龄的增加，必须是一个道德和精神统一的过程——或解体的过程——一个只要我们的生理条件允许就会继续下去的过程。这种运动的可能性取决于我们个人的选择，而这种选择不是在真空状态下做出的，而是在一个由具有一定连贯性的过去的惯例、习惯和倾向构成的框架里做出的。如果没有这一框架，我们可能而且将“倾向于”盲目地追求任何数量的善。

69 如果我们是一个由竞争性自我组成且具有一定统一性的集合体，那么那些自我将把各种典型的“善”当成目的。如果两个目的是冲突的，会出现什么样的情况呢？我们又将怎样决定哪一个目的应该被优先考虑？这一问题暗示，无论作为个人的我们做出的决定是怎样的，我们在选择行为之前和之后都不会是绝对一样的完整的“自我”或集合体，我们会强化我们可能的自我之间的相似性，否则就会增加一种新的潜在的自我。我们将以分裂和融合的方式使自己作为一种动态的统一体保持合格的人的身份。

在我们不能决定应该完成两个“善”的行为中的哪一个的道德情景里，我们将再次做出最终选择——即使它是一个无效的选择或同一的选择——我们通常将根据我们原来具有各种癖性和习惯的品质来进行选择。可能只有（康德和其他人的）核心自我理论才能说明我们在这种情况下怎样维护——在我们的一般人性和我们自己过去拥有的决定和习惯范围内——我们成为欲求的自我的自由，但这可能会产生误导性，因为假定的“核心”仅仅需要成为我们在任何时候和在任何特定时候都偶然成为的自我；我们无须引进一个不变的自我或固定的道德本质来保证我们正在探讨的这种“自由”，因为要完全成为自我意味着在我们个人历史和遗传史的必要范围内恰恰成为平常的自我。当然，如果我们变得更加统一，我们可能的“自由”将受到道德意义上的限制。这无关紧要。假如我们要“目标专一”，某些“选择”（所有选择，即可以增强我们的多元性的选择）将变成从道德意义上来讲不可能的选择，因为我们几乎不能使自己来选择它们，即使我们具有选择它们的生理条件。

在我们具有多元性的同时，我们经常在可能的自我之间做出选择——但这种选择是逐渐的——并决定我们可能成为的状态，它可能达到一种固定的状态，其中的某些习惯是全神贯注的习惯；任何因选择而产生的痛苦就会消失，而我们则可以有效地贯彻落实适当的行动路线——在适当的时候将反思也包括在内。这进一步暗示，既然不确定性——和选择——即在具有实际差异的道德价值之间进行的选择，仅仅受到暂时的喜欢，选择本身不能成为最终的善：重要的不是选择能力，也不是“选择权利”，而是已经被选择的东西、正在被选择的东西和选择的动机。如果我们已经掌握一个固定的核心自我，它可以通过反思或任何别的方式被辨别出来，我们的正确选择将成为对那个核心自我的自我限制性反思，因此它们也是具有内在“善”的“选择”（它赋予了“选择”一个更加丰富的含义）——而不是一种达到
70 另一个目的的手段。我们是一个发展的自我——无论处于什么道德“方向”上——因此，一旦成为一种被延伸的终极意义上的完善，道德选择就不再是目的，而是工具。

人类对道德统一性明显抱有普遍幻想。尽管人类具有多种多样的人格，但道德统一性问题一直是道德哲学和思想哲学（如某些宗教传统）中的一个主题。如果人类主体是或变成邪恶的主体，那么他或她就是或变成了“多重”主体；如果他或她是或变成善的主体，那么他或她就变成了单一的、“简单的”和统一的主体⑦（这不是说从恶就是人格复杂化了或者从善就获得了一个自足的人格）。然而，变得不太复杂不是变成单一，而且，除非我们宣称不连贯性和不一致性能够从我们的道德信仰和道德行为中被淘汰掉，并因此取得了简单性，否则这就意味着我们不能成为一个人或“自我”。这样理解一个人或“自我”的形成使不能进行道德回归成为必要。“选择”也就到此结束了。

完全的简单性不仅要求有摆脱道德混乱的自由和至少愿意——对相关事实不了解，但这是不可避免的——在道德行为方面获得全面成功，而且要求必须避免道德失败的可能性：像神那样不做恶（姑且不管做恶是怎样定义的）。这与道德自我目前的不一致性形成了对照。这一点可以通过经验展示出来。我们也已经注意到，我们不可能（不仅仅在我们目前的多元化社会里）通过反省和绝对诚实的方式检验我们的基本道德“原则”；我们进行自我欺骗的能力显然是无限的和——鉴于我们需要将反省中的自我客观化——不会降低的。因此，

⑦ 所谓的“道德统一性”就是从这种意义上得到最好理解的。假定意义上的完善的人拥有所有德性。这不是说，认为X勇敢但缺乏自我控制能力等于认为X所表现的勇气不能成为最终意义上的勇气。“第二次”使用“勇敢”这一词语的可理解性取决于将各种勇气应用于某一个主要例子的结果，而那个例子可以表达亚里士多德所说的“勇敢”的核心含义。

我们不能希望在我们自己的身上发现一种完全一致的或固定的信仰模式、欲望和习惯，甚至更可怕的是，我们没有理由相信人类生活中会存在这种固定的条件以使我们的行为能够不那么冲动。虽然我们可能 71
会有意识地倾向于选择一种或多种潜在的自我——我们平常扮演的各种生活角色——我们无法完全等同于那个自我或自我们。

情况既然如此，我们不得不在我们喜欢的整体自我范围内辨别所谓的“无理因素”，并辨别我们既将其描绘成移动的有机的“传统”又将其描绘成一系列具有一定统一性但我们不完全了解的信仰和习惯。麦金太尔是从另一个不同的方向来研究这种无理因素的，他是这样概括的⑧：一个人在他自身及其他所有人身上所发现的是一种荒谬的和不可靠的东西，这是从对人性的理性理解来讲的——意志里根深蒂固的反叛性和由情感导致的困惑使理智变得模糊，有时还会造成系统的文化变形。

麦金太尔的表述过多地依赖康德对理智和“情感”的区别，因而导致了表现为反叛的必然倾向和相关“意志”问题的“荒谬”——另外，这还进一步提出了意志为何如此的问题——我主要探讨的是那些体现这种“荒谬”的整个心理“结构”的不同信仰、欲望和习惯系列。我对“无理因素”（surds or surd factors）的陈述没有把它作为心理世界的一个准独立因素来看待，而是将其作为我们目前的本质出现根深蒂固的分裂的一种结果和迹象来看待。人们甚至可以把它称为一种“影子自我”：如果一切出了问题，我们将是什么样子！我们的无理因素的持续存在可以通过追问什么是善和通过追问谁不想知道何

---

⑧ 麦金太尔：《道德研究的三种不同视角》，140 页。一个更早但更狭义的用法是由 D. 戴维森（Donald Davidson）在《意志的脆弱性是怎样形成的?》（How is Weakness of the Will Possible?，in *Essays on Action and Events*，Oxford University Press，1980，p. 42）一文中首先提出的。由于我们即将讨论自主性问题，因此我们需要注意康德辨别人类主体身上的邪恶的方式［对“人心的倔强”的论述，参见《纯粹理性限度内的宗教》（*Religion within the Limits of Reason Alone*），25、30、32、37 页］。参见 D. 萨维基（D. Savage）最近的文章《康德对神启的拒绝及他的极恶论》（Kant's Rejection of Divine Revelation and his Theory of Radical Evil，in *Kant's Philosophy of Religion Reconsidered* ，pp. 54-76）。这些观点没有使康德接受认为大限之后的人完全陷入堕落的加尔文主义。

为善的方式得到很好的体现。

除了表现可以通过经验观察的非理性活动和许多人类行为的纯粹疯狂冲动之外——对于那些拒绝接受它的人来说，它是难以理解的[9]——那个“无理因素”是我们分裂的象征，它在我们经历的首要愿望和次要愿望之间的日常冲突中的表现不那么引人注目，即在我们的需要
72 （如对钱的需要）和我们希望的需要（如对慷慨的需要）之间。[10] 如果没有那个无理因素以及因此而对我们的冲突进行的专心致志的反思，那么我们很容易带来一种对于大多数人来说难以获得的道德进步。

上述内容几乎把我们带回到了讨论每一个“活动的”道德个体内部出现的分裂的潜在自我这一起点。虽然它不是一个即席提出的问题，但是我们仍然会继续关注我们潜在“自我”的本体论地位。难道我们仅仅是一些相互关联的潜在自我，或者说，难道我们的“自我”事实上就是一个根本核心具有的各种品质？我已经指出，“我”最好被解释为一个动态的统一体，而不完整的我是这个统一体的多变的构成要素。然而，似乎没有理由不赋予自我一种可以涵盖部分自我的有限统一性，也没有理由否定这些部分自我处于“成长”的不同阶段，其中一些自我比其他的自我离我们欲求的整体道德人格更接近，但它们都不等同于后者。这种解释更加可信——似乎是唯一的选择——而根本的“核心自我”被坚定地否认了。当然，柏拉图确实支持这种核心自我。从我个人对柏拉图传统的“选择”来说，我觉得有责任就自

⑨ 转引自 P. 法塞尔（P. Fussell）：《战争时期：第二次世界大战中的理解和行为》（*Wartime：Understanding and Behavior in the Second World War*，Oxford University Press，1989，p. 132）：“它［指第二次世界大战］是一场野蛮的、疯狂的战争，只有极好的想象力才能对它进行想象……如果没有一些有关人类大规模疯狂和有关人类内在的、遗传的、腐败的理论知识，它几乎是不可理解的。”

⑩ 参见 H. 法兰克福（H. Frankfurt）：《意志自由与人的概念》（Freedom of the Will and the Concept of a Person，in *Journal of Philosophy*，1971（68）），5～20 页；E. 斯托普（E. Stump）：《心灵的崇敬和倔强及法兰克福的自由意志概念》（Sanctification，Hardening of the Heart and Frankfurt's Concept of Free Will，in *Journal of Philosophy*，1988（85）），395～420 页；C. 泰勒（C. Taylor）：《自我的责任》（Responsibilities of Self，in A. O. Rorty（ed.），*The Identities of Persons*，Berkeley：University of California Press，1976），281～298 页。

己认为他的观点是错误的立场提供“伦理”理由。

是核心自我还是未来灵魂？

在柏拉图的《申辩篇》（*Apology*）里，苏格拉底从他本人的人生经历出发就主体相关道德举了两个特别引人注目的例子。公元前406年，雅典人在阿基纽塞的海战中击败了伯罗奔尼撒人。不过，虽然他们获胜了，但是他们丧失了大约35只大船。雅典的统帅还被指控没有尽力营救他们的士兵。雅典的法律规定，如果被控犯罪的几个参与者被审讯，他们必须被单独审讯，而不能被集中审讯。苏格拉底碰巧是那时的司法部门的主管。他冒着巨大的个人风险拒绝考虑用非法手段对被告进行集体审讯。在记录这一事件时，柏拉图没有指出苏 73
格拉底是否认为那些人有罪或无罪；苏格拉底也不允许他对最佳审讯结果的看法影响他不支持运用非法手段保证一个（可能）公正判决的决心：对那些统帅的判决。

第二个事件发生在雅典民主制被推翻几年之后，当时占据统治地位的是一个得到军队支持的寡头集团。那时的政策规定，寡头们有权增加公民所犯的罪行——这种做法建立在众所周知的杀一儆百原则基础上，其目的是为了让尽可能多的人明白参与任何反革命活动的可怕后果。根据这一政策，苏格拉底和其他三个人得到命令逮捕一个显赫的公民，即撒拉米斯的利昂。利昂将被以捏造的罪名判处死刑，其真实的目的是为了得到他的钱。苏格拉底没有服从命令，返回了家，而其他三人来到了撒拉米斯，并执行了逮捕令。这一案件的重要性以及使它成为主体相关道德的典型例子的原因在于，虽然苏格拉底本人拒绝参与那种犯罪，但是他的行为无法保证最佳结局的实现：利昂的安全。他用自己的立场表达了这样一种意义：虽然不能阻止一种不公正做法，但是那种不公正做法不是“通过我”来完成的。在《高尔吉亚篇》里，他就已经明确地指出，忍受错误比犯错误要好。

在这种行为里，我们看到柏拉图和历史上的苏格拉底坚持了主体相关道德的主要原则，即个人为他的行为承担“责任”的观念：个人同时选择了手段和目的。柏拉图的故事也介绍了苏格拉底要求我们必须慎重地进行行为选择的原因：在他看来，我们应该最关注我们“灵魂”的舒适或最关注能够使我们的“灵魂”达到最佳状态的方法。邪恶的行为不仅会给它的外在的牺牲品带来危害，还会给行为人带来更大的危害。这当然意味着我们的“灵魂”是珍贵的或至少需要和应该得到我们的重视和珍惜。我们可以暂时不为灵魂的价值辩护：是否除非我们照顾好自己的“灵魂”，否则我们就会感到“不舒适”，是否这种不舒适与我们追求某种形式的自我保护有关，或者，正如苏格拉底和柏拉图所认为的那样，是否有必要对那种“价值”或“善”作进一步解释。这里的问题是，我们是否应该先掌握一种个体主体的“道德”理论才能成为主体相关者或主体中立者：为主体相关者准备一种解释其重要性的理论，同时为主体中立者准备一种解释其相对不重要
74 性的理论。确实，如果我们对道德主体不清楚，那么主体相关立场可以仅仅被视为一种情感理论。

所有这一切是不是像柏拉图认为的那样使主体相关主义依赖一种以“自我”即未被腐化的人为永恒核心的理论？我们已经指出，它不会导致这种情况（我们与柏拉图持不同意见很重要），因为它与我们关注“灵魂”的方式有关。柏拉图本人对灵魂的纯洁性提供了两种论述模式。第一种论述是一种幼稚的模式，它发展成为第二种更加复杂的模式。幼稚的模式即《斐多篇》的模式，认为灵魂在摆脱身体的情况下是纯洁的。第二种模式是在批评前一种模式基础上被提出来的：如果灵魂非常脆弱，很容易受到行为的载体即身体的腐化，那么它一定是出了什么问题。但是，问题到底有多么严重？柏拉图大概会认为，我们应该从灵魂本身剥掉一层一层的腐化的惯例和具有误导性的信仰，因为它们使我们变得不再单一和统一，而是成了杂多的和多样化的人。然而，假如不存在这样的核心自我，这一过程最终是无效的；不管我们能够从多大程度上消除错误的信仰和坏习惯，我们都将

永远无法通过这种手段或任何手段恢复我们已经达到的状态。如果要进行“清洗”——柏拉图是许多人当中唯一认为应该这样做的人——那么它的明确目的不是为了揭示我们现在的真实状态（以及我们过去一直保持的状态），而是要改变我们（最终）真正要变成的状态。[11]事实上，柏拉图本人认为这一事情比我们至今已经揭示的情况更复杂。在下一章里，我们将探讨这一困难：虽然柏拉图提出了一种核心自我理论，但也出现了颠覆它的对立理论。虽然它没有使柏拉图本人放弃他自己的理论：他知道有许多东西要求他不这样做，而且他可能领悟了走出困境的方法。

不管怎么说，在不认同柏拉图的核心自我理论的同时，我们不应该低估我们对未来“灵魂”的假设与柏拉图的其他观点之间的一致性。其中一个一致的地方是，我们都强调简单性这一主题和避免灵魂的“多 75
元性”——这种强调甚至得到了坚定的反柏拉图主义者的保守的认同。[12]

---

[11] 似乎柏拉图的核心自我也必须是不朽的，因为任何邪恶的东西（即多元性）都无法破坏它。这是《理想国》第 10 卷里论述灵魂的不朽性的一个论点，它经常被视为一个脆弱的论点（柏拉图本人从未重复过这一论点）。如果灵魂就是“核心自我”，那么《理想国》第 10 卷提出的论点可以论证灵魂的不朽性。假如灵魂是它目前的状态，而它的“真正”状态存在于未来，那么它不会导致这种论证结果。

[12] 请注意 J. L. 麦克（J. L. Mackie）在《道德：发明对与错》（*Morality：Inventing Right and Wrong*，Harmondsworth：Penguin，1977，p. 191）中对柏拉图认为我们通过“宣扬”自己损害别人的观点的评论：

> 虽然柏拉图错误地认为人格只围绕一种主要动机组合，我们承认，一个追求明确个人利益的人在特别情况下可能逃避他不仅宣扬和鼓励而且允许在一般情况下控制他的行为的道德，他可能付出心理不安的代价，这可能是他在计算个人利益时没有充分考虑到的事情。然而，我们不能对此小题大做。完全统一性的灵魂和完全统一性的人格在任何情况下都是一种无法实现的理想（我们已经追问过：无法实现的理想是不是没有价值），而且在后弗洛伊德时代，我们知道统一性的现象很可能只有通过暴露其矛盾才能出现。

麦克认为柏拉图所期望的统一性是不可能实现的观点当然是正确的（至少麦克全心全意关注的今生的情况就是这样的）；确实，柏拉图本人可能最终也看到了这一点。另外，他还正确地认为，如果统一性无法在今生实现，那么根本就不可能在另一个世界实现，因此对此进行伦理思辨的用途就较少（虽然不一定是没有用途）。有一点至少是清楚的，那就是柏拉图可能正确地认为，如果存在客观的和实在论的道德标准，那么可能存在我们可以按照今生梦想的生活方式去生活的未来生活。然而，如果有可能在死后生活和实在论道德之间建立一种必要的联系，那么这种道德似乎会变得更加令人难以置信。

在柏拉图的对话中，这一主题最容易在《理想国》里找到。该书第9卷描述了“暴君”即哲学王的反面人物或（更准确地说）未成功的哲学王，这是论述该主题最精彩、最有力的地方。柏拉图认为没有人会刻意要像一个暴君，而且他相信，除非他对暴君人物的刻画能够被证明是错误的，否则那个暴君就是从外貌上致命地反驳了色拉西曼裘斯的观点，即如果一个人的行为被传统和被误导的“普通”人指责为“不公正的行为”，那么他会更加“成功”。

那位暴君是一个被各种实现的（和未实现的）欲望和激情向四面八方拖拉的人。他是“多重”道德人格的典型例子。因为具有多重道德人格，人可以与“自我”或潜在的简单自我对立，同时又保留着有生命的人的身份（而且可能是灵魂健全的人，虽然柏拉图几乎不想在疯狂和犯罪之间进行区分）。柏拉图似乎认为（我们现在也应该这么看），虽然我们都具有多重人格，但是我们的人格越多元化，我们也变得越邪恶。道德层面上的邪恶就是这样被等同于某些反理性的行为混乱。在反理性的行为混乱中，没有修整行为的努力，甚至没有按优先顺序考虑欲望的努力，只有对（非道德）行为的强度的考虑。

76 正如我们在上面所假设的那样，柏拉图认为我们是分裂的，这不仅因为我们是多元的，而且因为这种多元性内部不存在先后顺序，即所谓的多元性无法保证一种秩序和统一性。这一点可能对有关灵魂形成的理论和“实践”都很重要，因为它增加了我们限制、清理和分散欲望的可能性：用更新的话说，不是抑制欲望，而是整合欲望或合理地“集中”欲望。我们不可能知道柏拉图本人想沿着那个方向走多远。

他似乎把善（作为一种形而上学意义上的实在）等同于统一性。没有人（至少现在还没有）能够非常清楚他的意思，但如果我们重新考虑一下他对暴君的道德分裂倾向的论述，我们当然能够看出他的一些想法。在他看来，既然我们所有人都具有潜在的邪恶性，那么我们每一个人身上必定存在至少一种“多元性”，因为假如我们达到了适当的统一性，我们应该达到了善的要求。柏拉图在《理想国》里所提出的教育规划和理想就是要消除这种多元性或这种潜在多元化的无序状态，因为一种统一状态下的多元性从道德上来讲是可以接受的，至少只要它否定那些不利于这种秩序建立的“人格”。他后来坚信，这方面的成功超出了人类努力的范围，只有神才能达到。人类（至少活着的人类）总会保留一些与统一性相冲突的多元性，因而他们是不完善的，因为他们分裂成了与自己对立的东西——他们再次变成了不可消除的无理因素。我们姑且不管柏拉图对“统一性”与善之间的关系的论述。他在《理想国》的后面部分对人具有统一性或缺乏统一性的态度达到了主张对我们的状况进行敏锐观察的现象学的水平，但他并不知道我们为什么会这样（或我们为什么必须这样）。

然而，柏拉图的观点具有历史含义，而且，因为柏拉图主义者（至少古代的柏拉图主义者）认为他们有责任将他们知道但在柏拉图所教的内容中没有明确说明的东西表达出来，我们不应该为后来发现的柏拉图思想感到奇怪——其中一些具有巨大价值——它们涉及不确定道德状况的起源，而我们就生活在这种状况之中。显然，只要坚持这种表达方式的人们在一定意义上仍然是柏拉图主义者，他们就将明确地或含糊地坚持主体相关性原则以及柏拉图对它的理解，并且在它 77
们受到攻击时尽可能地维护它们。

如果我们能够以具有广泛可信性的论据和其他人的论据为依据推论柏拉图倾向于把善视为统一性，那么我们就不会怀疑古代最伟大的柏拉图捍卫者即复兴和重建柏拉图主义的先驱的观点。它现在被冠之以新柏拉图主义的名称。奥古斯丁是新柏拉图主义的主要代表。公元3世纪的普罗提诺详细地探讨了这个世界是怎样从统一的完美状态走向“衰落”的。在他看来，统一的完美状态从某种意义上来讲包括了一切事物，但它又超越了它的产品，并存在于它的产品之外，而“多元性”因素就是因此而得到增加的。我们现在不关心普罗提诺就世界起源提出的形而上学观点；我们对他的考察（就像我们考察柏拉图那样）仅仅是为了引起人们对哲学领域内探讨最早（通常以令人震惊和简单化的方式出现）出现的道德问题和“人”问题的某些特征的一种思维方式的关注。

这说明，普罗提诺的形而上学具有一些与柏拉图观点显著不同的特征，但它的作者却不相信这一事实。如果我们要理解普罗提诺对灵魂多元性的论述，我们必须使其中的一些特征显现出来。首先，在普罗提诺的世界中，一切事物都是“一”的产物（用现代的话说，上帝是直接产生结果的原因）。没有“一”，任何事物都不可能存在。世俗的世界有一个起点，因为没有理由能够解释为什么事物出现在一个时间里，而不是出现在另一个时间里。相反，假如存在一个“一”，那么“总是”存在别的“一”，这是从它们各自的存在方式来说的。

这意味着，与柏拉图的世界不同，普罗提诺世界里的最重要区别不是在永恒与变化之间——虽然普罗提诺当然坚持了这种区别——而是在“一”与其他事物之间，在必要性与偶然性、依赖性之间。这一点对我们目前的关心产生了影响，它说明在柏拉图对灵魂的论述中具有道德含义的统一性与多元性之间的关系在普罗提诺这里甚至得到了进一步强调。然而，事情不只是这样，因为普罗提诺对他的第一个原则持有的更好态度使他能够至少解释和论证我们具有异常潜力进行自我分裂的事实、我们丧失“统一性”的现象以及我们突然变成许多（潜在的）人而任何一个人都不完整的现象。在普罗提诺看来，我们能够分裂，因为我们依赖“统一性”，或者用他喜欢的话说，因为我
78 们不仅仅具有统一性；虽然我们被认为是存在的，但是我们保留了某种统一性。这种统一性使我们结合成为人，而不仅仅是动物，更不用说蔬菜或无生命物体。

在普罗提诺形而上学复杂的理论体系中，所有灵魂都具有“统一性和多元性”；他旨在向我们说明，我们是一种无须在一定程度上转化成某种我们不能维持“纯粹”统一性的更高的东西就可以达到的统一性；我们总是会同时走向分裂，而且会进一步分裂成低于人类的形式。普罗提诺形而上学（至少超过了典型的柏拉图）的好处在于，他可以对我们目前感知的多元性经验做出连贯的（但不一定是正确的）解释——无须求助于前在——而柏拉图在同样的地方只注意到现象。

我们还应该认识到，对前在的置换削弱了柏拉图对灵魂的天然不朽性及其将灵魂视为一种纯粹核心自我的观点——普罗提诺没有推进这种批评意见，而是事实上拒绝了它。[13] 像柏拉图一样，普罗提诺给我们的历史经验增添了不充分的形而上学重量。他在论述我们应该成为的状态时，这一点表现得最为突出。他区分了我们的经验“自我”（大概是指我们在具体生活中的状态）和某种高于我们的经验自我的“真实”自我或核心自我（即他所说的“高等的自我”）——即他所说的“我们”。灵魂被经验的自我掩盖，而且显然被它玷污了。在我们得到净化的时候，它会回归到它的“真实”状态。

除了相信这是柏拉图的观点之外——它确实是他的一个观点——普罗提诺提出了一个有利的论点。如果我们仍然认为它没有将我们实际经历的明显“身份”解释清楚，而我们要将它简化和改善，那么我们必须探讨一个论点。这一论点是，在不存在某种纯粹道德自我或核心的情况下，如果我们在道德方面降了级或拥有了某种坏品质，那么我们就无法得到道德上的提高。普罗提诺认为，这种纯粹的核心或“没有堕落的灵魂”必须存在，因为人们事实上确实凭借它实现了他们用别的方法无法达到的目的；也就是说，人们得到了道德上的提升。我们不应该为这一论点感到惊奇，也不应该轻视它，即使——我们会在后面探讨——它可能没有将所有必要的道德问题考虑进去，而 *79*
我也将最终证明它是一个不让人满意的论点。从它的基本要素来看，它是一个论点或一个观点。它目前仍然普遍存在，甚至在那些对柏拉图一无所知或对他没有好评价的人身上也可以找得到。

对于某些人来说，这种观点潜在地存在于当代的“自由主义”理论之下。这种理论宣称人类具有“真正的”或“自然的”或“内在的”善。或者说，人类的心是善的。虽然没有一个先验的理由或经验的理

---

⑬ “前在”在普罗提诺那里得到了保留，可能恰好因为灵魂需要像“一”那样长久地延续；已经失去的是它的认识用途。要了解相关问题，请参见 A. N. M. 瑞奇（A. N. M. Rich）的《普罗提诺的转世化身》（Reincarnation in Plotinus, *Mnemosyne* 7, 1954, pp. 232-238）。

由来接受这一观点，但是放弃它也就意味着要拆除大量19世纪、20世纪的进步主义思想和21世纪可能流行的世俗主义的基础。它潜在地存在于一些司空见惯的假设里。例如，假如所有人都可以享受良好的教育、适当的医疗、充分的生育控制手段和充分的住房面积，那么我们就接近一个理想社会了，而且那当然是一个幸福的社会。当然，否定这一假设的真实性，不是要否定良好的住房条件、教育等等可以推进和改善社会状况、减少犯罪、增进家庭生活和谐的事实。然而，它不认为它们能够保证这种社会的实现，因为它们是有利条件，而不是必要或充分原因；它同时断言，既然它们没有提供保证，那么对我们目前的（道德的和其他的）不满的解释不可能是完整的或以任何方式接近完整，直到它将人性中的基本弱点、追求多元性的倾向和“无理因素”按照我们目前的经历考虑进去。糟糕的社会条件——这一短语不仅仅指物质上的贫困——当然会以非道德的、冲动的和反社会行为的形式迫使“无理因素”自我暴露出来，但对于经济人来说，良好的社会条件迄今为止也远远不足以保证社会阴暗面都朝着好的方向转化。

普罗提诺需要对人追求道德完善的可能性做出解释，但他的解释与认为我们难以辨明自身的观点相抵触，同时它似乎断言（而不是暗示）我们可以通过某种反思在一切影子和现象之外找到我们“真实的”（或核心的）我。然而，虽然普罗提诺的立场与至今仍然很有影响的笛卡尔的自我理论非常接近[14]，但是它与苏格拉底和柏拉图的许多立场具有很大差异。不过，他们都为德尔斐的箴言“认识你自己”增添了名气。柏拉图毕竟曾经认为，我们对“真理”和对永恒理念世
80 界的认识不是通过反省而达到的，而是通过对我们周围的世界（包括道德世界）进行思考达到的。对此所持的反对意见总是怀疑主义观点：我们怎么知道自己通过思想或通过感觉认识的东西是“世界”的

⑭ 普罗提诺与笛卡尔的相似性不应该被过分强调，重要的是他没有从“认识论角度”去探求确定性。参见 E. K. Emilssen，*Plotinus on Sense Perception*（《普罗提诺论感知》），Cambridge University Press，1988；G. B. Matthews，*Thought's Ego in Augustine and Descartes*（《奥古斯丁和笛卡尔的思想自我》），Ithaca：Cornell University Press，1992。

真实内容？我们能否认识到真实的世界？

柏拉图可能对此给出一个答案，但他的答案不是明确的，而我也不想为他去重建这一答案。不管怎么说，也不管出自何种理由，仍然承认柏拉图理念的普罗提诺认为——在这一点上，他像笛卡尔——“真理”是在我们的“内部世界”而不是我们的外部世界才被看得最清楚。这与现在的一种常见的意见相冲突，即那种认为我们能够在不扭曲所看见的东西的情况下内视我们自己的观点：我们很难认识自己的动机，因为我们总是倾向于以自我服务和自我讨好的方式扭曲自己的动机，而且我们没有某种能够阻止自我欺骗和胡思乱想的防卫机制。即使存在一个“核心”自我——这是问题的重点——我们也不可能确切地知道它真正的样子——或者说，我们不可能知道哪一个自我才是真正的核心自我。[15] 不管怎么说，是谁在做看的动作？普罗提诺立场中的困难很快就受到了更加专业的神学界的重视。[16]

在这些人中间，奥古斯丁认为他不仅知道普罗提诺在哪个地方出了错，而且知道怎样将他论述正确的地方重建得更加保险。他确实认为只有他建议的重建方案才是成功的。他还认为，如果他被证明是错误的，那么在柏拉图的实在论“传统”里研究伦理学的所有努力都会受到致命的破坏。在不加批判地受普罗提诺和柏拉图主义者影响的早期，奥古斯丁也认为对真正自我的理解可以通过反省得以实现，但到他写作《忏悔录》（*Confessions*，公元397—400）时，他已经逐渐认识到我们无法保证自己所看到的自我就是我们希望或想看到的自我——而且我们会相应地构建一个自我以适合我们理性化的、自我陶醉的幻想。[17] 况且，他否定了主张我们的明显道德冲突是因为我们的

---

[15] 有关核心自我的道德本质的困难让人想起休谟提出的问题，即他通过反省看见的不是实在的自我，而仅仅是一系列的感觉。在目前的研究中，这些问题在很大程度上被忽略了，因为（追随笛卡尔和洛克（Locke）的误导性脚步）休谟把持久自我即与我们的持久道德人格和道德身份不相关的自我视为传统问题，并向它提出了挑战。许多哲学家把道德解体当成实在自我消失的一个可能结果，而不是道德解体的一个方面。

[16] 包括追随杨布里柯（Iamblichus）的异教徒新柏拉图主义者。

[17] 在下一章，我们将重新探讨我们在反省过程中能够看到和不能看到的东西。

“善良”意志受到另一种不属于“我们”的恶的挑战而引起的摩尼教，
81 这使他坚定地相信这样的事实——“我们”显然是同时冲突的事物（我们就是这样体现自己的多元性的），而且我们必须应付那些以多变的方式主宰我们的盲目性和色彩斑驳、矛盾冲突的爱和欲望。当然，这些冲突包括首要欲望和次要欲望之间的冲突。我们已经在前面对此进行过探讨。这种冲突意味着，次要欲望总是希望达到某个首要欲望的适当目标。这还可以通过他的著名的祈祷得到例证：“让我禁欲吧，但不是现在。”[18]

假如我们处于这样一种矛盾状态中，难道我们就无法看到我们的（道德）“自我”了吗？当然不是直接的回答，但奥古斯丁指出我们不是依靠我们的“自我”——核心或非核心的自我——走出困难的，因为从我们“罪恶的”分裂来看，这种依赖是不可能的；我们依靠的是上帝。既然上帝（必须）不能被我们所改变和控制，而且上帝是我们自身存在的一个必要条件（普罗提诺也这样认为），那么，假如我们看见上帝（而不是想象我们看见了他），那不是因为我们努力去看见他，而是因为他使他自己显现在我们面前。

这样一来，奥古斯丁认为我们（我们中的一些人）似乎获得的提升不是我们自己的提升，而是上帝让我们得到了提升。换言之，普罗提诺和柏拉图正确地认为，如果我们要通过自身的努力来达到提升自我的目的，我们需要某种内在的和没有被罪恶玷污的核心，然而，既然还没有这种可以辨别的、纯洁的、内在的核心——虽然我们有无理因素——有些人确实提升了，但那种提升不能最终通过我们自己的努力获得解释。这一观点实际上既支持了上帝的存在，也说明我们没有一个像柏拉图主义者（及许多其他的后来思想家和伪思想家）所说的界限分明且很简单的核心自我。

奥古斯丁给他的论点增加了一个重要推论——一个需要作进一步论证的推论。偶然的道德提升从长远来看是不可能的，而且，既然人

---

[18] 参见 D. D. Crawford, Intellect and Will in Augustine's *Confessions*（《奥古斯丁〈忏悔录〉中的理智和意志》），in *Religious Studies*，1988（24），pp. 291-302。

需要从外部获得帮助以维持一种类似柏拉图和普罗提诺所说的简单而一致的善的生活，那么这种生活（以及赋予其特征的“幸福”）能够在我们的世俗生活模式中最好地得到实现。善的生活就像一个正在成型的果冻，它和我们的“灵魂”正在变好的过程一样，日渐成为一个统一体，但它也很容易解冻，因为，正如奥古斯丁反复重申的那样，人是一种自满的、刚愎自用的生物，他们通常很容易滥用自己的职责来进行自我统治（更不用说统治他人）。如果善的生活应该最终得到实现，它只能出现在另外一种存在模式里，即死后，而且——对于基督教徒来说——它必须通过死亡才能实现。我们不可能有别的类似的 82
生活模式。即使我们确实拥有这样的生活模式，我们只能将其归功于某种特别的行为和上帝的愿望，但它原则上是我们无法预知的。

如果奥古斯丁的观点是正确的，那么它说明把道德身份作为一种已经明确完成和拥有的品质或特征、一种物质或“叙述”来探求是一种探求海市蜃楼的做法。“我现在是什么?”这种问题没有明确答案。我们的道德（也是人的）身份仍然没有被辨别和发现，因此而产生的哲学困难也没有被消除。我们的道德身份只能存在于这样一种希望中，即希望用一个稳定的、统一的灵魂取代我们分裂的“自我”，然而，正如柏拉图所说的那样，那种灵魂严格来说不存在于过去，而是存在于未来——或者说，我们目前的存在根本不存在。

我们在这里返回到了我们的起点，因为一种关于主体相关性的真正奇特性在于——假如主体相关性具有道德的本质，而道德不仅仅是一种旨在保证我们一些人或所有人的最佳利益能够得到审慎的契约安排或理性安排——它充满着混乱和晦涩，而它们导致了道德身份和人的责任的产生，但这些身份和责任是值得怀疑的，甚至在它们被讨论的大多数情景下最终是不可理解的。况且，因为主体相关道德（可能间接地）被假定为一种能够使灵魂得到改善的道德。然而，它显然不可能完全成功。纵然它获得的是暂时的成功，那种成功不仅总是靠不住，而且会因具体情况而变化；这些将在下一章里得到考察。

柏拉图伦理学和哲学心理学在奥古斯丁之前的发展充分暴露了柏

拉图本人思想中的问题。从历史事实看，柏拉图的主体相关伦理学似乎需要一个核心自我（或“灵魂”），但是，我们会在下一章看到，他对道德身份的一些论述似乎（可能正确地）说明，我们实际上并不拥有这样一个核心，而仅仅拥有冲突的自我，对此我们自己可以辨别出来。虽然那些冲突的自我中的一些“比较好”，比其他的更长久，但是没有一个冲突的自我具有永恒的保证。这种不一致性不令人感到奇怪；让人觉得异常的是，不是柏拉图留下了没有打开的结，而是他在许多条道路上都怀着希望走了很远。

对人的道德论述与本体论论述之差异

83 用第一人称描述世界的一个吸引人之处——我是指从我自己的立场出发进行的描述——在于它们增强了人们对责任道德和人的整体性道德即我所说的“主体相关道德”的认识。这种描述具有显而易见的不便，因为它们留给科学归纳和数据资料的余地较少，而它们却从法律和道德的层面倾向于优先考虑主体的“德性”及其在自己眼里的重要性，这样就违反了谦逊和公正原则。从历史角度看，柏拉图（或苏格拉底）总是很关心道德冲突和作为道德主体的人即努力“以上帝为榜样”的人。他是首先指出善的生活需要主体相关性的哲学家——或者，用另一种方式重申这一点：柏拉图认识到人能够达到非道德意义上的优秀及道德意义上的——可能应该是精神意义上的——优秀。另外，他还认为其他的优秀要么没有那么重要，要么——更常见的是——与道德意义上的优秀有着错综复杂的关系，甚至依赖于后者。

柏拉图的学生亚里士多德也是一位主体相关主义者，他经常用与主体相关性关系不太明显但与伦理学关系密切的术语探讨人。他似乎比柏拉图更关心人的全部能力。亚里士多德的伦理学和“价值理论”与柏拉图的观点在许多方面是重叠的，但这些不是我们马上要关心的事情。因为在看到这些相似性的同时——除了看到道德能力与人的整体能力之间的关系问题之外——我们在亚里士多德的形而上学和心理学著作里发现一种用第一人称和第三人称论述世界和人的不同方法，而且这种不同方法能够渗入伦理学：这是一种有争议的结果，它可以容纳对柏拉图的理论进行补充或与之对立的理论。

一般说来，亚里士多德认为作为道德主体（和可能的道德统一体）的人是很重要的，这也得到了柏拉图的重视，但是，因为他对柏拉图把灵魂视为独立物质的理论不满意，他提出了论述人的统一性的形而上学方法（据此，灵魂是身体的形式），但他的方法不怎么具体考虑这种形而上学统一性应该怎样与人的特别“道德”本性和明显的道德统一体联系起来。这样一来，一个伪“亚里士多德”可能提出一种有关人的形而上学统一性的强有力的理论，而不谈论任何道德身份——或者没有把人性视为具体道德内容。[19] 我们已经注意到，在从 84
洛克到帕菲特就人的身份展开的现代和当代辩论中，对我们通过生理或心理连续性可能展示的任何可能的统一性的讨论都是极少的。

亚里士多德主要关注的是如何对世界的内容进行整理、分类和解释。在承认柏拉图的道德理论的重要性的同时，他对灵魂提供了另一种论述。他的论述至少没有表明人应该主要被视为一种道德主体。（柏拉图可能认为亚里士多德对人的论述是一种有用但最没有内容的论述。）为了显得略有不同，亚里士多德在对灵魂和人的论述中采用了第三人称的视角：人是一个身体——灵魂“复合体”，而灵魂是“拥有器官”的活的身体的首要现实。因此，他首先开始怀疑对人的“科学论述”与柏拉图的“道德论述”之间的关系：他只是暗示了我

---

[19] 《理想国》第 10 卷为柏拉图和亚里士多德的不同方法提供了很好的论据。柏拉图认为，如果邪恶不能破坏灵魂，那么就没有什么可以破坏它了，因此他假定在灵魂的多元性下面存在一种本体论的统一性。然而，亚里士多德的本体论统一性不仅是灵魂的统一性，而且是人的统一性。

要了解阿奎那对亚里士多德的形而上学统一性的理论的评价，请参见 David Braine, *The Human Person: Animal and Spirit*（《人：动物与精神》），Notre Dame University Press，1992。要了解其中涉及神学的内容，请参见第四章内容（该章富有成效地论述了普罗提诺认为身体存在于灵魂的理论）。然而，布瑞恩（Braine）在把人的语言能力作为灵魂“超越”身体的能力加以强调的时候，他仅仅非常有限地提到了道德“超越”的问题。

们，因为亚里士多德本人似乎并没有认识到他提出的问题；确实，在他将人作为道德主体加以谈论的时候，他运用了大量柏拉图语言。例如，他在《尼各马可伦理学》里就曾经指出，我们应该尽可能地与上帝相像（10.1177B33），或者说，我们应该“为高尚的东西”而行动。[20] 我们将在后面返回到这里。

亚里士多德解决在论述人方面所采用的第一人称（道德的）论述方式和第三人称（本体论的）论述方式之间的明显差异的方法是通过他对人的头脑的描述和通过他认为头脑越好（以及我们的道德判断越好）我们就越好或越有价值的观点体现出来的。他的方法的复杂性和困难无须我们关注。重要的是亚里士多德至少提供了界定人的可能性，而无须我们考虑人提供主体相关性道德所要求的第一人称世界观
85 的异常能力。虽然说他认为有充分理由可以对人进行“本体论”论述是非常不公平的，但是他当然向那些希望他敞开大门的人打开了门。[21]

从广义的角度区分柏拉图和亚里士多德对人的本性、人的理性和人的优秀的论述具有一个好处，这就是我们可以看到他们两人都低估了问题的复杂性。他们两个人在探讨人的本性时有时都采取一种事先假设人性不完善的做法。亚里士多德曾经在《论灵魂》里指出，人是灵魂和身体的复合体，而尤其必须注意的是，灵魂是具有生命的身体的首要活动。这一客观的、科学的论断不是探讨作为道德主体的我们，而是探讨我们所能发挥的生理和心理作用。它可能指任何生命有机体，但让我们假设自己关注的只是理性的人类生活。尽管亚里士多

[20] 参见 J. 欧文斯（J. Owens）的《亚里士多德伦理学中的美善事物》（The *kalon* in the Aristotelian Ethics，in D. O' Meara（ed.），*Studies in Philosophy and The History of Philosophy*，vol. ix：*Studies in Aristotle*，Washington，D. C.：Catholic University of America Press，1981，pp. 261－277）。

[21] 参见 G. 基尔（G. Gill）的《古希腊哲学里有没有人的概念?》（Is There a Concept of Person in Greek Philosophy?，in S. Evenson（ed.），*Psychology*：*Companions to Ancient Thought*（《心理学：古代思想的伙伴》），vol. Ⅱ，Cambridge University Press，1991，pp. 166－193）。尤其参见 169 页，基尔没有探讨第一人称描述的主体相关含义。

德在《论灵魂》(*On the Soul*)、《伦理学》(*Ethics*)和其他著作里探讨了道德两难困境和意志的脆弱性，但是他论述人的道德特征的前提是人必须具有理性。

当亚里士多德问："是什么东西使人成为人?"他的回答是："是思想"(尤其是从他们深思熟虑的能力即他们设计手段达到目的的能力来看的时候)：这一答案自然且很容易使他认为，人的思想越少，那么他就越不是"人"。他所说的自然的奴隶(我愿意将其称为"人动物")[22] 是人类的孩子，但他们缺乏使人成为人的精神品质，因此他们不能计划他们自己的生活。亚里士多德就自然的奴隶问题得出的一些("狭隘的")结论是所有用客观的、高度理性化的术语思考人性的人的实际(可能是秘密的)日常工作；它们通常被隐藏在其现代的转世化身(我们将在后面返回来探讨)里，隐藏在人是什么这一不同基督教观念的残渣之下。我们可以料想，亚里士多德的迟钝会随着一种后基督教精神变成准则在方便的时候暴露得更加清楚。

柏拉图对人的论述不利于亚里士多德的许多合理观点，尤其是不利于他认为我们是由灵魂和身体构成的一种形而上学统一体的观点。确实，我们有理由认为柏拉图从道德的视角将"灵魂"看成一种核心 86
物质的观点(亚里士多德在青年时期曾经支持过这一观点)可能影响了亚里士多德，使他选择了一种第三人称特色更浓和客观性更强的方法。但这不是纯粹凭借运气——我们可以更加合理地唤起他自己以及苏格拉底对道德、社会和政治的忧虑和关注，柏拉图集中关心从道德角度来讲非常重要的人性特征——人性容纳个人道德判断能力和人的责任能力。因此，虽然柏拉图的人的全景画从形式来讲可能与亚里士多德的一样不完整，而且他对道德事务的强调可能使他忽略了人的本体论统一性，但是需要全面检查的，是他将灵魂视为道德主体的观点以及他对灵魂和身体关系的论述，而不是他强调人是道德主体的观点。

柏拉图论述人之为人的"科学"观点与亚里士多德有显著不同。

---

[22] 要了解这一术语及其解释，请参见 Rist，*The Mind of Aristotle*(《亚里士多德的思想》)，pp. 249-251。

"科学地讲"，柏拉图认为我们是"灵魂"和身体的复合体，但它们最终是分裂的物质。柏拉图对经验自我的论述比亚里士多德的论述要落后得多。这样一来，我们发现行为理论的外在因素——但不总是硬的物质——在亚里士多德那里得到了更好的描述。柏拉图对我们目前的经
87 验的身体结构的形而上学统一性不很感兴趣，但他对它的独立灵魂和值得怀疑的统一性很感兴趣。真正的"我"是能够以最好的方式脱离身体的灵魂，而且它不是笛卡尔的意识中心意义上的纯粹的"自我"。[23]

对于柏拉图来说，有关人类的最重要事情并不是他们能够推理（虽然他们具有一定程度的推理能力，而且这很重要），而是在于他们是能够热爱善的事物（或不太完善的事物），并因此而成为能够决定他们应有生活方式的道德或"精神"主体[24]；也就是说，我们是否应该按照一种先验的（决不以任何方式依赖于思想）善的理念（我们只能在亚里士多德那里找到它的鬼影）来生活，或者我们是否应该选择武力、欺骗和理性化的生活，否定形而上学真理，热衷于追求我们欲望的最大化满足：在这种生活中，理智是、应该仅仅是（在"应该"意指"哪一个傻瓜看不到这一点"时）情感的奴仆，而情感则像暴君一样对待我们自己和他人。在柏拉图看来，苏格拉底宣称知道（而且认为重要）的几件事情是"爱情事务"（《会饮篇》，*Symposium*）。[25]让人惊奇的是，虽然亚里士多德假定了某种类似柏拉图所说的美善事物的东西，而且用很长的篇幅讨论了友谊，但是他（至少根据现有的文本）实际上没有评论——肯定的或否定的——柏拉图的性爱。要对亚里士多德进行完整的探讨，这一令人奇怪的遗漏应该得到解释。

与我们目前的探讨有关的是，亚里士多德与柏拉图的区别至少有

㉓ 参见基尔的《古希腊哲学里有没有人的概念?》——但基尔没有具体地提到柏拉图。

㉔ 爱这一概念表明，人类主体一方面从一定意义上来说不完整，另一方面他或她在一定层面上又是一种为性欲驱使的主体。因此，将人全面地论述为一种"道德的"或"精神的"主体，要求对性和"性别差异"作一些相应的描述。这一点将在后面得到进一步拓展。

㉕ 柏拉图在这方面对苏格拉底的了解，得到了其他苏格拉底信徒尤其是埃斯基涅斯（Aeschines）和欧几里德斯（Eucleides）的肯定（见 Kahn，*Plato*，pp. 15，18，29）。

三个方面：他放弃了柏拉图的理念，只是保留了其实在论中的幽灵——我们将返回来讨论这一点；他提出的人的概念将人视为一种纯理性的主体；他把人视为一种形而上学意义上的统一体，而不是将其视为分裂的道德主体。

亚里士多德认为思想是人与动物之间的根本区别[26]，但他又强调，一种特征并不一定是要显示其特别的重要性。他对实践理性和理论理性作了有价值的区分——同时忽略了柏拉图把性爱当成激发因素的观点，但没有充分重视“灵魂的眼睛”能够辨认的生活目标或目的（它区别于达成目的的手段）[27]——这种区分推动他进一步错误地描述柏拉图认为具有至关重要性的人的特征。然而，有趣的是当亚里士多德在《论灵魂》里提出了一个柏拉图的问题——《斐多篇》也有这种情况——即关于灵魂与身体之间的关系是否像水手与轮船之间的关系，但他的答案是不清楚的。他似乎倾向于将把灵魂当成身体的理念的本体论观点与柏拉图把灵魂视为向身体发布道德命令的“理念”的 88
观点结合起来，但在如何实现上述描述所体现的有限“二元性”方面，他感到困惑。[28]

我们可以认为，柏拉图对道德主体及其在认识自我和照管“灵魂”方面的作用的过分关心，导致了他对个人自我评价和自我关心的

---

[26] 要了解亚里士多德和柏拉图在这方面的区别，请参见 R. Sorabji，*Animal Minds and Human Morals*（《动物的思想与人的道德》），London：Duckworth，1994，pp. 12-16。

[27] 亚里士多德的论述仅仅关注手段，不关注目的。参见 *Nicomachean Ethics*（《尼各马可伦理学》）1145A6、1144A8；P. Aubenque，*La prudence chez Aristote*，Paris：Presses University de France，1963；La prudence aritotelicienne porte-t-elle sur la fin ou sur les moyens?，*Revue des etudes Grecques* 78 1965，pp. 40－51。同时参见 W. W. Fortenbaugh，Aristotle's Conception of Moral Virtue and its Perceptive Role（《亚里士多德的道德德性概念及其感知作用》），in *Transactions and Proceedings of the American Philosophical Society* 95，1964，pp. 77-87。由于对亚里士多德处理目的与手段的混淆不是意识形态原因所致或对亚里士多德立场的明显“提高”，它在《尼各马可伦理学》（1. 1097，A30ff）里已经出现，因为他谈到了一种因自身原因而被“选择”（note haireton，not prohaireton）和永远不会成为手段的绝对的、终极的目的。然而，这不是一种通过论述而达到的选择，它是由“灵魂的眼睛”提供的——“灵魂的眼睛”的功能取决于我们被训练看的方式。

[28] 要了解这种二元性，请参见 H. 罗宾孙（H. Robinson）：《亚里士多德的二元论》，载《牛津古代哲学研究》，1983（1），123～144 页。

过分重视。[29] 可能亚里士多德更加中立的方式（我们已经看到，尽管他没有在他认为合适的地方否定柏拉图态度的重要性）的自我中心色彩要少一些，它没有那么突出人在整个世界中的重要地位。没有必要，至少目前还没有必要来评估亚里士多德与柏拉图相比较的优点（和缺点）。不管怎么说，攻击一种立场并不意味着捍卫另一种立场。如果有效的话，我们可以对已有的东西进行修理，而不是重新开一个头。

这种修理工作必须是实实在在的，因此，柏拉图——或任何其他主体相关主义者——是否坚持认为我们不应该不公正的理由在于不公正损害了自我或人的“整体性”？我将在后面指出，没有理由相信他会如此。重要的是，我将通过对“脏手”（dirty hands）的审视说明，不是由针对自己的错误行为引起的自我分裂有可能是对其他人犯客观错误的一种表现：犯错误确实会损害它的受害者（虽然这种损害比罪犯犯罪造成的损害轻微）。然而，这种讨论将被推迟到我探讨规范在善的生活中的地位的时候；此时此刻，我想总结一下有关人的第三人称（本体论的）论述，因为这些论述正在影响着我们的感觉，即单独理解我们成为我们的感觉，而且——更让人困惑的是——它们暗地里破坏了柏拉图的主体相关性观点，即认为我们最应该关心我们做出的道德决定以及我们培养的道德习惯的观点。

主体相关的归约主义

我认为有必要将人确认为一种道德（和精神）主体，但这种确认的某些方面很容易增加其自身的坏影响。有些主体相关道德具有归约主义性质——这不是因为它们过分强调道德生活，而是因为“善的生
89 活”被想象得太狭窄。第五章对规范和原则的讨论将展现一个引起我们关注这种狭窄性的领域，而我将考察具有归约主义形式的主体相关

---

[29] 这方面的批评是由 T. 纳格尔（T. Nagel）在《来自乌有之乡的观点》（*The View from Nowhere*，Oxford University Press，1986，pp. 195-197）里提出的。

主义是怎样扭曲了近来许多承袭康德传统的伦理思维的。然而，这一话题能够通过参考一个古代的例子而不是现代的例子得到说明——这个例子是极端的，因而具有特别的启发性——它不是由柏拉图提供的，而是由斯多葛派提供的：这一学派也将苏格拉底视为他们的精神祖先。假如对人的本体论或“科学”论述具有导致人的责任和道德主体性被遗漏的危险，那么主体相关主义的极端倾向将减少人的自然生活和“人的善的生活”的丰富性。

有些哲学家坚持认为，对人及其行为进行第三人称（或客观的）描述意味着它们允许我们集中考虑人类行为的结果——强调谁行的善并不重要，重要的是善的行为已经完成。与此相对立的一种意见是，这种描述中的个人似乎是可以分裂的；人类具有可替换性，人类的善可以量化，不管受益的是这个人还是另一个人：客观公正性至高无上；任何人都不应该享受“特权”。虽然这可能要求我们肯定所有人的平等价值，但是它几乎不会消除人都不具有特别或内在价值的可能性。人类可能是重要的或被认为是重要的，但个人不重要。

斯多葛派走向另一个极端。他们有时像发疯的主体相关主义者苏格拉底，因此倾向于使主体相关道德陷入争议。对于斯多葛派来说，本身最重要的东西在于人是否做了“合乎德性”的行为，因为这种行为被认为完全与履行理性要求的义务（或努力全心全意这样做）相吻合。善的生活被归结为道德生活，而道德生活则被归结为理性的（和因此而变得完美的）愿望和对义务的忠实履行。这里存在的一个严重困难是，假如只有美德是最重要的东西，那么我们在促进本身没有价值的目标时能够得到美德，并且能够用这些美德帮助那些有忧虑的人（例如，担心生命安全的人），但他们的忧虑本身对帮助主体来说仅仅是一种工具性忧虑。普通生活里的善——如制造美丽艺术品或追求知识——是“冷漠的”，除非因为它们能够提供追求美德的机会而“被喜欢”。

斯多葛派学者给出的唯一答案——或者这是他有权提供的唯一答 90
案——是理性行为就是类似于神的行为。只要我们做出理性的行为，我们就是按照上帝的方式在表现自己的行为。我们是上帝的一部分，而上帝是按照本性来行动的。这样一来，我们没有辜负或体现了我们作为神的潜力，而成为神显然是至高无上的事情。通过公然要求我们追求（但不是因为自身的缘故）“自然的善”（健康、财富、生命等等），斯多葛派试图修正这一悖论，但他们的努力不能令人信服，因为他们看不到“真正”的善，只看到理性，而且他们仅仅把理性视为一种对他们自己合适的本质和上帝的本质。

最明显的反对意见认为，这是在滑稽地描述人追求完善的能力，因为这种追求要求承认更多内在的善。即使理性是最大的善，那么仍然可能存在较少“真正”善的善，尽管这种善不是完美无缺的。斯多葛派需要的是一种内在善的等级制度，但他们提供的却是一种武断的观点，即只有较少的善充其量是工具意义上的善。作为“经院哲学家”，斯多葛派对他们所做的事进行极度美化不是偶然的，因此我们不应该错误陈述（和提高）他们的立场，说他们只是把“道德德性”视为秩序不同的另一种善。当然，他们是那么做的，但那不是他们所做的一切；他们强调理性，将其视为唯一的神性，其立场极具武断性。况且，通常的情况是，他们对人的贫乏论述是以对上帝的贫乏论述为基础的。

导致斯多葛派出现矛盾立场的一个原因是很有趣的：即斯多葛派受到引诱（这无论在哲学界还是在其他领域都是常有的事情）而否定具体善的现实性，因为他们认为那些善很容易被滥用。如果我们能够证明某些假定的善应该从更高的善里面分离出来，而多元的善妨碍了最大的善，这种引诱就会变得更加有吸引力。这种明显的矫正法要求善应该尽可能按优先顺序排列，但它因为宣称不存在衡量不同的善的至上标准而受到忽略或抛弃。假如人对善的论述被局限于“一切或虚无”，那么人似乎能够更容易完善起来。

我们可以用古代对待“责任”的更广泛的角度来考虑这一点，即把“责任”视为一种对承受痛苦的他人的关心。伊壁鸠鲁采取的是极端的解决办法（我已经看到，他的办法在友谊的作用问题上产生了矛
91 盾），它全盘否定责任，把人际关系视为个人与个人之间为了相互利

用而进行的交易，其条件是这种交易必须对双方有利。从最好的状况看，所有人都进入这种交易，每一个人都睁大眼睛看到了交易的局限性，因而在责任被单方面终止时谁也没有理由抱怨。

斯多葛派的观点没有那么极端化；人都有自己的责任，即非情感性的责任。这就导致了“有克制的羡慕”原则和在人的理性行为和仁慈行为与“过度”的情感发泄之间保持一定距离的原则：正如爱比克泰德（Epictetus）所说，在吻你的小孩和祝他晚安的时候，记住对你自己说：“你明天可能死去。”（《谈话录》，*Discourses*，3.24.88）[30] 斯多葛派——在这方面至少像现代尽量避免对病人的问题感情用事的理疗专家——不担心情感的影响会导致偏离“美德”的现象，因为如果情感能够使一个人偏离美德，那么恰好说明它们是非理性的东西。

这种观点导致的矛盾在涉及同情的情况下尤其清楚。在用不同的方式对待同样的事物时，同情（和怜悯）可以被视为反理性的表现。同情是在一个人被判处了比他在通常情况下为他所犯的罪行所得到的判刑轻微的情况下表现出来的。这似乎具有不公正的味道——虽然这种描述忽略了每一个个人的独特道德状况——因此斯多葛派会指责那些怀有同情心的人因为受到情感的影响而偏离了理性的轨道。这一点可以得到辩护吗？它所忽略的是同情通过给“公平”（其具体内容难以被模式化）留下余地反映了法律和诫令的局限性；我们不难看出一个富有同情心的法官（他可能考虑了悔罪、自责、受激动等因素）和一个严格按法律办事的法官之间的区别。虽然在如何协调公正的美德和同情的美德之间的关系方面当然存在问题，但是简单地将同情不视为美德的斯多葛派解决方法是削足适履的做法，除非我们让理想的（斯多葛派的）法官拥有神洞察人心活动的能力——当然斯多葛派的

---

[30] 要了解对伊壁鸠鲁派和斯多葛派观点的更具体评价，请参见 K. Kleve, Lukrez und Venus, *Symbolae Osloenses* 41, 1966, pp. 86－94 and Lucrece, I'epicurisme et I'amour, *Actes du Collogue Guillaume Bude*, 1969, pp. 376－383；B. Inwood, *Ethics and Human Action in Early Stoicism*（《斯多葛派时代早期的伦理学和人的行为》），Oxford University Press, 1985, pp. 119，205－215）。更有概括性的评价，见 Nussbaum, *The Therapy of Desire*（《欲望疗法》）（但需要小心地加以引用）。

圣贤或多或少超出了人的道德品质。

斯多葛派展现的主体相关道德是一种极端的、缺乏心理学基础的理论。在他们考虑动机纯洁性的时候，一切别的东西，甚至任何别的
92 人都变得无关紧要了。（我已经指出，新康德主义者中的有些人具有博大的仁慈心，有些人带有宗教色彩，但他们都展示了他们所提倡的道德和同情心所具有的类似“阴暗”面。）应该吸取的教训是，除非我们能够找到一种比斯多葛派的方法[31]更好的方法描述人的善，否则主体相关道德一定会失败。确实，展示这种论述的弱点的一个根本方法在于指出，它们对人之为人的描述局限性太大，尽管它抓住了主体相关道德的先驱者苏格拉底和柏拉图的观点的本质——不按照应该的要求生活的代价是人性的减少（“未经审察的人生不值得一过”）。

在批评犬儒主义先辈提出的更加极端化的哲学辩护方法的时候，斯多葛派甚至证明他们自己不是没有全面意识到推进一种没有充分内容和过分狭隘地服从“做能够让你的灵魂变得更好的正确事情”这一琐碎诫令的道德困难。

道德、人性与灵魂

尽管存在斯多葛派的极端主义，但主体相关道德没有必要成为归约主义。苏格拉底提出的问题“生活的正确方式是什么?”通过建议人们照管自己的灵魂和建议人们关注放弃人性的痛苦找到了一个可能的（或许是不完全的）答案。就是从这种意义上来理解，道德才“有价值”，同时它也是导致古希腊“幸福论”的根本观点的原因所在。它的含义取决于我们赋予“人”这一词语的意义和丰富内容以及我们

---

[31] 柏拉图被迫依据道德将霍默（Homer）从那个城市里排除掉，但他在《理想国》第 10 卷里表达了一种希望有人告诉他这是一种不必要做法的愿望。那种犹豫说明他意识到了对人类的善持过度归约主义态度的危险性，但他没有考虑到我们在进行自救过程中如何认识（或必须认识）关心他人的重要性这一问题。

赋予“我”变得“更加具有人性”这一祈使语气的含义。

斯多葛派的理性义务道德的弱点反映了伦理学里的一个更基本的
问题。在人文主义者或世俗主义者的世界观里，很难找到“热爱你的
邻居”这样的命令，除非这种命令体现的是一种纯粹的审慎（“为你
的邻居着想”）——而审慎的“爱”不是大多数人理解的那种爱。[32]
虽然命令可以在其他情况下表达审慎的智慧（如“己所不欲，勿施于 93
人”）——因为一个相互签署的契约和鼓励其他人按照这一契约行动
可能被审慎地视为对自身利益的追求和可能是自己权力范围内的事
情——任何像“像爱你自己那样去爱你的邻居”这样的思想既不是一
种纯粹的审慎，也不一定是我们权力范围内的事情，但可以被视为一
种特别的人类理想。人类理想不能被归结为一系列可操作的职责和义
务，而“做人”、“人的完善”以及“照管人的灵魂”不只是要求我们
确认我们有遵守道德法的理性力量——更不用说我们应该在没有伴随
实际义务的情感痛苦和其他痛苦的条件下遵守道德法。一般说来，我
们似乎面对着这样的困难：在人文主义者的世界观里，某些显然的人
的（及因此而定义的道德的）需要是无法找到依据的，因此呼吁人成
为人的要求不可能得到满足。

不管怎么说，这一章为我们留下了至少五个开口。首先，将道德的主体相关性论述错误地（这是有争议的）描述成一种只关心人的私人福利的论述，好像这种论述所呼吁的是某种通常被反反复复描述为强调自私自利的利己主义。它们的要点在于，我们无论如何都是潜在的人类，但假如我们不重视自己的“灵魂”，我们实际上是在抛弃自己拥有的本性，而且我们不是在支持某种更高尚的东西、某种更有利于他人的东西，甚至乌托邦的东西，而是在支持一种客观性即某种从它本身来说没有明显价值的东西，因为宣称爱整个人类是没有意义的——假如仅仅是出于“公正”的考虑，而我们实际上没有爱人类中的任何一个成员或我们自己。这就提出了这样一个问题，即什么样的

[32] 我们将在下一章里说明，柏拉图所说的性爱将审慎的欲望转变成了精神欲望。

爱才是真正的自爱呢?

我们的另一个相关观点是，苏格拉底和柏拉图驱使我们追问我们人类不仅作为人而且作为具体环境里的具体的人应该做什么——但成为具体的东西不仅仅与人自己的具体情况有关。如果是这样，那么上述个人主义不仅从道德角度来讲具有误导性，而且是不可理解的。

第三个观点将我们带回到了道德义务问题上。我们可以注意道德义务在描述柏拉图（和亚里士多德）所说的（在善的庇护下的）完整的人的生活方面所发挥的辅助性作用以及斯多葛派和一些宣称追随康德的许多近来人士对道德义务的过分强调。根据这些，所有责任道德关系都依赖（或能够被归结为）理性的、广泛的义务（通常与他们的
94 相关权利联系在一起)。我将指出这种归约主义做法必须遭到抵制。[33]

第四，在主体相关者必须避免对人的善进行太“单薄”、太受限制的论述的时候——对人类行为和人性的论述也应该如此——他同样必须避免对以追求“灵魂的善”和单纯的愿望为借口而导致的后果采取一种太随便的态度。在决定行为的对与错时忽略其后果（包括间接后果）是滑稽的；好的愿望固然重要，但没有旨在追求一种善的打算比不考虑消极后果就做出一种行为要好。最糟糕的时候，这种行为可以与犯罪意义上的疏忽相提并论。

最后，也是最重要的一点：当柏拉图和普罗提诺（包括奥古斯丁）可能低估了用人的“灵魂”和身体构成的形而上学统一性来定义人的需要的重要性的时候，他们必须能够正确地坚持认为，不管这种统一性是怎样得到论述的——亚里士多德的方式或别的方式——都不能取代而只能补充他们将人主要视为一种能够对他自己的行为负责的道德主体的观点。假如他们理解道德主体性的前提是我们必须通过收集在特定时间里广泛地指向某一个方向的潜在自我来建构我们未来的灵魂，那么其后果必须被接受。

---

[33] 有关讨论，参见 B. Williams，*Ethics and the Limits of Philosophy*（《伦理学与哲学的局限性》），London：Fontana，1985，pp. 179－180。

第四章　分裂与补救

心理缺陷

如果我们分裂成小于整体的部分，那么我们就失去了完善性，而 95
且我们无论从“内部”还是从“外部”来说都是不完善的。“外部不完善”是指我们在追求内在完善的同时需要某种外在“补充”或外在“因素”才能使自己完善起来。“内部不完善”是指我们是由小于整体的部分构成的一个复合体，各个部分的功能弱于整体的功能。这两种不完善形式是相辅相成的，但外部完善可以促进内部完善。这不仅是哲学家和非哲学家经常倡导的，而且许多人认为“爱”（从一定意义上来讲）可以通过产生需要的统一性而成为一种补救措施。

在公元前 5 世纪末，诗人欧里庇德斯通过在《希波吕托斯》（*Hippolytus*）里生动地展现自控能力缺失的分裂反映了“苏格拉底”时代人们关心的一件事情。诗中的人物斐德罗（Phaedra）因为其继子的缘故与自己的情感展开斗争，但最后屈服于情感的压力。在后来的经典短语里，她被描写成一个知道得越多做得越差的人，而她也确实是这样一个人。我们已经注意到，只要诗人不受哲学化倾向的影响，那么他们具有超越哲学家的优势：他们能够展现人的经历和困境，而无须使自己的描述受到经验的检验或对自己的描述做出解释。他们也可以通过这样的方式展现分裂的自我——正如我们目前的例子所显示的那样——而无须追问自我是怎样分裂的或为什么会分裂，更不用说追问这种分裂会在什么情况下发生或追问有没有办法防止这种分裂的发生。

在柏拉图的《会饮篇》里，戏剧家阿里斯托芬讲述了一个有关人
96 的悲惨状况及其根源的故事。很久以前，我们是“圆形”的双性人：一些人是双性男人，一些人是双性女人，其他的人是不男不女的人。由于我们有自尊心，并且有希望变成神的强烈欲望，因此宙斯将我们一分为二，这导致了我们目前总是要寻找另一半的状况。那位诗人说，寻找完善和统一就是寻找美丽和谐的东西或“正确”的东西：用英语说，它是某种形式的“爱”。显然，在这个“道德”故事里有两个因素值得注意：对我们目前的不完善和缺陷状态的感知——及其对我们自尊的影响——和对我们变成这种状态的神话论述。这一喜剧是一个故事，但阿里斯托芬似乎表达了一个历史真理，即我们确实感到自己的个体自我都是不完善的，我们都渴望完善。

对追求完善的欲望做出的“草率”解释已经可以找到，有些已经在《会饮篇》中被提到：自然已经找到一种能够使男性和女性结合起来的方式，这样人类就可以繁衍下去了；单性搭配可能或不可能具有“更高”的目的。毫无疑问，这种解释存在一些合理的地方，但它们没有解释阿里斯托芬引起我们注意的人类行为的重要特征，特别是没有解释他认为我们每一个人都在寻找自己另一半的观点。如果我们找到了能够使我们变得完善的另一半，我们应该感到满足（我们还应该偶尔满足自然对圆满的需要）。与另一半结成的某种身份可以使我们完善起来或可以恢复我们失去的统一性。另一方面，从柏拉图的视角看，有两个理由使阿里斯托芬未经修饰的论述本身不能够令人满意，甚至不完善。首先，阿里斯托芬——他坚持说他没有看到这一点——站立在道德空间之外，尽管他论述过我们尊严的丧失，但他没有对

“另一半”是否是道德意义上的善或恶或不善不恶的问题做出任何评价。另外，他假定“另一半”存在于这个世界，对先验的存在没有吸引力。从柏拉图的观点看，这两种遗漏都很重要：我们很难通过与另一半的命运相联系而获得提升，因为那一半可能使我们仅仅肯定自己的弱点和减弱自己的道德力量（及生产能力），从而陷入错误的自我满足状态中。虽然是通过神话故事框架来阐述自己的思想，阿里斯托芬和智者普罗塔哥拉（Protagoras）同样认为人是万物的尺度，至少是一切重要事情的尺度。

道德和精神成长不同于机体生长。假如我们从有观念那个时候起就一直受到关爱，那么我们会正常地成长为成年人，但我们没有必要成长为完全意义上的道德人。否则，如果没有外在的道德或精神影响，我们将不能很好地成长。我们在这一方面的需要不是物质性的需要；我们不仅仅需要被抚养，而且需要被教育和充实。长大成人之 97
后，我们可以自己抚养自己，但我们必须自己追求精神上的发展。我们需要生活在满意的道德空间里，这种空间允许我们思想和“欲求”，并向我们提供榜样和规范以帮助我们成长。我们不仅仅需要能够滋养我们身体的营养品，而且尤其需要足以满足我们成长要求的精神营养品：这就是儿童心理学家威莱康特所说的“好好妈妈”。

在许多文化传统中，神秘主义者运用性联盟的语言来指称人与上帝之间的关系，有时认为（虽然很少运用论证）两者可以互相替换。对这一现象有两种解释：性联盟是拥有灵魂的上帝联盟的形象（或影子或前兆）；或者说，一个与上帝之间缔结的宣誓或想象联盟是追求人类性联盟的一种设想，即向幻想的一种转变。我们无须马上在这些解释中做出选择，但它们共同具有的两个特点值得我们关注。两种解释都认为我们的性本质——无论怎么解释——对于我们的动物性和人性来讲都是根本的，它不仅是为了我们这一物种的生存，而且是为了人类的延续；因此，用前一章的话说，对“人”的道德论述和对“人”主要作为一种道德主体的论述必须将人的性努力包括在其中。两种解释也都涉及了我们追求“外在”完善和强化以及通过与“另一方”恋爱追求内在完善的需要：即它们都指出了——就像阿里斯托芬的原创故事所说的那样——我们可以感知的外部“缺陷”。假如这种缺陷是严重的，那么没有必要宣称我们可以通过追求一种极端个人主义政策达到“完善”，也没有必要提倡可能在此生或不诉诸先验的东西达到“完善”的希望的有用性。①

在我们感到自己具有外部缺陷时，我们应该要求或需要什么呢？对此，各种神秘主义传统提供了大量可能的答案。我们可能希望自己在他人面前是“透明的”。（如果我们不为别人所“看见”的东西感到羞耻，这似乎要求我们达到一种完美的境界。）或者说，我们可能感到我们希望自己与所爱的人融为一体。各种形式的印第安神秘主义及其他“非二元论”神秘主义提倡这样一种路线，它们将具有意识的自我几乎等同于一种有害的虚构物体；事实上，我们与自己希望借以逃
98 避幻想的神性是融为一体的。或者说，有一种“反印第安”路线——一种个人主义者必然会选择的做法——这一路线在萨特的《存在与虚无》（*Being and Nothingness*）中得到了例证：毁灭他人的欲望即企图将他或她变成“行尸走肉”的欲望其实不是一种潜在的完善，而是对我们的自由和自主性构成的一种威胁。

在赞同认为我们的福利必然同我们目前与他人，尤其是可能与某一个他人（或至少一次与一个他人）发生的关系紧密相关的“阿里斯托芬”的同时，一个“纯粹的”个人主义者会用迥然不同的方式看待如何“解决”人与人之间的矛盾关系问题：必然把另一个人视为对手，因为他认为另一个人没有理由不像他那样希望张扬自己。对于萨特式的人物来讲，任何被感知的缺陷都是一种他希望通过“毁灭”的行为可以消除的幻想。或许，另一个人可能“受骗”而错误地相信他不应该成为一个个人主义者，这种欺骗是取代“毁灭”的更方便和更

---

① 对“完善”及与之相关的“自我实现”作一个解释是必要的。我们至今为止所提出的观点都没有认为它们应该被直接追求。它们是对某种“丧失的”或“错过的”东西的一种辨认，并没有涉及如何恢复这种东西，更不用说会假定对完善的一种直接追求能够成功。完善或自我实现可能像快乐（和自我认识），它是通过间接手段获得的。

能够为社会接受的方法——因为个人主义者仍然生活在一个没有完全变成个人主义化的世界里。可能欺骗只是消除缺陷幻想的一种不太成功的手段，只有经验才能决定结果。

这些思想不仅仅局限于存在主义者。当代的自由意志论者诺齐克（Nozick）似乎（刚好）赞同萨特（Sartre）的观点，认为适当的自尊心必然会导致人们之间的相互嫉妒。② 当然，假如萨特和诺齐克是错误的，而个人主义从心理学角度来讲是一种自我挫败，那么个人主义者的状况只会因为他努力“平息”或破坏而不是珍惜可能使他能够成功的人而变得更糟。

萨特的毁灭概念具有某种内在逻辑，因为如果他人主要或仅仅被视为（经济上的或其他意义上的）竞争者是正确的，那么，即使他或她被要求满足我们的需要，难道他们一定不会利用我们的需要吗？至少我们可以假设，控制是避免被控制的唯一途径。“浪漫主义者”可能会说服他们自己相信“爱”至少可以使我们全心全意地忠诚于对方，但我们不需要像弗洛伊德的人物刻画那样走那么远——它不是一种全新的东西——认为爱情是“被折磨成彬彬有礼的欲望”，它包含着人们对一种朦胧的享乐主义所带来的幸福结果的可能性的各种怀疑。即使浪漫主义者有时是正确的——人类爱情决不仅仅是失望的历 99
史——但令人失望的事情和消极的描写为一定程度的悲观主义提供了依据，而萨特的残暴方案主要是浪漫主义理想与人的现实状况相冲突而走向失败的产物。他的“方案”是对这种现实的一种（自我）辩护。

上帝之爱没有这么不可靠——这是它对“神秘主义者”有吸引力的部分原因——但对于大多数人来说，这种爱仅仅是一种理想，可能是一个希望的目标，但它不具有可有意经历的现实性。普通的人类之爱似乎也是“辩证的”，它在相互爱慕的基础上繁荣昌盛，似乎要求我们在双方内在地融为一体时必须外在地相互信任。然而，如果浪漫

---

② R. Nozick, *Anarchy, State, and Utopia*（《无政府状态、国家与乌托邦》），Oxford University Press, 1974, p. 245.

主义理想是某种幻想或充其量是一种夸张，那么我们怎么能够鼓励和要求一种能够使我们不会变成萨特或诺齐克主义者的信任呢？如果满意必须建立在信任及其效果基础上，那么我们是不是不要为经历的完整性感到绝望？另外，假如在“浪漫主义”思想里不存在任何有价值的东西，那么为什么说诸如“我们在人群中是孤独的”之类的话还有意义呢？假定柏拉图笔下的阿里斯托芬就外部完善问题提出了重要建议，人们可以试图在一个神话色彩更淡而“道德”色彩更浓的框架里发展他的观点。因此：（1）我们能否将柏拉图的神话与我们对分裂的道德自我即未来的灵魂进行的非神话论述联系起来？（2）假如我们是分裂的，那么，正如阿里斯托芬所说，为什么会这样？何以这样？或者说，我们的缺陷与分裂的存在价值是什么？（3）为什么我们不像三条腿的公牛那样只有残缺不全的整体？这一问题的答案只能是：因为在道德“残疾”状态下，即因为我们在道德上是不完善的，因此我们看不见和确实“丧失”了（或从来没有拥有过）稳定的、内在的“道德”统一性原则。虽然《会饮篇》中的“阿里斯托芬”没有明确地将我们对“另一半”的寻求置于道德情景中，但是他提出了这样的道德问题。

我已经说过，如果我们暗地里同时追随柏拉图和休谟，那么我们似乎会——在道德意义上或有意地——变成一捆自我，或多或少有些松散，或多或少是被随意地系在一起的：但也不是完全随意系在一起的；否则，我们将不能进行任何连贯的活动或有规律地向某个方向倾斜。我们也不会模糊地意识到（正如我们在现象学世界里那样）我们的可能状态和我们可能变成的状态（或者像“阿里斯托芬”和许多其他“失去乐园的理论家”的神话里所说的那样——我们曾经是什么状态）。因此，我们似乎仅仅“在道德上”是分裂的、不完整的，但我
100 们是能够通过“爱”统一起来的道德分裂的自我——根据“柏拉图主义”思想家的看法，我们一直在考虑这一点。是哪种爱呢？不言而喻——既然我们是分裂的——它不是对自己的爱，也不是奥古斯丁称之为恋爱中的爱的倾向。

整合：爱与反思

我们已经看到我们是怎样没有成为一种“完全统一的”自我的。从那些失去乐园的理论家的角度来看，我们过去也没有达到这种状态。我们还可以就“完全自我”做出两个选择：前一章里的“奥古斯丁假设”即我们可以在未来某个时候拥有一种“全面的”、完整的自我或灵魂；或者说，一个完全统一的自我是一种幻想、一种设想或一种萨特式的理想；或者正如萨特和其他人所认为的那样，它是我们没有张扬自己的自主性的一种反映。假如不存在一个完整的自我，未来也不存在这样一个自我，那么我们的选择就是自我欺骗或意味着我们公然接受这样一个悲剧事实：有人夸耀用显然合乎理性的方式选择我们目前不确定的和多元的自我可以使我们非常满意，而且这种选择本身因为得到工具理性的支持能够充当我们的“善”发挥作用。然而，这种“善”是一种什么样的真正的善呢？如果我们追随当代许多哲学的建议，承认人的善必定是多种多样的，认为它们不能在我们的理性选择里按先后顺序有效地排列，那么就会出现无所适从的窘境。这种窘境可以通过一个经常被讨论的例子最好地表现出来：难道高更（Gauguin）为了在塔西提岛培养当画家的才能抛弃他的家庭是对的吗？

如果我们在道德方面是分裂的，那么认识人的优秀——认识人之为人的优秀——不可能通过检查我们自己的活动而马上得到实现。然而，虽然存在这种分裂，我们的活动可能通过“回顾”的方式得到评估，这种评估会考虑我们处于完善情况下的状态。即使这样，一个分裂的自我不能从它自己的资源中提供一种能够对其行为的道德品质进行衡量的可靠尺度。假如我们因为“完善”的自我仅仅是一种乌托邦性质的东西而不能发现其真实状态，那么我们将不能决定，更不用说解释，而只能或多或少连贯地假设——其连贯性取决于我们目前的完整程度——人类的优秀状态是怎样的或我们可以怎样安排一种可以理解的人类优秀状态。

只要我们是一个道德统一体——我假设人们一致认为每一个人都
101 会经历这样一种统一性——那么我们就成为个人了。正在策划下一个战役的军队统帅以及正在策划下一次谋杀的杀手与下班后和他的孩子玩耍的父亲并不是完全不同的人。我们所有人都会在我们在生活过程中扮演的各种“角色”与我们扮演这些角色的技能之间发现一种张力，因此我们的全面“表现”不可能仅仅达到（或不达到）一种简单的人的优秀。因为假如人达到了优秀，那么这种优秀为什么还要与自身相冲突呢？然而，甚至双面人杰克博士和海德博士之间也有共同之处：如果不是双面人，他（或他们）还会成为一个谜吗？

将诗人指责为不全面的教育者的柏拉图不能不对他辨别出来的道德分裂现象提供一种解释。柏拉图曾经认为身体是因为受到引诱才与灵魂冲突。由于越来越不能对这一解释感到满意，他逐渐认识到问题（及任何可能的解决方法）出在灵魂里。为了理解他努力做的事情的持久重要性，我们必须考虑他所说的“灵魂”的含义：它是分裂的灵魂。如果一个古希腊人说一个物体“有”灵魂，那首先是指那个物体是活的，有生命。不仅人具有灵魂，动物和植物也有灵魂，而且存在不同类型的灵魂。在《理想国》里，柏拉图认为人具有三种不同的灵魂。一种灵魂是我们生活的方式，而柏拉图想论证的是我们每一个人都希望以三种不同的，甚至具有潜在矛盾的方式生活（但对每一种方式的希望程度是不一样的）：我们希望过一种可以让我们对美德的合乎理性的爱控制我们一切的生活，一种受到对荣誉、地位和自尊之爱引导的生活，一种将理性视为（或应该视为）情感的奴隶的休谟式的生活。③ 通过使苏格拉底进行这样的论证，柏拉图既对我们的“自

③ 更多细节的讨论，见 J. M. Rist，Plato says that we have tripartite souls. If he is right, what can we do about it?，in M. O. Goulet-Caze，G. Madec，D. O'Brien（eds.），*Sophies Maieutores*：*chercheurs de sagesse*：*hommage a Jean Pepin*，Paris：Intitut d'Etudes Augustiniennes，1992，pp. 103–124，reprinted in *Man*，*Soul and Body*，London：Variorum，1996。

我”进行了划分，又对它们进行了评价。他把理念作为衡量人类行为的标准。

柏拉图对我们同时欲求的几种不同生活提供了一种分析，他的观点至少在我们接受正规教育和受到纠正之前是受到羡慕的。柏拉图本人也没有必要把他自己局限于三种生活，虽然他可能正确地认为这些生活之外还可能存在其他生活方式；然而，有一个大问题仍然没有得到解决和讨论：即做出选择的是谁或做出选择的“我们”是谁？——当然必须是占优势的“我们”。这个“我们”通过次要判断从道德角度评价我们的不同生活方式，倾向于将我们与某种生活方式挂钩，但无法成功地将几种生活方式统一起来。

柏拉图认为，我们身上有一种持久的内在核心，这个核心实际上 102
是“我”：牡蛎中的珍珠。与此相对立，我认为类似柏拉图的立场只有在我们倾向于支持“灵魂”的存在，并将其视为我们最终的道德和“精神”自我的时候才可能得到挽救。如果这种“倾向”发生在某个特别的、肯定的方向，那么从属于我们的“自我”在经过一段时间之后将蒙受失败——不一定是不可逆转的失败，因为如果我们证明是某种人的可能性越大，我们证明是另一类人的可能性就会越小。

每一个暂时的自我都可以被视为由某些根深蒂固的思想习惯构成的复合体——它的发展无疑需要经验，而且依赖于经验：依赖于我们的爱、恨、教育、工作、对生活的认识和无知，更可能依赖于我们儿童时代的经验，这包括那些已经在我们的意识中“被遮蔽”的经验。每一个个体的“自我”可能在某个时候主宰我们的人格，但它的主宰不是绝对的；假如它是绝对的，我们也不会是一捆变化的自我，而是一个完善的自我——即使是一种被贫困化和受限制的自我，而且如果是这样，我们将不能真正地修正我们的生活方式和占主导地位的信仰——它们实际上不代表我们目前的状况。人们往往是在纯粹行为主义解释不充分的情况下突然改变自己的生活方式：例如，人们可能从宗教或政治兴趣转向决定寻找戒烟的医疗根据。

我们需要解释这种变化发生的过程。假如我们不能对此做出解释，那么认为我们是一捆自我而不是一堆自我，我们因此能够沿着某一有一定连贯性的方向摆动的观点——无论是改进的方向还是退化的方向——都显得不可信。我把这种可能性搁置一边，就当作洗脑，因为这种可能性较少地依赖我们克服和部分整合一个或多个自我的做法，但较多地依赖我们摧毁或至少使之瘫痪的做法。更有趣的是，纽曼通过观察他自己就逐渐转变信仰的现象做出了这样的评论："十年后，我发现自己到了另一个地方。"他在这里所说的运动是指人在大多数时候只能通过回顾才能辨别的习惯的不自觉改变——谁也不知道其结果会怎样或曾经怎样？有争议的是，只有一个人知道我们的道德身份——即柏拉图所说的灵魂——可能出现但还没有形成的状态，这就和我们可以塑造我们放弃的"自我"一样。

考虑一下在我们探讨道德问题的时候会出现什么情况，并注意我
103 们的观点与苏格拉底及其他古希腊哲学家曾经期待的观点之间的巨大差异；然后思考一下是什么误导了他们。假设我们与一个朋友或熟人就一个我们都认为重要的问题展开了争论——如和平主义问题或死刑问题或流产问题——这种争论往往很难以某一方承认自己的错误而采纳另一方的观点宣告结束。哪怕我们立场的逻辑已经被证明是不合理的，情况也是这样。我们坚持自己的观点，不仅因为我们认为它们逻辑严密，而且因为它们是我们熟悉的东西。这就像我们不愿意抛弃远离自己的老朋友一样。我们担心放弃一个自己珍视的观点可能会让我们有被分裂一部分的感觉，因为谁也不知道我们的统一性在我们没有成为对立观点的某种讽刺对象的情况下是否会被进一步割裂？另外，我们已经将自己的自尊投入我们的立场中；假如我们接受另一个人的观点，那么我们会感到自己被淘汰了。说得更粗鲁一些，我们将"丢面子"。简而言之，坚持一种观点不仅仅是一个事关我们理性的问题，而且是一个关系我们的情感、性格和爱的问题。我们通常不愿意改变自己的道德观点。如果感到自己确信有合理的依据应该放弃它们，我们会更加执著地坚持它们。我们会将这个主题合理化，将其拖延下去，然后才会放弃它。戴维森（Davidson）将这种失败的观点归结为

(现在显然是)“保证不足”(weakness of the warrant)[④],它是一种类似意志脆弱或自控能力缺失的现象。它们都具有难以克服的困难。就像我们在自己的愿望不连贯的时候展示自己的意志脆弱性一样,我们的观点在原来的说服力仍然存在但——很不幸——现在已经在更大程度上转向了有利于对立观点时就会表现出“保证不足”。

有很多古希腊故事讲到了因哲学观点失败而导致的其他行为表现。古希腊社会受到一种强烈——甚至过分——要求过理性生活的需要感的鼓励,而且理性结论是透明的:这就导致了常有人向哲学“转向”的现象。对于与至少某些古希腊人相比的我们来说,这不仅是一个要为自己的观点感到更加自豪的问题——我们甚至可能变得不那么自豪——而且是一个要求我们在哲学上应该更加谨慎的问题。在经历了两千多年的发展之后,哲学已经使我们认识到有关具体事物的结论总是没有它们可能的样子那么明显:在我们经常忽略的论断中通常包含着某种复杂性。尤其是近一百年的心理学已经使我们在对待自己失 104
信的可能性和决定自己是否能够诚实地思考问题的无能时变得比古代的斯多葛派更加谨慎。简言之,我们比古希腊人更加清楚地认识到了他们相信是阿波罗教给他们的东西:我们需要认识我们自己,尤其是需要认识我们的复杂性(和我们潜在的可分裂性)。我们也没有在认识自我方面达到古希腊人怀疑的程度,但我们已经从我们受到的教育中获悉我们不能认识自我——这件事曾经让最优秀的古希腊思想家感到失望——我们也因此为不能进行有根有据的反思感到绝望。

肯定这些结论的做法是“清除”经历或者对曾经似乎确定的东西或曾经似乎显然正确的行动路线犹豫不决。清除是一个比喻,但它是一个适当的比喻。虽然它不与情感单独联系在一起,但存在显然是我们和柏拉图明显关注的东西。它向我们指出了现在大家都很熟悉的问题,即“谁”被清除掉了,它暗示“我们”丧失了自己熟悉的风度,而不是因为别人陷入了恋爱或什么人现在决定支持一种新的宗教或政

---

④ Davidson, *How is Weakness of the Will Possible*?(《意志的脆弱性是怎样展现出来的?》),pp. 21-42.

治立场。然而，似乎另一个或更多的根本的“我们”也得到了讨论：我们可以宣称我们没有辨认出自己。或者因为抛弃了所有幻想，我们现在是真正的、适当的自我——在这种发现中，存在可能成为幻想色彩更浓的东西。

通过引进一种否定的自控能力缺失，危险和恐惧为我们提供了类似的“经验”材料。一切都是一帆风顺，但后来出现了一种威胁；然后我们发现——可能让我们感到羞耻——我们并不想做我们打算做的事情，哪怕确信我们应该做那件事情。我们的自我保护意识或谨慎的意识“使这件事情具有了一种不同的复杂性”。从一定意义上来讲，我们失去了自控能力，但广泛地说，我们不是出自快乐的冲动，而是出于痛苦的冲动。这种自控能力缺失就像欧里庇德斯的人物斐德罗失去自控能力一样，是一种状态。在这种状态中，“我们”需要矛盾事物，而且“我们”最终会和“我们较好的自我”一起在其中选择一个我们知道是错误的事物。

我求助于戴维森的“保证不足”来论述坚持我们已经没有权利坚持的观点的做法。一个类似的观点也可以被用于相反的情况，即我们已经找不到显然的好理由来论证我们曾经认为是确定的东西。虽然极端的和持久的例子可能被贴上神经官能症的标签和被视为一种由心理
105 学家提供的原因解释，但很难知道这些事情到底是怎么回事。心理学家不会追根究底的是我们分裂的本性。他们满足的事实是，在某种情况下我们出现了分裂或“精神分裂症”。这种弃权行为也导致了哲学家在试图解释它的真正含义时的分歧。

如果意志薄弱、保证不足以及我们不愿放弃自己被误导的“自我”或不愿纠正被误导的“自我”阻碍了我们的统一，我们将怎么取得进步——情况通常是，正如我们一些人所做的那样，只有在例外的情况下才会出现突然转变的现象？既然我们把“欲望”失败和“理性”失败当成导致我们的脆弱性和分裂的两个原因，那么我们接受认为只有同时关注这两种“原因”才能带来道德统一性的观点。更具体地说，既然我们既“热爱”冲突的善又“憎恨”纠正我们理解的错

误，那么，通过喜欢将它们理性化的习惯，我们可以追问——假如我们要被"简单化"，是否某种超越背叛恐惧的统一的爱不是必要的先决条件。

这把我们带回到了我们已经考察过的一些"奥古斯丁"观点。[⑤]在祈祷"让我禁欲，但不是现在"的时候，奥古斯丁显示他"需要拥有"善，但他并没有非常强烈地要求善或需要拥有善。如果他的祈祷得到了认同——它最终确实得到了认同——他可能已经因为非常强烈地要求拥有善而拥有了善，这样就使他的首要需要与他的次要需要并驾齐驱了：即与他此时明确需要拥有的东西并驾齐驱了！他可能因此而变得更加统一了——但是，我们必须注意他曾经坚持的观点，这种统一必须借助于外部力量：上帝的爱和保佑。

然而，不能仅仅通过"爱"来达到这种统一，因为我们在爱方面的失败被认为与我们自我理解的不足联系在一起。要达到奥古斯丁的道德统一性的一个根本条件只有通过一种精神行为——一种智力行为——才能得到保证。他就是借助于这种行为来反思他的首要需要与次要需要的，并认为它们处于一种不协调状态中。法兰克福（他的观点至少得到斯托普的修正）认为，拥有次要需要和通过反思首要需要来形成次要需要的能力是"人"的标志[⑥]：如果人的首要需要与他的次要需要之间不存在紧张关系的话，那么他就拥有了自由意志。

由于我们是分裂的自我，我们的理智可能在不同情况下充当我们 106
情感的奴隶或主人，但由于我们能够有限地从整体上反思我们的生活，我们必须找到很好的理由来要求拥有正确的事情。不管反思力量的强度怎么样——它是那个展示了首要需要和次要需要的最大和谐的自我的一项不可分割的功能——它代表我们"至今为止"所拥有的最佳前景，是我们的道德旅程似乎可能出现的最佳结果。因为假如我们

⑤ 要了解这些观点的最新发展，参见 Frankfurt，*Freedom of the Will*（《意志自由》）；Stump，*Sanctification*（《神圣化》）。

⑥ 这可能暗示"自控能力缺失者"等于一定意义上的"人"。法兰克福的论述抓住了"人"的某些"核心意义"。

进行自我反思的能力不足，我们就像一“堆”东西，但只要我们培养了通过反思纠正首要需要和次要需要之间的不和谐的能力，我们至少是捆状的东西，接近了柏拉图视为善的灵魂的“统一性”。这样一来，善人（拥有自由意志和被解放的意志）对于他自身来说是透明的，而恶人对于他自身来说是不透明的。

那么，我们应该怎样增强这种反思能力即对我们是谁进行实践和理论推理的能力呢？由于这种反思是统一的，因而它的动力必然来源于对完善的追求。既然这种与需要相区别的爱不能在作为整体的我们身上出现，而是只能在我们的任何一个不完善的“自我”身上出现——否则我们应该已经达到了高度的统一——那么它必须被来自我们外部的某种东西即我们爱的某个对象唤醒或至少被激起。如果人们因此而变得更加统一，他们就会对一种“外部”的原因表现一种爱，而那种外部的原因既增强了他们的爱本身，也增强了他们的反思能力，从而也强化了他们对首要需要和次要需要之间的距离的认识，并减少了他们自身的内部分裂。

在这种统一性不断增强的状态下，爱是增进认识、欲望和愿望和谐的动力机。假如这一增进过程是为了达到完善，我们将拥有一种来自反思和爱之间持久和谐和相互作用的“意志”或“思想模式”。我们很容易看到为什么被我视为柏拉图传统的最令人信服的集大成者的奥古斯丁将“意志”的最强烈形式等同于上帝的神圣精神（《论三位一体》，*On the Trinity*）。从定义上来看，这种精神不是“外在”的，但对于人来说却是外在的，这就要求我们完全有效的爱和统一的爱只能产生于我们的外部。这种推动我们的反思和聚焦于我们的反思的爱
107 对我们的欲望和思想都发挥作用，因而它倾向于克服我们难以根除的分裂倾向，即克服我们称之为我们整体道德品质中的“无理因素”：我们不稳定的、正在理性化的“影子自我”。

我们“至今为止的最好灵魂”是怎样对待我们其他的潜在自我的呢？随着我们逐渐转移到我们目前的状态，我们将放弃某些原来可能的自我，因为我们可能已经忘记那些自我，但别人提醒了我们。如果

真的是这样，也无关紧要。重要的是，一旦我们被别人提醒了，我们就不应该抛弃或否定它们，也不应该仅仅注意它们，而不对它们不负任何责任。⑦ 假称我们不应该对它们负责就等于假称实际的情形——即我们做的或想的或打算的（不管对与错）事情——其实不是那么回事。这种假称说明了“灵魂中的谎言”，它加剧了我们较好的自我希望消除的分裂。进一步破坏我们统一的道德身份的东西不是我们碰巧记住或知道的东西⑧，而是我们不愿意接受我们自己的个人历史或团体历史。只有当我们对我们的过去承担了责任的时候，我们才能够不带着自我欺骗走进我们的未来。这样走向未来就等于承认我们被置于一种持久的道德背景中。

不管怎么说，无论我们试图对我们自己或我们的父亲、母亲已经成为的状态回避多少责任，我们都不可能完全成功。即使我们自杀了，我们的责任程度也不会变化。只要我们存在，我们就要对我们自己的状态负责。假如我们在死后仍然存在，那么我们也将继续承担责任。然而，如果我们没有这样持续下去，那么我们在自己存在的时间里就不会有我们未曾负责的时候。

我已经指出，假如我们在反思的基础上协调首要欲望和次要欲 *108*
望，那么我们必须承认有一种整合力量在发挥作用，而且至今为止，我们是把爱视为这种力量：它是值得我们全心全意、团结一致和毫不

---

⑦ 如果我们对我们过去的“自我”承担责任，它意味着我们的某些行为曾经客观地给别人造成了危害，因此，我们的道德分裂不仅是危害自身的表现（它也不能仅仅因为这一原因而被避免），而且通常会对他人造成危害。这是很重要的一点，我们将在下一章里进行讨论。

我进一步注意到，既然我们是在特定历史环境里发展的“社会动物”，那么对我们过去的“自我”负责也需要从制度层面上得到承认。因此，虽然现代英国人不为过去残酷对待爱尔兰人感到愧疚，但是作为英国“传统”和实体的延续者，他们有特别的责任不让那种残酷的事情重演。同样，德国人有特别的责任不再重复（纳粹时代）曾经以他们的名义纵容犯罪的历史。如此等等。

⑧ 有关评价，参见 R. Wollheim，*The Thread of Life*（《生活的线索》），Cambridge University Press，1984。详见 163 页：“假如我们没有做好用反省的方式学习或者努力学习过去的准备，我们将被迫生活在不完善状态中。这不仅是学习过去的事情，而且是对过去承担责任的事情；也就是说，我们应该把我们的过去当作我们的过去来对待。”

犹豫地去追求的一种“外在”的先验的爱，只能是一种对如同上帝的善付出的爱：上帝容纳而不只是取代一切次要的“善”。如果这种外在的先验的东西不存在，“柏拉图”的世界仅仅是一种虚构，而“灵魂”也不可能作为统一的现实存在——因为任何自己选择的生活计划（不管多么独特）都不足以完成所要求的联合任务，而且——虽然我们可以通过不同的假称方式将自我进一步分裂——“我们”仍然是一系列不能挽回的分裂的自我。许多当代哲学理论通过否定“有神论”向我们说明了这一点。只有爱才能引导我们对自己的过去负责；如果不承担这种责任，我们将不能对我们的生活进行单独的“叙述”。否定责任就是否定历史，而被否定的历史就是分裂自我的状态。

如果爱能够促进道德自我、我们的“灵魂”或完善的可能性——而通过直接的反省我们只能部分地辨认我们的自我——那么出现的问题是，在我们因为太年轻而不能反省或辨别追求统一的和完善的爱的时候，我们是否能够确定我们的自我？然后我们是否可以推论，在我们完全能够积极地爱和反省的时候，我们仅仅是作为人而存在吗？根本不是这样，因为任何时候的我们都在努力认识我们追求进步的能力，即追求拥有“灵魂”和追求拥有爱和理解“完整”道德身份的能力，而这种身份是以我们有能力接受爱为基础的。因为仁爱的人总是认为——几乎所有的20世纪儿童心理学家都这么认为——从逻辑上、生物学意义上和心理学意义上来讲，接受爱必须先于提供爱，而成为周到关心的对象应该先于能够从生理和精神上提供这种关心的能力。⑨

走向完善：爱与友谊

我们已经指出，许多传统中的神秘主义者都支持某种类似柏拉图的观点，即性爱的原型是人对上帝的爱，一种具有完全神感的物体能

---

⑨ 要了解这一常见的心理现象，请参见 E. Fromm，*The Art of Loving*（《爱的艺术》），New York：Holt，Rinehart and Winston，1957。

够产生一种能够克服我们缺陷的统一的自我理解力。柏拉图所说的性 109
爱当然不仅仅是欲望——一个贬低它的概念——而是一种将善作为美来追求的欲望——然而，我们不应忽略，在许多宗教传统里——尤其是在基督教传统里——对善的“性”爱似乎具有自我追求的性质，甚至是自私的，它必然没有利他主义和仁爱的色彩。也就是说，它仅仅关心的是如何为自己攫取东西。不过，这种指责没有使性爱失去其作用，与其说是因为它不相关，还不如说是因为它的冲击力不大。

我们无须过分美化性爱，因为不管出于什么样的良好动机，它都可能体现一种一味攫取的性质或至少需要净化的性质。似乎有两种净化的方式，其中一种已经被考虑到。我们已经指出，一个能够示爱的人必须首先能够接受爱。从小孩和母亲的关系来讲，前者接受爱可能是“本能的”或“天生的”，而对一个成人来讲，情况也类似。如果爱取决于被爱，那么成人必须有被爱的准备；他或她必须有这样的准备——成为爱的对象不仅是成为欲望的对象，而且是要成为另一个人喜爱的对象和另一个人的友谊的对象。

换句话说，异教的柏拉图传统已经很清楚地说明，中世纪的基督教传统也已经明确说明，有一种意义里的性爱必须由友谊来铸造，这种友谊意味着——正如柏拉图所指出的那样，像对待自己那样对待别人，像重视自己那样重视别人。纯粹的性爱可能达到的就是这种状态。这些不是因为别人能够弥补我们的不足或满足我们的需要或甚至鼓励我们采取道德行为，而是因为每一个人本身都是珍贵的。

人的性爱需要纠正，这不令人奇怪，因为有很好的理由可以说明，它也可能被固执扭曲和被程式化的理性化过程支持，这似乎是人的精神世界存在的“自然”事情。柏拉图似乎错误地认为性爱仅仅是通过向更高的事物转移和最终向善的理念转移得到净化的。毫无疑问，这种转移可能是有利的，但是没有理由将较低的事物排除在外。也就是说，对更高的善的爱能够转变为或保持为某种至少具有部分利用性质和爱心不足的东西。

这一点对于柏拉图来讲是模糊的，其理由至少有二：(1) 他认为

灵魂从本质上来讲已经是完美的；（2）他客观地看待性爱的对象，因
110 此最高的“性”关系缺乏互动性。[10] 假如这两个条件改变了，即如果假设灵魂已经达到完美没有意义，而最高的善不可能是客观的，那么我们可以睁大着眼睛返回到性爱的世界，一方面认识到爱在没有得到纠正的情况下也可以客观地表现出来，另一方面也看到它作为一个不完善的自我表现的强烈愿望无论在什么情况下都不可能具有一种纯洁的本质。因此，假如性爱被完善化，我们不仅需要充满对先验的上帝的爱，并受到这种爱的鼓舞，而且需要与上帝建立一种更友善的关系。我们已经知道，它需要被完善化，因为如果它没有这种需要——考虑到上帝的存在——我们将连续不断地得到他的鼓舞，这显然说明我们是不完善的。

所有这一切将向上帝提出很多要求。不仅我们要求他通过他对我们的爱增强我们身上的爱心，而且我们要求他允许我们享受与他之间的友谊。显然，我们的一切努力都不可能达到这种友谊；我们不仅要求上帝转向我们，而且要求他——这似乎只能用放弃神性的神话才能得到解释——作为恩赐一切的朋友可以通过一种纯粹的性爱使我们能够返归自我。如果上帝允许我们成为他的朋友，那么我们就能够成为那些希望成为他的朋友的人的朋友。这样一来，使我们重视和尊重——爱——别人的不是我们对上帝的真实而鼓舞人心的欲望，而是我们与上帝之间的友谊以及我们对上帝本身希望尊重的事物的尊重。普罗提诺曾经指出，爱父亲的人爱他的小孩。耶稣基督也曾说过：如果一个人不能爱他看得见的兄弟，那么他又怎么能够爱他看不见的上帝呢？

一个选择性提议：没有形而上学的政治学与德性

柏拉图和许多柏拉图主义者认为，我们可以通过某种形式的爱克

---

[10] 柏拉图确实承认恋人之间具有互动性，甚至在这种客观性之外，上述考虑即我们是在试图“与上帝相像”，而不是达到客观的理念——也被有趣地排除了。

服我们会导致外部缺陷的内部分裂。这种爱指向一种外在于自我的“理念”，然而，这种理念正如奥古斯丁所说的那样，只能借助于外在的主体才能达到——但这种外在的主体只能在自我内部寻找。柏拉图曾经以为，以善为焦点的性爱是通过经历那种善和间接地通过一种重要而必要的副作用来完成它的整体功能的：即善良的人对其政治和社 111
会行为所承担的可感知的义务。然而，假如没有善又怎么办呢？是不是人的心理统一性和人的完善会因此而不可获得呢？我已经暗示过，情况必然是这样。

然而，我将在这一章的其余部分考察一种当代流行的整合路线。不过，这一路线来源于现代早期的一些哲学家，他们放弃了对公民德性的形而上学支持，但与霍布斯不同，他们采纳了认为人的本质从根本上来讲在于他的社会性这一经典思想。为了方便，我们可以称之为柏拉图的政治学。虽然否定了柏拉图的欲望的先验对象或任何可能的类似对象或更合理的对象，但是它的“倡导者”认为“我”或“自我”是通过参与社会和政治生活才形成（不仅仅是能够发展）一种具有适当丰富性的统一性。[11] 我们目前对这一立场的关心说明从更广泛的角度探讨休谟及其现代继承者的更复杂的“自然主义”是必要的。

为政之道可以有多种形式——包括从马克思主义和斯特劳斯主义再到纳粹主义的各种自由主义理论。所有这些理论事实上都否定任何像柏拉图的形而上学之类的东西。不过，为了目前的目的，我们只考察目前得到广泛认同的观点：即如何促进“民主”社会的问题。

不奇怪的是，许多古希腊人同时作为理论家和公民提出了类似的理论，其中普罗塔哥拉是前一类人的早期和显著代表，而他的同代人即雅典的政治家伯里克利（Pericles）则是后一类人的典型代表。虽然亚里士多德本人没有支持它，但是这种理论同样可以在他为善良的人和善良的公民划出的一条可能的界线中反映出来。一些古希腊人预示了最近，尤其是美国对“民主”国家生活的人性化效果及人们参与

---

[11] 参见 C. Farrar，*The Origins of Democratic Thinking*（《民主思想的起源》），Cambridge University Press，1988。

具体“民主”政治的自信。现实地说，这些观点与其说是未经审察的萨特主义（Sartrianism）的应用，还不如说其实是亚里士多德的箴言“我们是社会动物”的具体化——这种看法不仅为那些没有生活在民主社会的人提供了更多的希望，而且有助于解释许多人在反民主政权统治下争取过一种伦理特征更显著的生活的原因。

目前，人们很容易把“民主”——不管它是否有统一的定义——视为目的，而不是手段，但即使我们认为某种类型的民主是人类政府
112 的最好形式，这并不说明民主政治家或民主活动家比在一个更加独裁，甚至更加不公正的社会背景里工作的政治家和活动家受到的道德和精神训练要好。相反，民主社会可能更加舒适，更加富有享乐主义色彩，也更加容易产生腐败现象。因此而提出的问题需要作进一步考虑。我们需要问的是，哪些种类的违法行为在不同政权里得到了允许，甚至得到了鼓励。我们还需要考虑人们在评价民主政治或推进民主进程本身的道德价值和心理价值之前受到了怎样的道德损害（而不仅仅是简单地看哪些犯罪行为更严重）。

甚至那些公开宣称信仰上帝的人也认为，上述为政之道的错误不在于它直接排除了先验的东西——作为新黑格尔主义者，他们可能希望实践中没有它——而在于我们通常支持的那些政治和民主理想不仅太狭隘，而且事实上是落后的。尼古拉斯·波伊尔（Nicholas Boyle）曾经对我们的“后现代”困境作过精彩论述。他认为理解我们目前的抑郁症的关键在于，我们仍然用过时的民族—国家这样的术语来思考问题，而人类经济已经在地球村的世界市场上运作。他最后借助于康德对永恒和平的梦想得出这样的结论：“我们能够和必须学会生活（康德很早以前就这么认为），不是为了现在拥有一个身份，而是为了在将来拥有一个身份——具体地说，拥有世界公民的身份。”[12]

我们可以在一定程度上支持这一梦想，因为从一定意义上来讲我

---

[12] Boyle, *Who Are We Now?*（《现在的我们变成了什么？》）, p. 320.

们的身份是在未来，而且否定明显的政治和经济现实是没有用的。然而，波伊尔的论述不仅遗漏了先验性东西的作用，而且没有涉及人的无理因素。我们几乎没有理由认为，滥用政治权力即暴政的前兆仅仅通过选择一个民主世界政府的政治安排（虽然这种政府的某些重要方面是人们渴望的）就可以被减少。因为，如果柏拉图主义者是正确的，那么我们的身份不仅具有政治性，不仅是在我们的公民角色中得到实现的，而且具有个体性和道德性。况且，如果我们希望克服自己的无理因素，我们必须既审视我们的内部世界又审视我们的外部世界。至于暴政，奥古斯丁提出了有智慧的观点，即“巴比伦塔之后”的语言多元性至少已经为国际一体化减少了暴政出现的机会——同时这种多元性也受到了有条件全球化的威胁。

毫无疑问，我们深受自己在其中发展的社会的影响。我们目 113
前的问题是，是否任何社会，甚至一个民主的、完全国际化的社会本身都能够为我们的最好发展提供规范，并告诉我们怎么才能判定一个社会的规范优于另一个社会的规范。因为在沉浸于严格意义上的政治生活，甚至是一种仅仅具有外在广泛意义的民主政治生活的时候⑬，只要这种生活禁止批判地拆卸和反思其内在的连贯性原则，更不用说拆卸它的基础，那么它就很有可能引诱人们接受这种特别社会制度的自我服务神话——也就是说，除非我们拥有某些可以衡量这些神话的外在标准。如果我们把它们——太多的人已经这么做——视为一种通向更好自我的向导，那么我们只有运气好才能避免灾难。

直接将一个社会评价为一个培育中心要求我们必须理解我们正在努力发现的东西：道德和精神意义上的善的个体。要求诉诸如“人的发展”或“人的实现”之类的实践的观点往往会变成一种不那么吵闹但会因此而暗中为害的变体，即认为道德和善的生活应该建立在我们（或某个人）——无论是否具有批评性质——现在的需要基础之上：

⑬ 我从更困难的程度问题，即任何个体能够在这种实体中有效运作的程度问题，以及谁将实际取代他或她的程度问题上，除掉一切制度的外观。

它是一种风险性更大的变体，因为历史已经确切地向我们昭示它是怎样使我们开放地面对有关道德价值观的激进怀疑主义的。任何“高于”社会本身的东西都被排除掉了，剩下的是引诱——以及许可证——引诱人们歇斯底里地或残酷无情地或异化地追求直接利益的扩大，其目的可能是为了自身，可能是为了自己所属的宗派，也可能是为了提高个人意识形态的需要。可以认为，正是对这种风险的认识才使亚里士多德相信应该对善良的人和优秀的公民进行区分：虽然优秀的公民可以从善良的人的角度得到解释，但善良的人却不能从优秀的公民的角度得到解释（*Politics*，1276B30－35）⑭——这不是说善良的人的本质不能构成优秀的公民。

然而，即使我们放弃了认为人是由他在政治和社会环境里的行为“构成”的看法以及认为最好的人是由“最好的”政治和社会环境
114 “构成”的观点，那么分裂自我的问题和——假如它们可以和谐地统一起来——这种统一如何实现的问题就不是单纯的形而上学问题，它们还会产生必要的社会和政治派生影响。除非我们必须推论最好的生活仅仅是由时刻都在变化的考虑组成的，否则我们不得不承认我们无法在不把某种延续不断的个人生活计划置于社会框架中加以审视的条件下对这种生活加以确认。这不是说这样一个计划（即使建立在“先验”的基础上）应该被当成一种固定的先决条件，而不是一种容易随着个人环境的变化而需要不断得到纠正的东西；然而，既然这些纠正是比较具体的，我们仍然需要认识我们追求的目的，认识我们“注定”要达到的状态，并认识我们有能力和应该希望达到的某种统一性。

显然，在纠正过程中，人们选择和遵守他们具有或多或少连贯性的生活计划。那些生活计划在实施过程中会体现“灵魂”至今为止的

---

⑭ 它不足以借助于波伊尔（《现在的我们变成了什么?》，102 页）来推论，这一错误等于说（如法国革命者所认为的一样）民族—国家的成员是与其世界成员身份相对立的公民。问题在于人仅仅作为（任何一个城市的）公民这一概念是不充分的，这就像仅仅用经济学的语言“生产者—消费者”来描写人一样。

日常状况。这仍然是真实的，即使我们也知道那些计划在很多情况下至少部分是一系列决定的产物，而那些决定似乎是沿着一条阻力最小的路线做出的。我们在不能运用所有才能的时候可能否定地看待这一点，而在我们沉浸于我们正在做的事情的时候，我们则可能用肯定的眼光看待它。因此，假如一个人决定成为医生，开始参加一段时间的医疗培训，而且假如他很擅长他目前正在做的工作，那么他每天会在他的工作中投入越来越多的情感资本和其他的资本。这样一来，即使他还有拉小提琴的才能，他也很难再改变他的想法而会努力成为一名小提琴家。

在制定计划的时候，我们不仅具有尝试和犯错误的权利，而且可以接受有经验人士的忠告，因此，我们所做的——如果我们有机会——通常是重新制定计划，以使它们适应更合适的环境，并避免我们犯错误的危险以及他人的明显错误。如果我们能够知道那些可以使我们在生活和事业中获取最大长远幸福和满意的东西，那该多好！也就是说，假如我们能够知道“我们”能够达到的最佳状态，那该多好啊！这要求我们深刻认识一般人性，尤其是“整体”的自我——不管它是怎样得到最佳组合的。与此相应，这种认识也能够达到最深刻的程度，如果我们能够认识到自己在最有利的人类社会即柏拉图所说的
理想社会中的地位——我将把基督教所宣扬的活人与死人之间的“融 115
洽关系”作为范例——但要达到这种“融洽关系”，我们必须认识它的共同价值，并将这种价值纳入我们的人生计划中：这当然不是每一个容易犯错误的社会成员可能经常将其视为他或她自己的价值的东西，而是真正的共同价值，即在得到共享的条件下能够极大地促进每一个社会成员的福利的共同的爱与恨。

具有某种广泛“政治”性的社会（不仅仅是世界国家所构成的社会）成员进行“灵魂构建”的可能好处使我们超越了那些认为我们的分裂和缺陷能够得到改善的人的观点——除了我已经证明为不足的观点，如有关包括“民主”政治活动在内的政治活动的必要利益的观点。它们也显示了许多种个人主义的不足，因为它们想当然地宣称，

除非每一个人都属于某种社会——某种开始于家庭和朋友、然后进一步扩展到更广泛集体的社会，否则他不可能在短期获利（更不用说他能够随着时间的推移得到最好的发展）。但这还不够：谈论一个社会的成员身份并不等于谈论对待成员身份的最佳态度——除非一个社会的成员承认他们的同胞要求参加共同的规划，接受共同的惯例，并要求分享“共同的爱与恨”。

个人对待自己的态度以及对待其他集体成员的态度具有根本意义。当代一些观点在描写一种由理性计算者构成的潜在社会时设想其中的每一个成员都需要考虑他的同胞的存在：这种社会修正了柏拉图所说的朋友社会或亚里士多德所说的由社会动物构成的社会。这两种社会都希望它们的公民社会的人不仅要考虑彼此的存在，而且应该彼此相互尊重。换言之，不将彼此仅仅视为不方便的必要存在或不可避免的竞争对手，而是将彼此看成珍贵的相互促进者。[15] 因此而产生的
116 问题在于，我们能够在多大程度上延伸对他人的尊重及其合理性在哪里——它是不是一定是实在论的态度？——我们可以假设存在这种延伸。例如，它能否从家庭延伸到一个整体城市？因为，有些人仅仅需要被置于“同胞计算者”构成的“理性”社会里来加以考虑——他们可能仅仅要求受到公正对待——而其他人在他们要求自我发展的情况下可能要求享受尊重、忠诚和关爱。

如果某种不断修正的生活计划要求我们尊重越来越大的集体，它也同样需要共同价值观：我是指奥古斯丁所说的“共同的爱与恨”。这些价值观是怎样得到的？社会的每一个成员将试图推导出最适合于

---

⑮ J. Raz, *The Morality of Freedom*（《自由的道德》），Oxford University Press, 1986, p. 246. 书中指出，终极“自由”价值观要么是个人主义（追求一切基本自由）的，要么体现个人的自主性（涉及对所有拥有集体善的人的尊重）。作者（和其他人一样）希望能够将自由主义与个人主义区别开来。他的区分很有趣。自由主义和个人主义确实不同。问题仍然在于基础方面：有没有理由可以说明为什么自由主义不能变成个人主义？由于没有为他的自由主义提供论据，而人的自主性只不过是一种“虔诚”的希望，他不能应对——除了一种可能的实用主义——道德唯我论的威胁。他承认不存在享有意志自由的基本权利：它是一个“理想”。我们将在第七章讨论这一点。

他自己的东西和他判断为最好的东西（只要他愿意将这两者区别开来）。这再次提出了“自我”未来的问题，因为任何社会的成员身份要求每一个成员都能够将他或她目前的某种东西以及某种已经拥有的东西可靠地带入未来，即它涉及他的义务和职责以及他的观点、“权利”、自由。当然，假如他或她拒绝可靠性这一概念（就像个人拒绝义务或甚至拒绝社会一样），其后果是进一步分裂。

团体成员身份必然会导致某种更加统一的（但不一定是统一的或甚至是可统一的）自我：以个人自由为理由拒绝这种身份会导致另一个方向，即最大分裂的方向。任何头脑清醒的人都不会在实践中追求极端个人主义——或者他至少需要做出合作的表现以掩盖其个人目的。这会导致另一种分裂，它将用灵魂中的另一种新的谎言取代公然漠视他人的做法。这两种方式都可能造成混乱。

如果自我或未来的“灵魂”应该（但为什么?）具有独一无二的价值，并且它的发展仅仅取决于人类社会，那么悖论就会出现。因为，如果承认团体价值有助于促进个人的统一性，那么坚持未来灵魂（正如主体相关者所要求的那样）最终高于团体的观点将导致进一步分裂——除非一种更广泛和先验的途径可以形成团体统一性。“柏拉图”的观点就是这样的。假如个人仅仅是他的意识自我，而不是他的“客观”（和发展的）灵魂，那么就不可能有别的类似的途径。然而，这种“客观”灵魂存在于一个客观的——更可能是实在论的——道德世界，即一个存在于我们的思想之外和独立于我们思想的特定的道德世界。没有这个客观世界，灵魂将变成（或始终是）一个自我（或一 117
系列自我），具有其自身的现实性，并能够（假如需要）否定其他灵魂的道德现实性。从这种视角看，批评自身的愿望和偏好的能力——它们在传统里与“哲学”联系在一起，也可能与人的自主性本身联系在一起——必须变成解构的能力，尤其是解构人生活于其中的社会机构的能力。当然，假如这能够成功，它将证明解构主义者宣称的无意义——尽管这通常不允许这种无意义必须从逻辑上支持解构主义者的自我和设想。

在这种后现代背景下，不仅认为任何人都可以被变得更好（或更坏）是没有意义的，而且无须认为主体的“目的”在于他或她分解为具有潜在的（通常是现实的）矛盾自我，而追求权力的欲望是唯一的统一因素。然而，实在论者预测，分裂得越深入，主体就越容易采取削弱他使用权力的能力的行为：他的智力通常屈服于他的情感，因此他对于那些越来越不相信他的相关的人来说变得很危险。他不能确定应该追求哪一种偏好，因此他只能从瘫痪状态转向采取盲目和武断的行为。

对独裁者的这种画像是大家熟悉的，它集中体现在柏拉图的《理想国》中的那个崇尚暴力、复杂多变、冷漠无情和让人恐怖的“暴君”身上：那是一个滥用公共和社会资源的人。柏拉图证明了这种人是怎样希望最大限度地满足其欲望，但他面对的困难很多，因为他的欲望是多元的、矛盾的，要成功满足它们是行不通的。用我喜欢的话说，他分裂成了太多的自我，只保留了追求权力和快乐最大化的欲望，它们将他“捆”成一个整体，直到他的前进变得不可能，甚至他追求快乐的最大化满足也变得不可能。

显然，如果我们要正常地发挥作用，我们需要某种统一性原则，不管这种原则多么不可靠。这种统一性有三种可能的来源：第一，也是最不可靠的来源是解构主义者的权力统一性：至少渴望统治的欲望会导致某种以我所说的影子自我的形式出现的单极性。第二种来源是变化的、最终没有方向性的统一性，它是全面适应民主或其他社会和政治要求的产物，或者是适应柏拉图所说的“意见”（不管正确与否）的产物。假如我们能够使自己与客观的规范和超越自身或团体的目的
118 即任何社会的目的联系在一起，那么第三种来源才是可能的来源。显而易见，如果我们在先验的形而上学和宗教被视为“天上的馅饼”的情况下不得不靠自我力量或联合其他思想接近的人的力量来发明道德以自我满足的话，第三种选择是根本行不通的。当然，假如这就是我们所选择的道路，我们可能在短期内依靠从早期“实在论”继承的资本，但从长远来看，这似乎不利于公民美德或其他美德的张扬；这种

论调将变成响亮、虔诚但站不住脚的空谈。另外，终止（或减少）“内在的”或由外在的需要和要求导致的自我分裂的希望也会化为乌有。所谓的“为政之道”是一条死胡同：它是治疗人类疾病的一种不可靠的短期方法。

第五章　规范及其应用

规范的一些用途

119 我们已经看到，道德具有两个方面：道德主体和道德对象或道德目标。在本章中，我将考察两者之间的纽带，即道德原则或道德规范。通过考察道德原则或道德规范在论述道德行为方面的作用，我们既可以看到道德事实的本质，也可以看到真正道德主体的重要特征。

我将首先考虑，除非道德规范在形而上学世界里扮演“本原”——这对于非实在论者的价值观来说显然是不可能的，而对于道德实在论者来说也是完全不可能的——否则，它们就必须被视为达到目的的手段，因此我们不得不对这种道德手段的本质、功能以及它们在道德主体形成过程中的角色进行辨别。然后我们将考虑规范伦理学中的两个引人注目的谜：“脏手”问题——认为自己被迫做了似乎在道德上是错误的事情——以及公平和公正的关系问题（人们应该在什么情况下和依据什么标准受到平等待遇）。以规范为基础的伦理学流行的一个原因是规范存在的必要性在于推动公平和“权利”的贯彻落实。

既然规范和原则的适当地位被条文主义、虚伪的滥用及其应用的困难弄得模糊不清，那么我们可以首先将狭隘的条文主义者及对教条盲从的人与那些对规范怀有适当敬意的人有效地区别开来。这种探讨将对能够理解柏拉图坚持的道德形而上学的道德主体进行进一步辨别。

“道德”这一词语可能具有古板的含义。“道德规矩”这一短语就是例证。因此，伦理学与道德有时被区分了开来，前者指人作为整体 120
追求的善的生活，而后者是指我们被教导应该做的事情或更多的是我们不应该做的事情。不能一以贯之（为什么或何以希望从善是错误的呢?）的“从善者”也可能拥有坏名声，并被认为在谈论他们的“道德”的时候自吹自擂。在狄更斯小说中的人物格雷德林看来，“原则主义者”是一群小说家。他们感受一个人的负面感染力，而后者认为他的理论优先于同情的考虑和坦诚的理解或者认为它为任何一种场合都确立了一个新的原则或规范。这种怀疑可能是错误的，但在试图理解它们出现的方式的时候——我们特别意识到同情的问题，但对任何因为嫉妒或恶毒而诋毁善的自然欲望进行贬低；或者是为了黑色喜剧的缘故——我们可以从有关美德的论述中对原则、规范，甚至理论的地位获得更深入的理解。

部分明显反对“原则主义者”（man of principle）或“行善者”（do-gooders）的意见认为这种人缺乏被低估但必要的美德，即那种既强调用简单、单一的思想模式考虑统一的、和谐的自我又鼓励同等对待自我和他人的幽默感。如果缺乏同等对待意识，“原则主义者”倾向于把每一个行为都变成与“原则”相关的事情。就是由于这一原因，斯多葛派荒唐地认为一切罪恶都是同等的。黑格尔曾经反驳康德说，假如一切罪恶都是同等的，那么不可能避免主要的罪恶，而追求虚伪的心理需要变成了压倒一切的东西。只要虚伪的人否定他的道德状况，那么他就会受到幽默感缺乏的影响，而幽默感缺乏是一种盲目性，是一种审视和揭示人性显著事实的无能：尤其是不能审视和揭示自身本质的事实，不能对所谓的谦恭的可笑特征或奇异特征进行正确认识。

黑格尔的批评更加深入：任何建立在单独引用原则和规范（它因此减少了包括移情在内的情感和直觉以及直接和习惯地行善所获得的满足感）基础上的道德体系都是无法长久的，它们要么会导致虚伪，要么会导致对道德本身的遗弃。因此，“原则主义者”在文学中通常被描写为伪君子，如哥尔德斯密斯（Goldsmith）的《诽谤学校》（*School for Scandal*）中的约瑟夫·斯菲斯、《呼啸山庄》里的老约瑟夫以及由菲尔丁、简·奥斯丁、E. M. 富斯特等人的英语小说所描写的典型的英国国教里的牧师等等。由于这些伪君子既缺乏自我认识，又因为缺乏幽默而在道德上不诚实，他们往往是他人嘲笑的对象。假如约瑟夫·斯菲斯不是喜剧人物，那么他必然会成为悲剧人物。他也可能像乌瑞·赫普，既是喜剧人物，又是悲剧人物。

121 然而，把原则主义者视为伪君子关注的是对原则的滥用，而不是对原则的坚持。有没有反对诉诸原则的意见可以为我们对原则和“原则主义者”的担忧提供逻辑依据呢？有些“维特根斯坦主义者”似乎认为伦理学不需要原则；我们需要的是对情况的特殊性给予具体的、敏锐的关注。确实，为什么原则主义者必须诉诸原则或规范，好像他是在提醒他自己应该做什么，而不是出于德性“自发”地行动？假如他不是在任何或每一个场合而是仅仅在受到某种色拉西曼裘斯式的挑战或受到某种迷惑的旁观者的挑战时才诉诸他的原则或规范，他可能被认为取得了进步。他的行为是不是说明，不管他具有什么德性习惯，那些习惯都不是他的“第二本质”？是不是他的行为更有效地说明，无论我们是否应该在行动之前诉诸原则，我们在为自己已经做的事情进行辩护的时候都应该这样做？

我们已经对原则主义者进行了第二次但不是无关的抱怨：这种人脱离具体情况或对具体情况不感兴趣，他的行为与其说是出于对个人的关心，还不如说是引用客观行动指导原则的结果。他在遵守这些原则时几乎没有移情给那些需要得到那些原则保护的人：他的视角是客观的、冷漠的和无情的。我们曾经得出结论，规范是达到目的的手段。从这一结论来看，与第一种反对意见一样，第二种反对意见认为“原则主义者”从道德意义上来讲是不完善的：他缺乏自发性；他看不见一般规范中的人；他可能确实没有充分认识到制定那些规范的原因。我们大多数人希望得到出于爱或友善的帮助，而不是得到仅仅出于义务感或遵守规范的“道德”帮助——即使在接受同样的物质帮助的时候，情况也是这样的。这似乎很明显，我们可能会怀疑严格讲原则的人是否可以被称为善良的人，而如果这种怀疑被严肃对待，那么道德善至少在很高的程度上需要与人联系在一起；因此我们认识到了这样一个一般性真理，即虽然“客观”公正是社会——政治环境需要的东西，但它是一种有限的善：义务充其量是一种苍白的爱。当然，假如善只能作为某种类似奥古斯丁的上帝那样的东西的本质才能得到理解的话，那么客观的公正对于人本身来讲就不是严格意义上的公正。

类似的看法在亚里士多德的结论中也有。亚里士多德认为，出于
义务感而行动的人与真正“有德性”的人即具有优良品质的人相比是 122
有缺陷的。我们已经看到狭隘条文主义者在认真履行义务时所表现的贫乏现象以及他对他所帮助的人相对较少的关注。他的能力就在于遵守正确的规范——换言之，他的思想装着一系列义务——令人失望的是，那些义务是一些干瘪的东西。其他的情形暴露了他的缺陷。虽然我相信我能够不受惩罚地解释这一点，但是原则上我已经决定不与自己的对手进行殊死搏斗。你们可能会纳闷，我为什么需要引用原则，并着手做出这样的决定。假设我在进银行的时候碰巧在口袋里藏着一把枪（正当持枪，拥有持枪证），你可能会问我是否决定不威胁银行出纳员。我不会简单地说，如果我过去这样做，我可能已经被抓住，并被送进了监狱，而这些天我也不会这么做——除非我把这种询问当成一种玩笑——背诵戒条来反对谋杀。我很可能说，我不是暴徒或不诚实的人，我不是抢银行的那种人。

上述例子具有误导性。原则主义者可能不会总是在现场决定要做的事情；他可能仅仅按照原则来做事，因为他已经学会遵守原则。他

的反应既不是极度痛苦的，也不是计算的结果，而是自动的。没有必要期望他对一般的规范具有任何意识。然而，如果只能想出一个规范，却不能为那个规范提供背景，那么他的行为是令人怀疑的。因为他的“第二本性”仅仅是遵循规范的结果，他对那种本性和制定那些规范的目的缺乏理解。

虽然期望直接诉诸原则来解释人做正确或错误事情的原因有时显得很奇怪，但上述的例子至少使我们能够肯定这些原则的两个重要作用。另外，那些例子在我们向我们相信应该表现什么行为的人做出解释时是很有用的——它们的用途不在于它们本身完全有效，而在于它们是一种教育工具——另外，它们在为我们的行为进行辩护时也很有用。后一个目的让我们想起了前面已经讨论过的苏格拉底的行为。传统的绅士满足于说：“你没有在玩牌时作弊，没有屠杀无辜，也没有殴打你的妻子。”“智者”不仅会问“为什么不那么做”，而且不会满足于诉诸原则的做法。

说我们的祖先总是谴责某个至少有时会承认犯错误的人杀害自己的小孩是没有用的。当然，如果那个人回答说“它是错误的”，那也不会好到哪里去。即使它是正确的，也是令人难以置信的，尤其是假
123 如挑战者并不准备论证传统的观点是错误的，而是提供某种“科学”解释（或错误理论[①]）来说明人们是怎样逐渐坚持那些做法的。我目前关心的是原则作为辩护手段的作用，而不是它的更广泛的教育性。关注这一手段的目的是要在那些挑战我们行为的人的头脑里确立一种理解，即通过援引所有相关事实理解错误的东西为什么是错误的。

在原则的辩护功能与常说的“希腊幸福论”的哲学功能之间存在概念上的关联。后者通常得到苏格拉底、柏拉图和亚里士多德的辩护，它认为讲道德是有回报的，这不是从物质意义上来讲的，而是指人通过“道德”生活可以变成更好、更完善和更统一的人，可以变得更有利和更“幸福”。虽然柏拉图找不到理由反对人变得更好的要求，

① 参见 Mackie，*Morality*（《道德》），pp. 48-49。

但确实有很多理由说明人为什么应该具有这样的要求。柏拉图选择的观点不是要鼓励我们仅仅因为在这个世界和另一个世界向善有回报才向善——虽然它事实上达到了那种效果——而是因为我们被迫服从神的善。他的直接观点在于，与那些仅仅关心“道德”（或任何别的事情）是否有利可图的人进行辩论时，指出道德有利可图是现实的——假如那确实是一种可论证的或可证明的立场；任何其他事情都不应该得到重视。

同样，虽然我们在做出一种我们已经习惯的善的行为时并不会立即诉诸道德原则，但假如我们被要求对那种行为进行辩护，我们则别无选择。我们只能解释为什么善的事物是善的，而诉诸原则和规范则为这种解释提供了背景。根据当代知识界的看法，任何不愿意成功地运用原则的人都会被贴上教条主义者、信仰主义者或传统的奴隶的标签。当然，通过诉诸道德规范，或者更广泛地说，通过诉诸道德原则，我们可能仍然没有被说服。道德原则（更不用说道德规范）可能是不可接受的，但展现那些原则就是激发我们对自己试图生活于其中的伦理体系进行理解，同时吸引挑战者把他的批评不指向某个特别的行为或甚至某个特别的规范，而是指向一套错综复杂的概念。

因此，虽然将自己的原则一一列举出来很容易激发对一本正经或虚伪的合理指责，但是作为反对某个“色拉西曼裘斯”或具有更广泛 124
怀疑倾向的挑战者而被当作辩护手段引进的道德原则不应受到这样的指责。那些原则可能引发批评意见，因为带着“良心愧疚”的人倾向于嘲笑那些他们害怕具有更多道德有效性的人。这种敌意必须被消除。善良的人似乎不再对伦理意识较弱的人具有直接的吸引力，他们经常会因为成为行恶者或不合理地宣称自己是不公正的牺牲品的人反感的对象而被排除，但善良的人将吸引那些有善良意志的人，其条件是他们知道所有具体情形的相关事实。对于这些人来说，仅仅拥有原则不会使善良的人的吸引力下降，但那些原则在不适当环境下的运用及其在运用过程中出现的虚伪却能够达到这种效果。

将原则主义者视为伪君子的部分原因在于这种人试图使他自己表

现为一个道德典范。人类有一种天生的感觉——它可能是有根有据的——即道德典范、斯多葛派和众所周知的凤凰一样稀缺。② 当然，没有理由可以说明为什么善良的人应该有意表现一个道德典范的部分品质，因为这样做必然会超越真理。甚至亚里士多德经常讨论的“具有伟大灵魂的”人也只要求他自己得到应有的尊重。然而，善良的人也没有理由必须放弃诉诸原则的做法。

除了道德原则作为辩护手段的功能以外，我还注意到了它们在教育年轻人和不太年轻的人方面所具有的用途。社会的法律具有相同的效果。美国南部各州在种族歧视被摧毁的时候的状况就是这样的。父母有教育的义务，这种义务从一定程度上来讲通常是每一个人共有的义务。对有些人（如法官、牧士、立法者）来说，原则教育是他们职业的本质所在。这些人通常（往往是错误地）被攻击为伪君子；这与这些人在社会中的角色无关，而是与批评他们的人的道德标准有关，但这绝对不能构成他们逃避职业责任的借口。行为通常是由理论和原则来引导的，但假如我们——更不用说那些从事这种工作的人——总是习惯于讲原则或引用原则，那么社会显然是失败的。

125 无论是辩护性的原则还是教育性的原则③，它们的重要性在于它们变成了一种原则，而我们在特定的情形下诉诸它们是否有意义。这里至少出现了两个困难。第一个困难在于以原则出现的东西可能事实上根本不是原则：即它们既不是首要原则，也不直接依赖首要原则，因而不能说任何相关行为都是遵循它们的结果。因此，它们最终是武断的东西。或者说，它们只是我们所说的“外部推动者”，但它们很容易伪装成“原则”。如果一个主体被迫按照某种方式和根据某些原则来行动，而那些原则虽然被接受了，但既没有得到理解，也没有变成他的“第二本性”的一部分，那么他受到了外部力量的推动。因

② 转引自 L. A. Blum，Moral Exemplars（《道德典范》），in P. A. French，T. E. Uehling，Jr. and H. K. Wettstein（eds.），*Midwest Studies in Philosophy*（《中西部哲学研究》），vol. xiii：*Ethical Theory*：*Character and Virtue*（《伦理学理论：品格与德性》），Notre Dame University Press，1988，pp. 196－221。

③ 原则可能有更多的用途。我们将在这一章的后面部分探讨它们的保护作用。

此，父母的观点可能是一个小孩的外部推动者，而我将那些被学习和遵守但没有被理解的规范称为成年人的“外部推动者”。

考虑一下这样一个历史问题：“谁是我的邻居？”对这一问题的适当回答不是一种关于道德命题的普遍适用性的理论或一种关于如何很好生活的理论，虽然在其他情况下——如在论道德哲学的讲座中——回答这一问题的答案可能被归结为这样一种理论。如果一个人把道德意义上的优秀归结为对某种理论或某套规范的掌握，值得担忧的是他可能相信和宣称外部动力是实现道德提升和获取美德的捷径（或替代方法）。这就导致拥有一套规范能够成为狂热或盲从的捷径（如果它与现实相联系，它可能阻止人们的选择）——但它不是达到这些状况的唯一方式。

变成“一个狂热者或盲从者”有什么错误呢？并非简单地错误估计了我变得狂热或盲从的物质性因素的重要性：我可能因为一个不可指责的原因（如医学教学的原因）而成为一个狂热者，因此我愿意讹诈更多的钱来投入医学研究或对因为这种研究而引起的动物或人的痛苦或尊严丧失持冷漠态度。狂热者至少具有两个显著特征：和“原则主义者”一样，他缺乏一种比例感——当然它表现为一种幽默感——他不知道怎样与其他的善相比较来重视他选择的“善”，他可能最终在“原则上”拒绝许多善，不把它们视为善；况且——正如我的例子所显示的那样——他准备用“任何”手段来保证已经选择的目的。亚里士多德在定位道德行为时，主要考虑人们是如何有意通过一定的手 126
段达到希望的目的。

既然行为源自对手段的选择和对目的的认识或假设，那么正确的行为必定要求对与所追求的特别的善相关的手段进行道德价值衡量。准备运用“任何”手段追求某个道德目的的人不仅对目的缺乏比例感，而且对由狂热和盲从导致的目的本身怀有错误认识——他的错误认识建立在不充分的或打折扣的原则基础上。不是狂热者和盲从者可能看不见部分真理，而是人可能盲从被视为正确和错误的东西（正因为如此，一个天主教徒既可以辨别一个天主教盲从者，也可以辨别一个伊斯兰教盲从者，而一个伊斯兰教徒除了能够辨别一个本教盲从者之外也可以辨别一个印度教盲从者，如此等等），因为盲从者忽略了周围环境和真理产生的“背景”，而狂热者可能为了提高盲从者单独重视的东西的地位而表现出不适当的行为，甚至暴力行为。狂热者在他的行为里表现出他的盲从性，而盲从者的思想则为狂热者的行为提供打折扣的“原则”。盲从者、狂热者和“原则主义者”（以及伪君子）都是滥用合法规范和合理原则的人。

我把仅仅接受原则和规范正确性的做法称为接受“外部推动”。如果行为来自原则，而原则可以通过诉诸理智而不是仅仅诉诸权威得到辩护和论证，那么它们受到了直接的推动。（在诉诸理智或对权威本身进行合理论述的同时诉诸权威也并没有错。）然而，这一区分不应该被误解为支持不借助于某种理论或某套规范而是凭感觉回答“谁是我的邻居”这样的问题。但凭感觉对某个人或某种情形做出反应可能导致草率——或对审慎这一美德的忽略：这不仅会导致生搬硬套（或受到“外部推动”），而且还会凭“感觉”做事，它们都是不完全的德性行为。

拥有适当的感觉和情感，加上适当引用某种内在化的、得到辩护的规范的能力——但不是把它作为最终诉讼法庭来加以引用——是完整品格的根本特征。我们必须能够为自己的行为辩护，但感觉或纯粹求助于规范的能力都不能单独提供这种辩护。除了道德典范这样的假设情况以外，从服从自己的感觉转向服从一个行为规范等于欢迎武断
127 的、非理性的、不连贯的、残酷的或愚蠢的行为，虽然善良的人可以培养适合于他经常做决定的感觉。

我们因此可以推论，单独遵守原则会进一步贬低我们借以做应该做的事情的态度或“精神”，导致麻木不仁或虚伪；相反，适当的情感在需要道德判断的情景中的影响会挑战从道德上对纯粹“客观公正”的追求。

亚里士多德认为，善良的人会因为做出善的行为而感到高兴，会因为做出恶的行为而感到痛苦。他给这一点加上了一个警告：善良的

人为他所表现的善的行为感到高兴是指他至少不会为此感到痛苦。这似乎显然是正确的；如果我在马路上帮助一个瞎子的同时愤怒地说出那些控制和逼迫我的道德原则，我的行为必定从道德意义上来讲是难以令人满意的，即使我的行为原则是合理的。

别的反对意见也会出现。我们可以想象一个严格按原则提倡死刑的人在执行死刑的时候承认："是的，我乐意这样做"；我们不得不承认他原封不动地遵守了亚里士多德的原则——做正确的事情，并为此感到高兴。亚里士多德可能希望那个死刑执行者非常"不痛苦"，但不感到痛苦并不一定意味着感到快乐。

况且，亚里士多德的局限性还不止如此。除了"脏手"之外，他不考虑人显然做了正确事情但（痛苦地）悔恨被迫如此做的情形。这种情形激发了对客观公正的进一步担忧。一个法官宣布一个严厉的判决——或者说，他是按照一个"三下敲定"规则被迫宣布这个判决的——那么他可能理解这一点。因此，父母不得不严厉地纠正一个受爱护的小孩的错误。发现某人在对他的同胞强制性地实施终身监禁的时候感到快乐或冷漠无情让人感到窘迫（即使其他时代不这么认为）。[4] 当善良的人在他希望世界反其道而行之的环境下做出行为时，他就会为他的行为的必要性（以懊悔的方式）感到痛苦。他不会感到懊悔，因为那意味着他应该以相反的方式做出自己的行为——即他拥有"脏手"。[5] 他感到悔恨，因为这个世界还是原来的样子，而他（正确或错误地）推断，他别无道德选择，只能像他 128
做的那样去做。[6]

---

④　关于欲望对困难和痛苦的抑制作用，参见 Charles Taylor，*Sources of the Self*：*The Making of the Modern Identity*（《自我的根源：现代身份的形成》），Cambridge，Mass.：Harvard University Press，1989，pp. 12－14。

⑤　转引自 M. Baron，Remorse and Moral Regret（《懊悔与道德悔恨》），in *Midwest Studies*（《中西部哲学研究》），vol. xiii，pp. 259－281。

⑥　这一主题在大胆的政客和电影明星反复地说"人不得不做他不得不做的事情"的时候被贬低了。在这种情况下，悔恨显然是避免受到残酷或麻木指控的"遮羞布"。

如果他的行为是相反的，他可能感到更加“痛苦”，但道德世界不是这样的，因为假如我在一个行为过程中感到的痛苦比在另一个行为过程中感到的痛苦要多，那么通过避免更大的痛苦（如良心痛苦），我同样使自己摆脱了遭受较小痛苦的可能性或道德必要性。无论如何，这些例子再次说明，遵守原则，甚至遵守有依据的原则本身不足以达到道德意义上的优秀，因为我们遵守原则的态度及其所体现的意义不能被忽略。这些态度是适当的习惯和性情导致的结果，它们不能仅仅从情感的角度加以考虑。

习惯地和认真地遵守原则的人似乎要求他自己必须有意识地这样做，而我对反省辩护的需要的论述排除了这种要求。确实，这种担忧很容易导致道德无效或一种过分专断的态度，它在走向道德生活整体时接近自私。自尊是一种价值，自私则是它的反面，而对自尊给予持续的、有意识的关注可能损害美德：普罗提诺曾经指出，对行为的自我意识使行为本身变得模糊了。道德无效更可能在我们为不能衡量不同的好路线而感到困惑时出现，或更可能在我们无法回避我们假定的好行为的后果时出现。这使我们再次想起好习惯相对于原则的优越性，因为如果人对其可能的行为进行迅速反思，道德无效就会出现，而对于有好习惯的人来说，他只在很少的情况下才进行必要的反思。甚至当他受到挑战、需要对表现的行为进行辩护时，他的习惯将给他提供答案。因此，不管善良的人持有什么道德原则，他都无须有意识地意识到那些原则或意识到他的行为所造成的理论影响。从道德角度反思我们的行为和进行严肃的自我检查十分重要，但它们通常偏离了相关的行为。

当哲学家纳闷为什么布雷丹的驴恰好碰到了两捆同样的干草的时候不会挨饿而死，因为它有不充分的依据决定选择一捆草，而不选择另一捆草。驴——更不用说处于相同情况中的人——不会挨饿的一个
129 原因是它在那种情况下没有想到运用原则来做出判断。它可以“脱口而出”地做出选择，而且脱口而出并不是“错误”的，因为没有原则性的理由要求必须选择一捆草，而不选择另一捆草。假如它坚持不懈

地寻找一个使它愿意死于饥饿的原则，那么情况就不同了。然而，驴子不能推理或不具有原则意识，它（严格地说）无须脱口而出；它只是盲目地吃这捆或那捆干草——或吃两捆干草。处于相同情况的人能够推理和有意识地根据原则行动，但如果他对此事进行辩论，那么他就会显得愚蠢，甚至不合理。他的理性方式不是要把事情变成一个原则问题，而是要根据合理的本能即认为吃东西优先于考虑应该先吃哪一种东西的本能，因为他能够理性地决定先吃一样食品或另一样食品。我已经暗示过更困难的情况——显然不仅是对原则主义者来说的——与“脏手”有关。

我已经论证，虽然原则和规范同时具有教育和辩护价值，但是把遵守规范作为道德行为的指导、论述或辩护是不完善的。这是我的论点，即规范是达到目的的手段的一部分；因此我们现在可以在我们的论述中提高规范的重要性。我们可以不管“原则主义者”的观点。规范的另一个主要功能（尤其是包括否定的规范或禁令）不仅具有预防性，而且是达到使主体摆脱其人生道路上的巨大困难和自私障碍的积极目的的手段。如此说来，许多规范的功能是建筑工地上的推土机的功能，它为工作的开展清理道路。如果规范没有达到这样的目的，而只是起到了让人们防范自己和他人的作用，那么它们的有用性就减少了。

我不是说道德规范的保护功能不重要。我正在拒绝的是来自霍布斯和休谟的传统。他们认为保护功能是道德规范的唯一或至少是根本的功能。休谟认为我们是拥有有限同情心的人，我们追求物质满足的手段很有限，因此我们需要道德规范来互相保护，这种观点一直都是可以接受的，但它呈现的是一幅具有误导性的不完整的全景画。休谟本人已经看到，通过遵守道德和法律规范，我们会因为生活在不同的机构里而具有不同的性情，那些规范也因此在有限的和积极的意义上发挥了教育的功能。规范不仅阻止我们伤害他人。它们的根本作用在于使我们成为一种能够生活的人或必须生活的人，但我们的生活方式 130
只有得到它们的指导才会变得更容易。

可能规范的使动功能从属于它们的教育功能——而且这同样适用于它们的保护功能。休谟还看到，我受阻不去伤害他人的时候可能已经学会不去伤害他们。小孩对待小狗的方式就是这样的。然而，这不是仅仅学习道德真理的问题，而主要是学习如何体现它们的问题。从这个方面来说，我也希望证明，认为不可能制定道德的观点是错误的和荒唐的。⑦

前面有关客观公正的评论给我们留下了一个困境：假如爱可以包含公正，但公正不能包含爱，而且假如客观公正是一种不充分的道德理想，因为似乎公正中存在一种没有超出客观性的不足⑧，那么这种公正无论如何是许多法律的最佳特性，因此也是可以欲求的和可以改善的。我们不能希望缔造一个国家，使其中的公共道德模式达到最高的人的标准或不再处于无法补救的不完善状态，其结果是我们不得不对公共政策的道德可能性抱持一种更加宽容和更加实用的态度，而没有把不充分关心我们的机构的本质及其官员的行为的做法错误地描写成实用主义。我们将看到，这是一种困难的平衡做法，它不仅仅局限于对待客观公正的态度。

脏　手

如果主体相关者相信一种行为路线会给其他人或他自己带来较好的结果，那么他就不会因为道德麻痹而苦恼。然而，假如一个行为已经做出，而它的后果看上去远没有那么坏，情况又会怎么样呢？进一步说，假如行为不太坏，但行为本身因为很好的理由与某个道德规范

---

⑦ 我对保护性规范与使动性规范的区别与我对保护性权利与使动性权利的区分是一致的。

⑧ 认为“客观公正”不充分的观点具有很长的历史了。最近，斯托普在回应拜尔(A. Baier) 的文章 (The Need for More than Justice (《不仅仅是公正的需要》), in V. Held (ed.), *Essential Readings in Feminist Ethics*, Boulder: Westview Press, 1995, pp. 41-58) 时指出，阿奎那的思想中有一个内涵更加丰富的客观公正概念 (Aquinas on Justice, *American Catholic Philosophical Quarterly* 71, 1997, pp. 61-78)。

相冲突或者不容易与那个道德规范保持一致，这是不是很可能加剧主体品质的分裂和多元性？[9]

这一困境引出了我多次提到的“脏手”问题。我们已经在前面看 131
到这一问题是在马基雅维利呼吁政治有效性的时候以一种特别有挑战性的方式提出的。是否存在对于主体来说似乎是错误的行为，甚至——尤其是——假如主体在反思规范时觉得他是因为发现他自己处于某种可怕的环境下而在道德意义上（或非道德意义上）被迫表现了那种行为，不管他是私人还是——可能情况不同——公职人员？

我们最好间接地接触这种问题，因而我将更加详细地分析主体面对的上述困境。他不希望通过错误的行为违背为了保护他人而设立的规范，他也不希望他自己被进一步分裂，因为他知道直接分裂自我（如通过有意的自我欺骗进行自我分裂）或间接地通过违背一个道德规范和冤屈另一个人来分裂自我是错误的。这不是说，我们仅仅是出于避免自我分裂的“自私”考虑来避免犯错误的——即第三章里的幽灵——而是犯错误刚好分裂了我们，因为它是错误的。受伤害的一方不仅受到了伤害或损害，而且被冤屈了。如果伤害（和分裂）自己从道德上来讲是错误的，那么伤害另一个可能分裂的人从道德上来讲也是错误的[10]：这就像不公正的牺牲品为他们几乎不能过道德生活的经历感到精神受到伤害那样，他们的主导思想就是渴望得到“公平”。“不公正”地对待他人也可以使他们分裂。即使他们事实上没有受到那样的精神伤害，他们也可能错误地承担受精神创伤的危险；如果他们没有活下去，他们未来发展的可能性也受到了不应该的阻碍。这些

---

[9] 转引自 H. Frankfurt，Three Concepts of Free Action（《自由行为的三个概念》），in *The Importance of What We Care About*，Cambridge University Press，1988，p. 47。

[10] 情况是不是这样，无须我们去追问。阿奎那至少认为——为了能够理解——爱要求我们爱自己胜过爱邻居。当然，从逻辑和心理角度来讲，爱自己应该胜过爱邻居。正如那些似乎很可信的柏拉图对话所记载的那样，第一位有记录的主体相关者即柏拉图笔下的苏格拉底的人生历史暗示，把主体相关性视为一种原始事物和首先关心他的灵魂应该“尽可能好”的人可能不得不认识“利他主义”的逻辑必要性，并给予他人应有的关心，以体现公正的美德。也许这不只是一种偶然性，虽然公正是古希腊人的主要美德，但是柏拉图笔下的苏格拉底需要时间来处理它。他似乎在其哲学思想的早期阶段就对其他的美德进行了详细讨论。

事实使主体推论，他在通常情况下不应该违背道德规范。

我们现在转向讨论一些有关“脏手”的具体情况。受害者可能受到主体的不公正待遇，因为后者拒绝依据道德做出可以阻止犯罪的行
132 为，而这种行为通常被视为错误的行为。在一般情况下，如果一个行为是错误的，它可以被证明是错误的，即使它没有通过直接危害（和分裂）主体对另一个人造成直接危害。那么，是不是任何一种如此分裂和危害主体的行为都是错误的呢？或者说，是否存在某些例子——如“脏手”的情况——其中的主体似乎可能受到损害，因而他应该与规范背道而驰，但他要么给某人做一件直接的好事（如罗宾汉的行为），要么阻止那个人遭受第三者的不公正待遇？

人们通常认为——尤其是政界通常这么认为——确实可能存在这样的行为，但如果行为主体悔恨他所做的事情，并且可能在做完丑恶勾当之后决定辞职以表示懊悔之意，那么他的完整性得到了维护，而他的行为也可以得到合法的宽恕。然而，即使这种态度和行为减少了对主体造成的道德危害，它们也不可能使主体完全逃避责任。甚至那些接受这种解决困境方法的人也倾向于坚持认为，有一些行为——通常涉及对无辜人们的直接伤害——是社会不能容忍的。⑪

显然，在我们知道什么是永远都不应该表现出来的行为的情况下

---

⑪ 因此《脏手》(Buckler，*Dirty Hands*，100）的观点引自 A. Gewirth，Are There Absolute Rights?（《是否存在绝对权利?》)，in J. Waldron（ed.），*Theories of Rights*，Oxford University Press，1984，pp. 90-109。格沃斯（Gewirth）指出，权利语言似乎不适合于极端情况，但问题是怎样画一条线来禁止“残暴的”或“不可思议的”行为。假如存在一条线，那么就存在一些永远都不应该表现出来的行为，不管其后果是怎样的：许多人认为这是一个（从道德上）无法接受的观点。对此困境的共同反应应该被放弃：纳格尔（Nagel）就是这样做的（*The View from Nowhere*，p. 183)。

纳格尔还提出了这样一个问题（184 页)：假如我应该以损害一个无辜者来拯救一群其他人的方式弄脏自己的手，那么那些“其他人”是否有任何“权利”宣称那个无辜者应该被损害。(他补充说，对于后果论者来说，那个无辜者是没有反对权利的。）在我看来，那些“其他人”的说法本身不仅具有“分歧性”(即对他们本身是不公正的)，而且对无辜者无论如何是不公正的。这不仅排除了认为任何人都有“权”对他人实施严重不公正行为的观点，而且限制了可能的道德理论对一般意义上的权利地位问题的论述。更正确也更广泛的观点是，不仅主体相关道德义务总是先于权利，而且有很多重要情形可以说明——一个道德义务并没有一个相应的权利与之对应，但这不是我们现在要讨论的内容。

不可能存在可以接受的“罗宾汉”行为。我们的下一个问题是，是否存在通常以分裂的方式损害主体但在例外的情况下不会在没有得到接受的情况下损害主体的行为，而主体要么通过违背规范而不遭受痛苦，要么克制自己不违背规范而承受更大的痛苦。首先，我们必须清 133
楚这种损害是一种什么样的损害。我们不关注遵守规范的精神痛苦和生理痛苦，但关注这种痛苦同时还显示人格崩溃的情况。如果人们宣称某一规范应该总是被遵守，那么这意味着违背该规范总是比遵守该规范更坏。似乎存在许多主体不能通过推理做出这种决定的例子，除非他相信他有权接近“有特权的”权威（如上帝、《圣经》或教会），而那种权威能够告诉他永远不要违背规范；他违背规范的行为对他的“未来灵魂”带来的损害总是大于相反的情况。

奥古斯丁似乎认为，在“社会生活的黑暗”中无法避免地存在违背道德规范的行为：我们目前的部分悲惨状况在于人类，尤其是公职人员不能避免这种困难。它们是“轻”罪，但毕竟是罪——用我们的话说，就是“脏手”的情况——可以通过祈祷和忏悔得到弥补。事实上，奥古斯丁宽恕了我们已经在前面提到的几种情况：犯错误的条件是我们会在后来进行弥补（不仅通过辞职，而且通过克己）。这种弥补仍然很重要。我们对自己的行为负责，而且必须“外在地”“使它变好”。这与我在前面提出的一个观点是一致的：即我们必须为我们知道的事情承担责任或者我们必须了解我们的历史以达到道德意义上的统一。当然，这种情况将政客包括在内。如果一个政客懊悔弄脏了他的手，他就应该辞职。奥古斯丁的方法的一个好处在于，它从一个合理的前提出发，即并非所有规范和禁令都具有同等重要性：如果违背有些规范不会受到惩罚，至少不会对主体产生无法挽回的伤害⑫，

---

⑫　任何赞同奥古斯丁的人都有责任提供某种按照严重程度排列的罪恶清单。多数人可能假设（与奥古斯丁相反），政客至少在某些情况下可能直接撒谎。因此，一位试图避免货币贬值的法国部长会——确实——告诉记者货币贬值是不可能出现的——而第二天就出现了货币贬值。从我们目前的目的来看，按照严重程度排列的罪恶是一件次要的事情，虽然多数人现在倾向于认为针对无辜个人的有意的、直接的暴力事件是最严重的犯罪活动，而且它们在任何情况下都很难得到允许。

那么它们可能被违背。

这减少了一点点困难，但奥古斯丁也认为有些（没有损害原则的）行为无论会导致什么后果都不应该做出。因为要在每一种情况下判断这种行为超出了人的计算能力，因此可以公平地推论，认识这种
134 强有力的主体相关道德形式仅仅对于实在论者或相信上帝的实在论者才是可行的。我将因此而把对这一事情的实际探讨推迟到最后一章，但目前讨论的一个让人困惑的特征是，不管有关道德的客观事实是什么，也不管给有神论者造成了什么样的尴尬，一种更强的主体中立道德似乎要被非有神论者获得——而且他或她将会发现主体相关主义是不可理解的，甚至是让人反感的。我还将在最后一章就有神论者和无神论者之间的道德辩论出现崩溃的更深影响以及希望这种崩溃不出现的无用性展开讨论。

此刻，我们最好返回去谈论主体相关道德的创建者苏格拉底。在《高尔吉亚篇》里，苏格拉底提出了宁愿忍受错误也不犯错误的观点。我们可以在第一个例子中看到，这种观点认为让别人承受错误之苦不比自己犯错误好，但苏格拉底确实从两种意义上提出了这种观点。首先，几乎无法否定的是，当一个人宁肯牺牲他的生命也不愿意犯错误的时候，他却把痛苦留给了他的家庭和朋友：一个残害他人者可以通过继续这一事实影响他的受害者。苏格拉底本人在《高尔吉亚篇》里说过，他宁肯忍受错误也不愿意犯错误，但他却让他的家庭蒙受了痛苦。虽然这件事情的严重性在古希腊历史背景下似乎因为认为一个人的家庭从一定意义上来讲是他本人的延伸的思想减弱了，但是它并没有使苏格拉底立场的坚定性受到破坏。

我们认为，只有在有神论背景下即有神意的背景下，这种观点才会在极端情况下有意义，那么，苏格拉底是这一观点的反面例子吗？或者说，他的立场是无法理解的吗？几乎毫无疑问，柏拉图所展现的苏格拉底确实相信宇宙处于一种神意主导的秩序中。他的监护精神肯定了他在那个宇宙中的特殊地位，因此他不是上述那种认为我们的主体相关性理论导致了有神论信仰的观点的反面例子。然而，根据奥古

斯丁的观点，甚至有神论也并没有让人们认为所有道德规范都具有不可违背的同等性，即使有些规范是这样的。

这样一来，有神论者就碰到了一个如何在不太让人绝望的个人情
况下延续他们的思想的问题，而在大多数情况下会出现亚里士多德的
答案：假如一个人生活正常，那么他知道在悬置某个道德规范的选择
时应该如何行动。有神论者有时也会表现出奥古斯丁式的谨慎，即既 135
然这种决定通常超越了衰落的人的能力，我们必须祈求一种引导。

公平的局限性

遵守规范假定了公正或至少非武断地对待他人的可能性。然而，有关“脏手”的困难导致了有关不公平及不公正待遇的更具体的问题，其结果是怀着让其他人（或更多的其他人）更多获益的愿望做了不公正的事情。这就将不公平的本质问题特别提了出来。人们有被公平对待的某种要求或“权利”吗？公平对待等同于平等对待吗？如果公平对待不等同于平等对待，它的原因何在？

我们必须考虑这些问题的背景。我已经指出，在处理个人方面缺乏感情是道德不完善的表现，因此具有适当道德修养的个人不能是“客观的”，即冷漠无情的。我们现在需要考虑的是他或她是否从另一种意义上来说应该是“客观的”：即在遵守道德规范时，他是否应该同等对待他人，而如果他做不到这一点，这种显而易见的不公平现象是否能够被证明是合理的。我首先要问的是从“同等对待”这种意义上理解的公平是否总是导致平等待遇，然后要问的是——无论公平与平等之间存在一种什么样的关系——公正恰恰应该被视为公平，而且，假如情况就是如此，是否——因为它是客观的——公平应该从美德金字塔的最高点降级。

平等地对待每一个人并不总是公平的，它可能是非常不公平的。例如，如果我们违背一个聋子的意愿，给他和有正常听力的学生提供

同样的音乐教育，事情显示是不公平的。在平等被作为公平来看的情况下，平等也是不公平的。如果一个只能维持生计的劳动者和一个百万富翁都被减税几个便士，或者他们都被增税 1%，这种“公平”必然是不公平的。[13] 没有理由认为总是用同样的方式对待他人的人必须使他自己或他人获益。在极端的情况下，个人可以在一场组织得很好的足球赛里可能被当成平等的人，而他们也必须以平等的方式踢球。

136 如果我们只是简单地遵守原则、理论或规范，那么我们的行为是客观的，甚至是官僚主义的。即使我们的指导方针已经在适当考虑个人的情况之后制定了出来，它们也不可能总是适合于其他的类似情形和主体。亚里士多德曾经指出，平衡是对公正法律的矫正。遵守规范从它本身来说必然会导致对道德的“第三人称”论述，因此从道德上来讲最好是每一个人在不受情感控制的状况下给另一个人（或至少每一个被包括在规范之内的人）提供某种形式的公正待遇。当然，如果一个人在谈论平等和公正待遇时不专门针对白人或黑人，那么道德规范的对象就是整个人类。

公平只是公正这一概念的部分内容。公平义务不应该被等同于对行为的目的论限制。公平（尤其是被视为追求平等的公平）在被“消极地”要求用于纠正机会不平等或者预防机会滥用和机会垄断的时候是以公正的形式出现的，但在我们试图为每一个个人确认和保证最好生活时不是这样。在这种情况下，公平不是公正本身，但它体现了一种矫正不公正的形式目的。因此，诉诸公平与其说体现了规范的使动功能，还不如说体现了它的保护功能。只要公正也关注如何在各种各样的人中间促进一种整体的人的善，那么它就会要求所有人应该受到公平和公正的对待，但不要求所有人受到平等待遇。

将公平视为公正的一种形式和否定方面意味着我们不能获取同等待遇——我们也不能因此根据规范要求同等待遇——或将某种类似的

---

⑬ 将部分等同于整体的错误在于，当法院宣判者主要关心如何使法律程序得到正确执行的时候，它就体现在法院的宣判和其他法律或准法律咨询里。在这种情况下，对公平的追求取代了对公正的追求。

待遇具体化，而不管从客观、公正地对待人类这一意义上来讲的公平是否总是可以达到它声称或假定要达到的某种有利于每一个接受者的利益。除非遵守规范和强调公平、公正伴有对道德对话主体的充分论述——道德主体是指我们作为人的自我——以及对我们在其中活动的道德空间的充分论述，否则我们很难看到它们为我们的行为提供充分合理指导方针的方式。

康德认识到了这些困难，但他坚持认为所有道德规范都具有普遍
适用性。他的观点与人的内在价值逻辑地联系在一起⑭，而人必须因 137
此而总是被作为目的来对待，而不是作为手段来对待，这——我将证明——没有得到充分辩护。同情康德在这方面的失败似乎体现了我们的担忧，即如果我们不推论道德是一种由色拉西曼裘斯虚构的东西，那么我们必须解释道德主体的“责任”何以远远多于对有关平等或公正待遇的客观法律的服从：首先因为道德主体本身不是客观的——但他们能够、有时应该客观地行动——其次因为道德行为的对象都不是客观的。

客观规范——有必要存在——体现了客观对待人这种主体的努力。另外，作为在每一种单个情形中对适当态度进行回报的公平——而不是同等对待——似乎要求主体对人无所不知；提出相反的观点将导致虚伪。然而，即使一个主体达到了无所不知的程度，他的公平并不需要是他累积善的结果，甚至没有必要是他累积公正行为的结果。公平（即使不仅仅是平等的和公正的待遇）很重要，其表现是它为维护人们的利益和保护人们的立法提供了指导方针；它可能从属于公正，当然还从属于促进个人的全面善的爱和尊重。例如，认为家庭最好单独建立在公正（或严格意义上的平等）基础上的观念是荒唐的——但要求家庭公正、充满爱意地运作更加荒唐。当奥古斯丁说

---

⑭　要了解一些最近讨论（和批评）康德的看法，请参见 L. Blum，*Friendship*，*Altruism and Morality*（《友谊、利他主义和道德》），London：Routledge and Kegan Paul，1980）；M. Friedman，*The Social Self and the Partiality of Debates*（《社会自我与辩论的公正性》），in Claudia Card（ed.），*Feminist Ethics*，Lawrence：University Press of Kansas，1991，pp. 161-179；J. E. Hare，*The Moral Gap*（《道德鸿沟》），pp. 142-169。

“爱吧，做你愿意做的事情”的时候，他至少应该暗示，公正和公平——只要它们是用第三人称论述的公正美德——能够和应该被视为人的爱的重要部分，但这一命题反过来说是不能成立的。

能够从我对原则和规范进行的讨论中得出的结论是有限的。其中一个更加广泛的含义在于，原则主义者本身不是最高的道德人物类型。我已经探讨了许多道德事实和德性事实。如果不是不允许的话，对原则和规范的纯粹关心似乎会扭曲这些事实。规范确实要求自愿的服从，但不是盲目的或非人化的服从，因为应该从规范里获益的人和实施规范的人都没有被充分地作为人类个体来看。由于这种观点似乎要求适当形式的服从，因而在服从规范的过程中应该尽可能体现人适当受影响的性情。由于要求适当的服从和适当的感情，因此我们不要求人们盲目地把公平视为同等对待——或者甚至视为公正——而是要
138 求人们对道德主体对待具体道德“对象”所需要的公平保持一种警惕。

更好地理解爱、公正和公平之间的关系可以提高我们对使我们与“脏手”相联系的不公平待遇例子所体现的道德的理解。可能问我们能够让自己的手脏到什么程度通常是问这样一个问题：我有时可以多大程度地不同等地对待他人？

上述有关规范和道德行为关系的结论取决于这样一个单独的命题，即谈论道德原则和道德规范的时候不涉及人类的本质和个人的本质，如果不是文字废话，那至少是抽象的、无用的，甚至危险的想象——抽象自由主义（“他爱人类，但不爱人类的具体成员”）就是如此。假如与对美德和习惯的论述是分开的，而它们又是我们探讨和提高的目的⑮，那么有关原则和规范的讨论只可能暗示两样事情：人不仅被客观地、冷漠地当成一种“理想”类型来看待，而且——即使我们避免把人作为经济单位或深思熟虑的大脑来看待的简单归约主义做法——被视为一个智能体，而我们就是依据这种智能体来解释或忽略

⑮ 转引自 MacIntyre，*Three Rival Versions*，p. 139。

我们每一个人的自愿和有意行为的独特品质的。通过这些举措，我们威胁到了主体相关道德行为和道德对话的可能性——令人奇怪的是，它为色拉西曼裘斯开了后门。

如果必须把正当的习惯和德性与促进它们的规范区分开来，那么，对人性进行一般和个体考察——同时对柏拉图的“实在论”的有效性进行判定——必须先于对道德原则和道德规范的考虑。在不论述相关“依据”的条件下辨别原则、规范和在不先论述义务的本质、义务人（假如有人承担义务）的条件下辨别权利都是不充分的。如果柏拉图的实在论是一种幻想，而人的“本性”——及人的“德性”——在很大程度上是一种人的设想，那么原则和规范的含义是怎样的呢？或者说，如果我们找不到“人性”呢？为了更加明确地解释这些问题，我首先将转向各种替代柏拉图先验主义的有影响的和貌似客观主义的理论。我需要在此停顿一下，其目的是为了回顾一下我在本书开头就宣称自己在捍卫巴门尼德方面是芝诺的追随者这一说法：如果巴门尼德是正确的，那么这个世界是古怪的；假如他是错误的，那么这个世界更加古怪。至今为止，我已经对一个发达的、基督教化的柏拉 139
图实在论体系作了叙述。我完全清楚，我是在要求人们接受一种令人感到奇怪的（甚至无法让人理解的）假设。我将说明，用非柏拉图方法研究伦理学（在后面两章里）和政治学（第八章）将把我们带入一个更加奇怪，甚至混乱和无法理解的世界。

第六章　实践理性的过去、现在和未来

后实在论伦理学争论

140　这场探索开始于1992年的一次学术事件。当时的《哲学评论》公布了一份有关该杂志的作者们所说的20世纪道德哲学主流的调查报告。[①] 由于那份报告在相当的程度上代表了大多数英美哲学系的兴趣和观点，所以它所强调和所忽略的东西有助于我们目前探讨的主题。那些作者的研究是对G. E. 摩尔的著作做出反应的结果，他们将后者视为“柏拉图式”直觉主义的余韵（如果不是最后回响的话）。[②] 虽然他们

① S. Darwall, A. Gibbard and P. Railton, *Towards Fin de Siècle Ethics*（《走向世纪末的伦理学》），*Philosophical Review* 101（1992），pp. 115-189.

② 参见上书，187页：“现在柏拉图式的伦理学直觉主义已经失去了追随者，在‘道德实在论’、‘建构主义’、‘准实在论’等理论间的区分不再能当作证明是对道德事实‘独立于人类的能力和利益’的指责（或反驳）而被理解。道德实在论者、建构主义者和准实在论者同样关注人的责任与理性，而不是某些有关自我生存的领域，来构造道德实践。”

提到了历史主义批评家，但他们认为他们自己讨论的当代问题代表了道德哲学中有价值的争论。他们几乎没有暗示道德观念可以与历史环境影响下的传统并存；相反，他们给人造成的深刻印象是，哲学问题是从孤立的理智环境中提出的，而且它们以一种或多或少不连贯的逻辑方式互为原因。

没有理由相信这种提法是恰当的。的确，正如沃诺克（G. J. Warnock）曾指出的那样③，哲学中的假设和方法从主题上来说不同于逻辑——它是“一个有影响的哲学家要颠覆他的前辈构建的帝国所用的方式，它给他的同代人提供的多半是另一种兴趣”；换言之，损毁一个对手或 141
一种不受欢迎的方法的最好方式是引诱人们把注意力转移到别的东西——通常是“时代精神”因为与技术哲学无关的理由而认为有吸引力的东西。哲学史的后世观察者可能错误地代表注意力的转移，因为在忽略对哲学家所关注问题的非哲学因素的影响时，他们将一种不真实的相反的关系引入了他们对早期哲学或观念历史的论述之中。他们在阅读具有连续性的理论时将它们视为相互对立的观点，而不管它们本来具有的相互补充的关系。我注意到一个明显的例子，即他们宣称柏拉图和亚里士多德对人和灵魂提供了对立而实际上具有互补性的论述。

《哲学评论》那份报告的作者们并不了解任何不是用英语写作的当代文献。至于早期不说英语的人，只有少数（他们的著作甚至已经被翻译成英文，如柏拉图、亚里士多德，乃至康德）得到了他们的注意。这一局限强化了这些作者的特殊的（和意识形态的）假设，即所有有价值的道德争论多多少少都是在时空中被抽象出来的，而哲学被当作科学一样来对待，它持续进步的过程仅仅在偶尔的时候才会出现倒退。然而，在道德哲学中，语言的风味甚至也是重要的，因为谈吐意味的细微差异会影响多样的文化和地方语境，而亚群体的行为模式通常不仅是不能翻译的，而且有时还难以用其

③　G. J. Warnock，*English Philosophy since 1900*（《1900 年以后的英语哲学》），Oxford University Press，1966，p. 9.

他语言来进行精确描述。④

《哲学评论》的那篇文章可能有另一个更重要的（且不是不相关的）缺陷：它不仅没有直接涉及任何有神论道德理论或其他自然法理论（尽管这些理论仍然很盛行，其典型代表是托马斯主义），而且甚至对未曾磨灭的亚里士多德的持续影响也很少关注。我们将看到，亚里士多德的道德客观主义被转移、吸收、减少、非柏拉图化和釜底抽薪而变成了一种关于"实践理性"的客观性的理论。

142 也就是说，除了摩尔所谓的柏拉图式的直觉主义之外，我们先前主要关注的实在论客观主义理论仅仅以一种讣告的方式被提到。大部分普通人依然相信伦理学领域最重要的问题已经被从道德哲学家的案头拿开，或者说，它们充其量被某种错误理论变成了一种说法。至少《哲学评论》的读者就是这样被告知的，而后者还在很大程度上相信了这一点。这样的"道德哲学家"不仅很侥幸地摆脱了大众的关注——但在利用大众的易骗性谋利的时候，他仍然会接受这种关注——而且摆脱了数量众多、传统主义意识更强的同行的关注。

尼采和后尼采论者在文章中也没有得到明确的关注，虽然后者在哲学系内外的伦理学讨论中都有巨大影响。这一缺陷以及对最有力的实在论的忽略使非真实的气息即该文一直具有的狭隘历史性更严重了。当然，在对伦理学的整体发展状况进行这种论述的过程中，《哲学评论》的作者们不仅对当前的状况提供了错误报告，他们还试图用

---

④ Donald Davidson，On the Very Idea of a Conceptual Scheme（《概念图式的相关观念》），*Proceedings and Addresses of the American Philosophical Society*（《美国哲学界的前沿和现状》）67（1973—1974），pp. 5－20；对不可翻译性的批评，见 MacIntyre，*Three Rival Versions*，pp. 113－114，171 and *Whose Justice?*，pp. 370－388。有关这一争论的近期进展，见 D. Bar-On，*Conceptual Relativism and Translation*（《概念相对主义与翻译》），in G. Preyer，F. Siebelt and A. Ulfig（eds.），*Language*，*Mind and Translation*（《语言、思想与翻译》），Dordrecht：Reidel，1994，pp. 145－170。麦金太尔在《对我的批评家的回应》（A Partial Response to My Critics，in *After MacIntyre*，pp. 295－297）中对戴维森的观点进行了批评，并为他自己作了辩护。有关我个人的更多观点，见 J. M. Rist，On the Very Idea of Translating Sacred Scripture（《论圣经翻译应有的理念》），in J. Krašovec（ed.），*Interpretation of the Bible*（《诠释〈圣经〉》），Sheffield University Press，1998，pp. 1499－1511。

一种明显的尼采式的方式建设伦理学的未来。虽然尼采会蔑视他们的结论，但是他也会为他们集中关注能够引起读者注意的传统伦理学的唯一领域的做法留下深刻印象。

亚里士多德的伦理学：介于柏拉图主义与“实践理性”之间

我已经说明，《哲学评论》的读者被要求接触道德客观主义问题的方式之一是引用被清除了“柏拉图”成分的亚里士多德思想。另一种也是更引人注目的方式是引用康德的思想。有时，亚里士多德和康德被糅合在一起来暗示所谓的前者与柏拉图之间的关系以及后者与基督教神学之间的关系所构成的反形而上学类比。从亚里士多德或康德派生的多种思想通常被统称为实践理性理论，它们的主要目的是要证明一切行为都是有理由的，理性主体不仅接受这些行为，而且希望辨别客观意义上的谨慎的或明智的行为，而当它们把道德当成一种理性 143
决策（而不是将合乎道德的事物当成合乎理性的事物）时，它们给我们提供了一种使真正的义务、激励和爱变得枯竭的客观主义或者向我们提供了一种充分的价值理论——更不用说善的理论——其方式是提醒我们“我们应该这样做”（不论是否带有情感意味）与“我们这样做是合理的”在道德境遇下是同一的。换言之，道德又被贬低为理性的计算。

即使作为对义务和遵守规范（我已经证明这种做法并不足以构成道德，更不用说构成善的生活）的一种陈述，这种没有实在论的“规范”客观主义也被证明不足以完成它想达到的任务。即使追随康德（或罗斯），我们也要树立这样的观念，即做合理的事不仅是谨慎的表现，而且是责任心的表现。如果没有这样一种独立的责任观念或类似的概念，对理性决策的论述将暗示行为的一贯性，但无法解释该种生活方式的道德结构，也不能对道德上的“应当”的力量进行充分解释，更不用说解释任何广义的“善的生活”。更加根本的是，因为它们关注我们的目的，而不是关注我们达到目的的手段，那么，只要不把理性仅仅视为一种工具，实践理性理论会坚持认为我们可以通过演绎和推理找到或确立一定范围的目的，而无须通过个人的方式求助于专断的偏好或通过集体的方式求助于对选择的专断压制。

认为道德属于理性事物的观点超过了认为道德有意义的观点；它宣称道德是由可理解性、（可能的）信仰、决心和良知组成的。一种反对意见认为，我们达到既定目的的手段和目的本身都应该具有可理解性，因为对无用的或疯狂的目的进行明智的计划几乎是不可能的。然而，让我们的目的有意义实际上需要理解变化的、有责任心的人的本质。如果人性被证明不具有足够的理性，那么我们不可避免地要被拉回到我们对自己的可能目标的选择和偏好：批判性偏好，而不是否定的批判性偏好，它仅仅指能够排除似乎不具有相融性的规划的努力。

如果理性规划是道德要求的全部内容，那么，为什么休谟认为愿意毁灭整个世界而不愿仅仅用手指头比划的做法不存在不合理因素的臭名昭著的观点会遭到人们的断然拒绝呢？有人认为，这些主张必然会被作为“不可想象的”东西而被拒绝——它们是疯狂的，因此也是
144 不合理性的。[⑤] 这些反对的，甚至否定的意见——它们的提出不仅没有消除其荒谬性，而且在政治学通常具有的“道德中性”中发现了准道德的限制——没有说明为什么休谟是错的或“非理性的”。它与法兰克福学派认为“不可想象的（不仅是不可能）事物规定了他（即人）作为一种有意志力的生物的局限”。只有在理性具有目的论取向时，休谟才可能被证明是错误的。如果理性仅仅是指中性的分析能力和描述能力，那么就不能得出这样的证明结果。如果我们拒绝对理性作目的论的考查，我们就会陷入休谟给我们挖掘的陷阱里。

对人进行何种目的论考查才是可接受的呢？它的证明途径又在何

---

⑤ 这是福柯在《我们在意之事的重要性》（*The Importance of What We Care About*, pp. 185–188）中提出的观点。他认为休谟的话与理性无关，这一观点可能是正确的，但不够深刻。

处呢？《哲学评论》曾经指出，“实践理性”的各种当代提倡者——“康德式的”或其他类型的——经常认为亚里士多德的《尼各马可伦理学》表现了他们早期的、仍然具有形而上学色彩的观点。因为这种观点具有某种可信性，所以我们在转向这些实践理性理论之前应该去考查一下亚里士多德的立场被歪曲的程度及其自身的弱点。

亚里士多德相信一个完美的希腊社会中的适当惯例具有连贯性和可理解性。他还假定，那些惯例建立在（或至少被证明是建立在）一种认为有德性的人可以辨别最佳目的和有德性的人能够就达到这一最佳目的的手段做出最佳判断的观点基础上。他决不假定道德仅仅是一件寻找好的“行动理由”的事情，但他对清理出这样的理由感兴趣。他也没有假设，善良的人对最好生活方式的判断是结合工具理性和道德感的结果，更不用说是结合工具理性和纯粹的信仰或判断的产物。他也并没有使用任何有关自明责任或权利的最初的即形而上学的或其他的概念。⑥

不可否认，亚里士多德对善的生活的考查是从对人的“功能”的 145
理解中发展而来的。买一双好鞋的情况就是这样的。买卖双方都假定买方希望得到一双好鞋——最好是最好的那一双，因为知道一双鞋是什么就等于知道一双好鞋是什么、鞋的用途是什么以及鞋应该为你提供什么——因此亚里士多德认为，知道人是什么就等于知道好人是什么：他或她能做什么；他或她的品格应该如何。

亚里士多德的思路不可避免地要求更进一步的澄清，因为鞋不像人，它不能决定自己的命运，不具有意志自由，不可能拥有思考或区分手段和目的的能力。鞋并没有本事选择最佳的行为方针。鞋并不具

⑥ F. R. 穆勒（Fred R. Miller Jr.）努力从亚里士多德的《政治学》（*Politics*）中解读出一种权利理论，见 *Nature*，*Justice and Rights in Aristotle's Politics*（《亚里士多德〈政治学〉中的自然、正义和权利》），Oxford University Press，1995。要了解另一种有趣的反驳，见 R. Kraut，Are There Natural Rights in Aristotle?（《亚里士多德有自然权利吗?》），*Review of Metaphysics* 49，1996，pp. 755-774（要警惕其关于希腊文化和希腊语言的时代有误的读本）。另外见 M. Schofield，Sharing in the Constitution（《宪章中的权利分享》），ibid.，pp. 831-858。

有选择最佳行为路线的“德性”。然而，区别好鞋和差鞋并不难：差鞋会引起脚趾发炎或不防水；好鞋不“应该”发生这些事。在好鞋和好人之间更明显的区别之一是可能性对后者是开放的——这种可能性开始于生物学意义上维持生命和繁殖后代所需何种营养的可能性。然而，亚里士多德自己注意到，如果一个人身上有很多“优点”的话——情况本来如此——那么，他的成长必须至少使他的生活与其中最好和最完美的优点结合在一起。这样一来，我们怎么能够辨别那种最好、最完美的优点呢？

对这个问题，亚里士多德本人（不像“实践理性论者”）有一个直接而明确的回答，但他的回答似乎不能让我们满意：人身上有某种像神的东西，人最好和最完美的优点就是他在一定程度上分享了上帝的独特能力，即上帝的沉思能力。这一点有很多道德含义，但直接触动我们的是，人的优点最终是通过内在于人本身，但又超越了人且不为人控制的人的不完善性来衡量的。在亚里士多德看来，人不是“万物的尺度”，而是多变的生物。为了从本质上理解人的最佳状态，我们不得不把他与高级的存在相比较。

根据亚里士多德的看法，理解最高的理性涉及如何理解知道它最可能的内容及其指向这种内容的意向性。大概也就是说，如果人在沉思时最好，那么，他在最好状态时沉思的东西是什么？当然不是他自己，因为根据亚里士多德的观点，沉思的最佳对象必须是永恒的和不
146 变的，而人对于他自身来说是不断变化的，在代与代之间以及从生到死的毁灭过程中都是变化的。

《尼各马可伦理学》探讨了人的最好的生活，即我们获得最佳发展的方式。除了考虑沉思这一问题之外，该书将特殊的“实践理性”能力视为我们精神能力中的最高能力。实践理性能力大概是指我们凭借“灵魂的眼睛”对达到善的目的的方式进行深思熟虑的能力；它自身并不通过深思熟虑的“选择”来决定那些目的。亚里士多德认为善良的人会同意关于人的优点和人的目的的看法，也会同意人在理性的社会可以通过理性的手段被教育好（特别是在古希腊社会，因为他把

古希腊社会当作能达到的最好的社会），而人不会为哪里有勇气、节制、谨慎之类的善行而争论，也不会弄不清（对于美善事物来说）什么是“为了完善和激励”而行动的普遍认可的最高实践目的。不幸的是，他过多设想了美善事物的性质而对其具体要点言之甚少。

让我们思考一下亚里士多德思路中存在的两个实实在在的困难。第一，他觉得不需要批评否认这种道德的人，虽然正如我们所见，柏拉图在《理想国》中努力对这些人进行了批判。第二，他相对少地注意到他所提出的手段和目的的区别。然而，这正好是当代关于道德行为的性质和道德首要命题的基础。的确，亚里士多德坚持认为存在善的人从来不做的行为（他以弑母为例），但虽然他认为这些行为客观上是错的，却没有做出努力来划分出这些总是错的行为的范围，因为没有一般的方式对无例外的道德概念问题进行讨论；他也没有讨论在一些状况下表现“被禁止的”行为时可能出现的道德不确实性，这些状况不是“在并非强迫的情况下”，来防止出现更糟的结果的——在他所考虑的案例中，强迫被视为更强大政党的赤裸裸的威胁。亚里士多德想说的是存在被禁止的行为，同时要限制它们的数量，并且认为每一个道德上的禁令都有一条警戒线，善的人会在具体判断中尊重它而不会把它绝对化。

亚里士多德如此忠于他的道德教育体系，以至于他假设善的人会在给定情境中做出正确的决定；因为他能够获得正确的道德结果，所以他将如何正好能够做出正确决定的理论问题放在一边，将它当成是
无答案的或没有内在利益的。亚里士多德不只是写作学术论文，以使 147
我们知道什么是善，而且亲自体验如何过善的生活。由此可见，他为什么会假设善的人能够没有困难地把握手段与目的之间的恰当关系的原因。

亚里士多德和柏拉图都认为理解对人来说最善的生活，首先应该了解人像什么和通过什么来衡量一个人，他们不认同普罗塔哥拉的“人是万物的尺度”的说法。依他们二人之见，人可以尽可能地“相似于神”（或神的思想）。但什么是亚里士多德所指称的“神”和“神

的思想”——衡量人的尺度——却难以措词，不是因为神的存在与否是成问题的，而是因为神是存在的，而亚里士多德想要对于神表达什么。亚里士多德的神——亚里士多德式的沉思者思考的对象——冥想着他自己，但我们无由说起，神好像一个完善的道德主体，或者他沉思着柏拉图的至善或其他的道德德行之类的东西。“为了高尚”的道德行为可使我们神化，但神本身却不是道德行动主体。

很清楚，这一点必须与柏拉图的观点相比照。柏拉图认为我们也要“相似于神”，但神的完美是通过外在的形式，特别是真善美和公正的形式来表现的。这些形式，超越任何人和神的意识而客观存在，它们是我们行动的不变标准和神制定的尺度。柏拉图相信，如果没有这些不变和完善的标准，评判和比较人类的行为就是不可能的，并且那些坚持词可以随意指称自己所选之意的不堪一驳的说法也得不到有效的回击。他没有看到两种人之间的基本差异，一种以为道德语言的意义和指称包含着个人的私人信念，另一种人则认为道德是在更大群体之间达成的协议和约定。这些标准是人为的，因此能够被人理性地废弃；它们没有超越人的（实际表达出来的或没有表达出来的）看法、奇想、喜好、希望或需要的基础。至多，当它们通过利用在恰当的领域对相应事物的客观描述而建立起来时，道德可以导致谨慎的政策和启蒙的自我利益；最差的情况是道德会成为欺骗的工具。

从柏拉图的观点来看，如果亚里士多德认为有关理念的论断是不充分的和无效的这一观点是正确的，而神的神圣性就是通过有关理念的知识产生的，那么道德的必要基础之一就被消除了。当然，亚里士多德在道德理性之内和从道德理性自身对道德理性进行了解
148 说，并且（像当代的“实践理性者”一样）从对人性的目的论解释中分离出来，这种目的论解释可以使我们沉思神化的问题，按照“为了高尚和激励”的目的而行动，并提供了一套技巧来提升任何给定的目的，潜在地与用来提升它的手段相冲突。但是，沉思和“为高尚”而行动结合在一起就可以代替理念吗？我们当然可以合

理地把为高尚而行动作为亚里士多德所谓的善的生活的一部分，并在建构起我们有限的沉思能力时沉思直接引导我们的神化。坚持这一点的困难是亚里士多德的神，因为正如我们所知，神不是道德的或审慎的主体；事实上他压根就不是主体，只是在最终原因的意义上存在。亚里士多德认为神作为第一推动者使世界这一“欲望体”“运动”了起来，欲望体可假定都是合乎美善事物要求的东西。然而，如果说我们在我们的善行中“为了美善事物”而行动的话，并不能因此使我们自己成为敬神的道德主体，因为亚里士多德的神既不是道德主体，也不是一般意义上的主体。这样一来，在“为美善事物而行动”使一种具有明显超越性的善能够作为道德的标准而运作，且不直接指向神化的时候，亚里士多德处于自相矛盾的不完善和不上不下的尴尬局面中。只有把他的神解释为善的和神性的主体，就像奥古斯丁后来所做的那样，亚里士多德才能得到一种如所要求的神性道德典范运作的超越性原则。亚里士多德带着美善事物来解说他的道德的可能性，但他在道德与神性之间留下了一条鸿沟（甚至一个反论题）。正如斯多葛学派所说，对于神的不充分看法就会引起（或支撑）对于人的不充分的看法。

依奥古斯丁的观点，如果亚里士多德能够做必要的改变，他可以认同柏拉图式的论题：作为思想的对象，善是非物质的，强化这一点是通过他认为思想是一种活的“实存”的观点的讨论，同时还有改进柏拉图对神与理念的区分以及用必要的“柏拉图式”的道德“内容”来重新构建神。对神进行了这样的清理，亚里士多德的美善事物中保留了柏拉图的至善的灵魂。

亚里士多德指称的美善事物不仅指行为自身或者指主体或主体的意向，而且也指作为整体“表现”的性质：主体的性质和意向及如何做是正确的，这是否可能？在这一点上，“正确”依靠的是“神化”的行动能力，因而这里的行动（不管行动的本体论地位）都渗透着和反映着一种对于世界的目的论看法。这种解读看来并不全然与亚里士 149
多德相悖，但却难于很精确地概括，如果把这种解读放在主张有效原因的神学家阿奎那的思想中，那么比将其置于亚里士多德的“非道德的”神灵的“非上帝化”世界里更容易为人接受。⑦ 很清楚，亚里士多德可能没有把一个正确表现的“美好”或“美”当作可以与对象的第二性（像它的颜色）比较的东西。红色对象的红是因为它的第一性作用于人的眼睛；虽然我们实实在在地看到了红色，但红要用物理和化学方式来描述，而这不能解释红的概念。亚里士多德否认行动有如此可描述的道德性质⑧，它们在各种性质中是第一性的。

亚里士多德不会赞成当代这些“准实在论者”的比较方式。后者考虑了我们在实践道德中要用到似乎真正客观的术语（“善”、“正确”等等）——与似乎真正客观的第二性质做比较——来使我们能够“准客观地”掌握这些道德术语。也就是说，宣称或假设我们在使用这些术语时将她们投射到道德实施者和他们的行为上，它们所描述的真实的善是客观的。⑨ 除了这些变化，它们作为可体会到的和似乎已经在当代伦理学中消失的（我将在后面做出论述）欺骗的必要性的例子提示我们，如果我们忽视“假设”和“宣称”之间的差别（因而留下了一个更深的问题即我们是自欺者还是欺人者），我们会发现准实在论者主张道德语言不能指称客观的价值，它只是一套对非伦理事实或情感状态和负载价值的重新描述。亚里士多德不主张，也不能主张这一点。在将一个行为描述为“美好的行为”时，亚里士多德当然推崇“渗透性”语言，但他既否认这种渗透性是我们假设的，也否认这种

---

⑦ 斯科洛维斯基（Sokolowski）的《道德行为》（*Moral Action*）看来提供了此种理论，他立足于（如同对胡塞尔解释意向性的说明）阿奎那在道德行为的物质性和形式之间的区分（就像在谋杀X和对准X的头部扣动扳机一样）；见第3章（“道德行为”）和附录C（“意向和意志：阿奎那和阿伯拉尔”）。

⑧ 这种观点因为借助于《哲学评论》的评论员文章而非常时兴并得到尊重，比如马克多维尔（J. McDowell）的所谓敏感性理论，见 Projection and Truth in Ethics，Lindly Lecture，University of Kansas，1987；D. Wiggins，Truth，Invention，and the Meaning of Life（《真理、创造和生活的意义》），in *Proceedings of the British Academy* 62，1976，pp. 331-378。他们的哲学源头——与他们在当前的吸引力相区别——可追溯到休谟。

⑨ 此种“反实在论”见 Blackburn，*Spreading the Word*（《词的传播》），pp. 171，195；再次出现部分休谟主义的根子。费尔巴哈的影响也明显地出现在正流行于神学家（特别是卡皮特（Cupitt）的信徒）的反实在论观点里。

渗透性就我们尊重或理性地描述这一行为而言指的是行为呈现给我们 150
的方式。但我会返回到感性神学家和准实在论者那里，来考查它们源于休谟的自然主义思想。

像康德一样，亚里士多德计划将伦理学从形而上学中划分出来；也像康德那样，他的计划失败了。进行划分的一些理由尽管是半心半意的，却也令人钦佩。他认为柏拉图的“理念”的存在并不能成立，即使存在了，对于伦理学也没有帮助。但亚里士多德对柏拉图伦理学的批评是对通常被认为具有形而上学性质的柏拉图哲学体系更一般的反对的一部分。在他的科学研究中，亚里士多德认为柏拉图过于轻易地接受了形而上学的思路，因而开辟了针对其方法论优点的特殊科学。《理想国》当然在视野之中：正如我们所见，柏拉图用理念的实在性推动他的形而上学论述以便证实客观道德判断的可能性，他的做法留下了各种无基础问题——他并不关心的问题——缺乏论证或视而不见。但柏拉图是对的——至少在伦理学中基础问题不可避免，但可以解决，并且正如我所说，亚里士多德对作为道德行为最终原因的“美”（美善事物）的神化，绕过了会勾起柏拉图主义阴魂的基础问题。

依据亚里士多德的看法，人是一种能够具有人类特有优点的动物，包括“道德”优点；他也是一种能够具有人类特有缺点的动物。对“美”的角色和本性的更深入的考虑能够使亚里士多德很好地解释为什么我们作为人应该在优点方面比缺点方面更胜一筹。而人特有的理性——他以有之为傲——并不能沟通这两方面；我们需要知道更多对理性的恰当应用。若不再对“美”叫得响亮，实践理性可能是唯一实用的东西，是超越它本来运用领域的目的的一种手段。

如果亚里士多德只是对柏拉图的“至善”有一定的改良，并拒绝任何超越性的神学或形而上学，那么，当我们试图对柏拉图的实在论做“客观”替换时，就有两个“后康德式”的问题摆在了我们面前：理性自己可以为道德提供一个充分的基础吗？或者说，理性虽然对做出聪明的选择是有帮助的，但它是否能够单独成为选择的依靠和工具？跳过后者的不确定性——我们会在后面讨论休谟时再说——会有更深和更危险的可能性：如果说理性自身并不能像有些人所设想的那样作为道德性角色，那么，当代主张把选择当作基本的善的观点是否
151 会被证明是不明智的呢？更直接地说，在21世纪伦理学理论中留存的东西所依靠的是逻辑上的不充分和混乱吗？如果是这样，很明显，欺骗和自我欺骗的要求就必须成为几近不可抗拒的，因此，理解和赞成后道德理性的做法无疑把传统伦理学和传统意义上的哲学推入了坟墓。否则，伦理学的死亡，就像在很多当代形而上学里一样，可以等同于无法摆脱用断言来代替真理和用断言条件来代替真的条件的关系。[10]

亚里士多德、阿奎那和生活目的

把亚里士多德作为“实践理性者”的代表，必然会降低甚至忽视《尼各马可伦理学》一书的命题：沉思——它必然与当代人对上帝的沉思有关系，且确实“尽量使人自己非道德化（就像神一样）”——是人的基本目的。我们向往神，是因为在一定层次上——亚里士多德认为是我们的意识层次——我们是像神。因此就有一个亚里士多德关于两个人生目的的麻烦问题，在此不多做解释。他所指的两个目的是：第一，尽可能过沉思的生活；第二，过有行动和实践理性的生活。很清楚，这个问题的出现只是因为存在沉思的半柏拉图式的对象——虽然，正如我们已经看到的那样，亚里士多德对神的看法对于达到柏拉图的目标来说太软弱无力了。

如果人类的人生目的问题在亚里士多德的理论中很难回答——并且，如果我们必须像非亚里士多德主义那样认识到奉行实践理性的神学家们努力忘记人类善的沉思方面——它甚至会变得更困难，且对于

---

⑩ 可断言性是如何依靠真理的，见 P. Geach，Assertion（《断言》），*Philosophical Review* 74，1965，pp. 449-465。

传统自然法理论具有极端重要性，对于托马斯·阿奎那的自然法理论 152
来说更是如此。阿奎那无疑是一个柏拉图主义者，他信仰一种“外在的法”——它大致在相似的奥古斯丁理论中可以被认为是柏拉图的理念被看作神的思想。那么，第一个问题就是这种外在的法与阿奎那及其他人所称的自然法的关系。简言之，阿奎那（或其他人）关于自然法的思想直接依靠外在法的形而上学吗？或者我们能否说，正如列斯卡最近提出的看法那样，阿奎那的自然法理论能够得到辩护——和曾得到辩护——而不必引入神的实际存在吗？⑪

有必要如此辩护的理由会使一个自然法理论以世俗主义者的术语呈现出来，并显得这些世俗主义者——他们中的大部分人相信阿奎那的自然法理论是直接以柏拉图实在论为基石的——认为除掉自然法理论中混杂的宗教和实在论因素后，自然法理论依然能很好地保留：如果可能的话，它是一个不可反驳的构想。然而，依阿奎那自己的看法，它们有明显的困难，至少《神学大全》（Ⅰ-Ⅱ，q. 91）的一些词句表明他坚持自然法理论分享了外在法——换言之，它的存在是以外在法为基础的。

要解决是否成为自然法理论的世俗主义和有神论视角（带有必然不同的目的）的问题依靠的不是证明托马斯的（及亚里士多德的）人性概念不是静态的本质，而是一种关于自然物的性情本性的理论——虽然这已经足够真了——而是靠追问，如果上帝存在，人类本性和人类生活的可能目的会有什么差异。阿奎那自己认识到了这个问题——部分是被亚里士多德的沉思目的影响的结果——通过他所称的自然幸

⑪ A. J. Lisska, *Aquinas' Theory of Natural Law*（《阿奎那自然法理论》），Oxford University Press，1996，pp. 91-138. 列斯卡的书也对阿奎那的形而上学伦理学的多种“神学的”和“非神学的”解释提供了有益的综述。一般说来，他与威奇（H. B. Veatch）的《依一种道德的本体论》（*For an Ontology of Morals*，Evanston，Ill.：Northwestern University Press，1971）和《在当代哲学中的反流行倾向》（*Swimming against the Current in Contemporary*，Washington，D. C.：Catholic University of America Press，1990）里的思想一致。“流行”的观点，见 A. P. D'Entrèves，*Natural Law*（《自然法》），London：Hutchinson，1970；D. J. O'Connor，*Aquinas and Natural Law*（《阿奎那和自然法》），London：Macmillan，1967。我们现在的讨论与现在正在争论的哲学真理相比，更少考虑阿奎那的解释。

福和完美幸福之间的区分（《神学大全》Ⅰ-Ⅱ，q. 62a. 1，比较Ⅰ，q. 62a. 1，Ⅰ-Ⅱ，q. 3a. 8）。大略地说，根据阿奎那的看法，自然幸福是指人的力量的完善（假设的是人在亚当堕落之前所拥有但此后在他的生命中再也达不到的能力）是亚里士多德的目标；完美幸福是指人的潜能（不仅是指他最初的能力）的完善，这会使人加入圣徒之列，并且只能通过基督的牺牲和人对上帝的皈依才是可行的。

153 当然，世俗主义者对自然法的理解——正如就事实而论想迎合世俗主义者的有神论者的理解——不得不预设自然幸福对人来说是一种现实和存在的（相对理论的来说）可能性，即完美幸福是附加在它之上的，而不是生发它的东西。然而，列斯卡坚持认为，作为对阿奎那的自然法理论的修正，亚里士多德主义的思想对于一个完备的道德理论是充分的。但这是一种误导——即使这就是阿奎那的观点[12]——不仅因为阿奎那超越现世的目的的缺席会使沉思失去精髓，而且因为神的存在或不存在决定了人是否通过神形成一个支配性的完美的“超自然的”目的。况且，如果他有一个支配性的目的，那么自然目的会被认为是不完全的、没有现实化的和不能现实化的，它只是一种分析的结果，而不是人类生活的一种现象。人只能有“两种目的”，从一种目的上升到另一种目的，由自然目的上升到“超自然的目的”。在阿奎那看来，所有人类行为都应指向对上帝的沉思，这是最终的目的（《反异教概论》，3. 37）。

请思考自然法的两个可能视角：世俗主义和有神论的某些特点。二者都依靠正确的推理来列出善的清单，但根据上帝存在与否的假设，不同的推理会提出不同的清单。有神论认为，不仅对上帝的沉思和崇拜是善的，对人类的发展也是十分必要的；并且为有关上帝意志的知识留下空间会影响到我们对自然的理解和正确推理所揭示的其他善的

---

[12] 对阿奎那正确的解读，见 B. Ashley，What is the End of the Human Person? The Vision of God and Integral Human Fulfilment（《人类的目的是什么？神的视角和完整的人的满足》），in L. Gormally（ed.），*Moral Truth and Moral Tradition：Essay in Honour of Peter Geach and Elizabeth Anscombe*，Dublin：Blackrock，1994，pp. 68－96。

次序，这就像我们对人类优点自身的性质的理解一样。如果上帝是爱，人类的诸多优点就是爱的不同形式，善的生活就是爱的方式。如果没有上帝（或者如果上帝并不爱人），那么优点和善的生活就不是那样了，除非爱自身是和能够从合理的推断中产生。或者还可以说，如果没有上帝，在追求自然善的时候不顾及上帝就不会犯错误；可如果有上帝，还这样就会犯错，哪怕不是存心之错。如果上帝存在，他被置于对道德美德本性和人类发展的考虑之外的话，上帝观念就毫无意义。

接下来思考的是我们理性力量的充分性——这个问题与我们作为理性者的道德定位有关。合理的理论（如罗尔斯的理论）决定最合乎道德的程序是实践理性规定从关于我们生活的实际状态的“无知之
幕”之后进行推理，全部依靠的是我们以某种模式或以关于这种模式 154
的知识来运用我们的理性，而可能它在实际中并不会出现。从自然法的非实在论视角会提出另一个相似的问题，不论上帝（和因此具有的超自然的目的）存在还是不存在。依我们所想，且不管我们现在的分裂和混乱状态，我们都能够认识到我们的自然目的，并能够把自己置于能够进行理性行动的程序中，从而使得我们可以发展。理性程序“就是”道德程序。然而，即使我们对性情本性的预设理论指出一个我们自然而然向其努力的目标，我们仍不能设想这种努力的意志能够使我们认识到“善”的完全系列，因为，如果是这样的话，我们所有人就必须能够认识到所有的善。当我们做错的时候，我们的行为就是“无用的”，因为我们在做得更糟的同时知道有更好的情况，但如果至少我们想到它，那么我们在道德上就不能忽视它。这一构想显然不是我们正常的道德世界。当然，如果上帝存在，根据某种非实在论的自然法理论，我们仍不能通过任何对我们唯一的自然目的的追求而知道任何上帝安排给我们的超自然的善。我们最多能认识到的只是它们的投影。

如果我们一直居住在我们理性的天堂，我们至少知道若要我们蓬勃发展，这种理性行为不可否认是谨慎的。那么我们会说，不能讲“我应该做 X，因为 X 是正确的”，但我们至少可以说，“我想做 X，因为这样我能得到发展，而且因为我认为它是正确的”。在这个理性

的天堂之外，我们不能走得更远。如果我们提出善在后天的“合乎理性”的清单，这个清单一定多多少少是意向性的产物。菲尼斯将这个观点归于阿奎那，但几乎肯定是错了。⑬

即使假设我们能提出我们理性地得到的清单，我们也仅仅是表现出，如果我们想要发展，正如我们规定了发展，我们会在某种方式中生活得很好。一些自然法的捍卫者认为，若跟从类似康德得到他的绝对命令的程序，我们会表现得更多。列斯卡认为“自然法”的讨论平行于康德式的思路，并且两位哲学家（阿奎那和康德）“提出了一个
155 惊人相似的中心论题。不道德性源于人性之根”（p. 205）。当我们想到康德在道德问题上所考虑的不是人的发展而只是责任的表现，不是我们宽泛的人性而是我们的理性因素时，在一般性层次上如此误导的看法就能够被接受了。我将论述，康德的绝对（且不仅仅是假想的）命令缺乏一种对我们的理性和我们充分的人性之间的关系足够的相关考虑，由此也就缺乏一种对人为何物的解释。是的，康德宣称关心人性，但我们却不得不弄清楚他的理论使他这样去做的方式和深度。

如果说我们本身是朝向特定的目的或善的性情的实在集合，那么在非有神论自然主义看来，这不过是关于为什么人类应该接受此种善的审慎讨论。我们可能不想成为进化的或其他的动力机制指定含义上的“人”或“完人”；所以我们为什么不把某种“义务”弱化为道德，即使选择使我们成为其他的存在（如“非人”）？当然，如果我们被神设定好朝向特定的方向，即我们终极性的和个人性的目的，并且若这个定位就是终极善的规定，情况就完全两样了。在那个意义上，也仅在那个意义上，不道德的选择是一种愚蠢的骄傲：正如奥古斯丁所说，它仅仅是善的阴影。选择了非人性，我们不仅选择了我们希望成为的状态，也选择了我们不能成为的状态；选择的善不仅是理性的，

⑬ 更深入的讨论，见列斯卡的《阿奎那的理论》（*Aquinas' Theory*，pp. 157-161）和菲尼斯对罗斯和穆尔观点的比较。它提供了从“事实”到“应当”的推理，但付出了太大的代价。列斯卡的讨论立刻受到为菲尼斯辩护的反对意见的反驳，见 Robert P. George，Natural Law and Human Nature（《自然法和人类本性》），in *Natural Law Theory*：*Contemporary Essays*，Oxford University Press，1992，pp. 31-41。

而且是选择了反对对我们个体化生存的否定或最小化的态度。在有神论的世界中，我们不能选择不成为人，而只做人之恶者，即柏拉图主义所说的坏人。典型的情况是非有神论自然主义者必须把恶当作个人现象而贬低恶的重要性。

我们回到非有神论自然主义；我们假设这种思想能给予我们的不过是谨慎的“应当”，且在理性的不充分性中——正如我们分裂的自我所暗示的那样——并不清晰地指向某处。这是对的，即使我们是——当我们只是在一个被限定的意义内——性情的基本集合。柏拉图式实在论的功能——在它的整合后似神的形式下——因此是双重的：其一，使我们能够尝试和纠正关于道德的信息，它们来自我们的刚愎自用、分裂的偏见以及（用布朗尼的话说）我们无法把握的自然能力；其二，把一种人类自我实现的可能似真的、谨慎的“道德”变成生活的规则，而“应当”承载着客观的意义和规范的意义，因为它依靠的 *156*
是超越对我们自我决定的利益进行周密计算所设定和要求的一个世界。

不可能将人的“超自然的”目的从他的自然目的中拆分出来（除了分析时），如果人有这两种目的的话；阿奎那似乎就持这个观点。因为如果上帝存在，任何认为很容易把“超自然”目的置于自然目的之上，而一个自然目的不具有超自然目的的实存可能性的观点都必须被拒绝。在介绍人之命定的终极“超自然”目的时，我不必更多地论述阿奎那是否给出了充分的论述以及关于人的本性的概念如何必须更广泛地被基督教一神论提供给我们的附加真理所改变。

旧斗争的转换形式：休谟和自然主义

所有道德依靠的是我们的情绪；当任何行动或意识的质在某种状态下使我们满意，我们说它是善的，当它被忽视或没有表现出来时，在另一可能状态下就不合我们的心意，我们说我们没有履行表现它的义务。（休谟）

阿奎那给我们提供了关于本性的理论，包括人的本性，因为它是由上帝建立和创造秩序的。宇宙，包括人，是有目的的，并且人类理性（由启示所帮助）能够在天启的宇宙中使人类洞悉上帝的目的，这种理性的思考是通过（亚里士多德式和柏拉图式的）形而上学来实现的。宗教改革的效应之一就是让形而上学垮台，而代之以对《圣经》的注释，杰罗姆（拉丁语《圣经》的出版者。——译者注）代替奥古斯丁进入主要圣徒之列。因此在新教势力很强的地方，我们毫不奇怪
157 地发现用非形而上学的语言来表述人的本性[14]：如果要讲到上帝，他是唯意志论的上帝，他的本性超出了形而上学的理性范围。我们从一个未知的上帝很快就转移到了一个不相干的上帝，最后他的消失也是多余的。但无神论和怀疑论不是唯一的视角，因为我们可能恢复基督教的再柏拉图化或新柏拉图化的形式。

我在第三章曾谈到这个事实，近来关于人的完满可以通过政治途径——通过民主或民主行动的提升——而获得的观点都形成于现代早期。根据在16世纪到18世纪发展起来的新教中盛行的反形而上学潮流，我们可以指望在北欧的新教国家中找到不带形而上学意味的公民德行。我已经考察了霍布斯对本性的兽性状态的观点，感觉到霍布斯是处于一种对旧式对立进行特殊形态转换的哲学家中的一位：18世纪英国的色拉西曼裘斯主义和“新”自然主义。

霍布斯并不是这场思想冲突的唯一先驱，这场思想冲突的双方是色拉西曼裘斯的还魂者伯纳德·孟德维尔和“道德意义”上的反对者弗兰西斯·哈奇森和大卫·休谟——最重要的人物。按现在的目的，我们不需要徘徊于格罗提斯、普芬多夫、洛克或剑桥柏拉图主义者之间，但他们是如何应对孟德维尔的新色拉西曼裘斯主义所代表的严峻

---

⑭ T. Penelhum, Hume's Moral Psychology（《休谟的道德心理学》），in D. F. Norton (ed.), *The Cambridge Companion to Hume*（《休谟的剑桥同盟者》），Cambridge University Press，1993，p. 143。文中指出，休谟是“一位准希腊化思想家”，后者“与斯多葛派、伊壁鸠鲁派和怀疑论相一致，我们应该服从本性而应避免欲望”。的确，从笛卡尔到康德的时期就是现代哲学的希腊化时期。休谟思想的某些特点（不仅是同情概念）回到了斯多葛派那里，但他与后者的不同在于他对于人类本性的观点中有大量无神论。

挑战的呢？

格罗提斯提出关于本性的思想靠的是，道德是可以被证明为正当的，而那些将道德贬低为自我利益的人是能够被驳倒的，“即使（不能被假定没有最大的恶）没有上帝”或者至少没有天启。当然，依格罗提斯，上帝的存在和我们服从他的义务为道德提供了附加的理性，在通过人的自然理性的解释及根据他对社会的希望和其行为遵守一般规则的能力的洞察，人性则单独成为道德义务的充分来源，因为我们认识到去做任何事的义务最好在一个有秩序的社会中提供给我们。格罗提斯的重要性是他由此提出了关于人性本身（不含上帝或其他“实在论”的可能性）是否为道德义务提供基础的问题。

霍布斯、普芬多夫和洛克迎接了这场挑战，他们否认道德基于人的本性。依我们所见，霍布斯复活了将“道德”与“权利”联系起来的观点，这与人性相对立，从而使我们免于反驳；依普芬多夫（和洛克），上帝要被重新诠释：上帝通过谕令创造了一整套道德义务（如 158
同自然法的一部分），并将他的绝对意志植入其造物之中。作为对回应（也是直接引起卡尔文教派更多恼怒的原因）的反应，卡德沃斯（Gudworth）和其他“柏拉图主义者”做出了更多的“实在论”论述：上帝命令什么是应得的（依柏拉图的《尤息弗罗篇》的精神），但不是仅仅凭借他随心所欲的命令来决定应得的就是公正的。

卡德沃斯是“旧理性主义者”，认为新柏拉图主义的实体善（与柏拉图和普罗提诺相比，更是在普罗克洛斯（Proclus）的意义上理解的）是可以用来指人类理性的，尽管当时自然伦理学家普芬多夫和洛克（没有说霍布斯）多多少少地考虑到没有形而上学的理性道德只能被假定的自由意志者——上帝——所保留。换言之，卡德沃斯提出了掺杂着弱化了的基督教有神论的形而上学，普芬多夫和洛克则把一个自由意志的上帝作为形而上学的替代品。有一个更基本的问题最初由格罗提斯提出，再由霍布斯致力解决：如果没有自由意志的上帝，就没有柏拉图式的形而上学的神灵，就没有通过理性能达到的道德吗？从长远来看，霍布斯注定会胜利吗？

走出僵局的道路最早由沙夫兹伯利，继而由哈奇森提出。霍布斯——正如我们注意到的——提出一个看来高度不合理的论题，因为即使我们中的大部分人在大多数情况下会像霍布斯那样行事，但也不是说我们在所有时候都完全是霍布斯的追随者。姑且让我们承认理性不能为上帝或道德找到一个形而上学的空间，但我们对他人的同情，虽然是有限的，也必须被说明；通过我们时常慈善地行事甚至利他地行事的优点，一种道德感生发了出来。

沙夫兹伯利的道德感理论基本上是对霍布斯的批判，同时他承认霍布斯的大部分论述是关于理性的实用性方面的。沙夫兹伯利与卡德沃斯相对，而认同霍布斯，他否认道德的所有形而上学基础，并怀疑理性能力会引导我们形成这一基础。沙夫兹伯利和霍布斯之间的争论不仅仅局限于人性的本质：它到底是不是完全自私的？这是对这一争论的背景的反对。1723 年，“伊壁鸠鲁主义者”和“无神论者”孟德维尔出版了《蜜蜂的寓言》的修订版，它的第一部分收入了《对伦理
159 美德起源的探问》[15] 一书。如果我们从他的最终目的转移开——明显表现出私人的弱点是公众善和公民化社会持续的必要条件——我们能认识到孟德维尔（“人——魔鬼”）提出了一个与色拉西曼裘斯的理论非常相似的理论：我们都是被个人利益驱动的，虽然只有很少的人看到这一点。色拉西曼裘斯认为，这些少数人会利用愚昧的大多数对不可检验的道德概念的轻信来对他们实施控制，以社会的名义为幌子来欺骗他们，使他们的目的服从于少数人造出的特定“道德”。这正如色拉西曼裘斯夸张的结论（Ⅰ.51）：“道德之善是政治的产物，用奉承生成的骄傲。”

休谟（追随哈奇森、巴特勒和贝克莱的早期反对者）在《道德与政治文集》的前面（导言，xvii）提及了孟德维尔，并像霍布斯与理

---

⑮ 该书由 F. B. 卡依（F. B. Kaye）编辑（Oxford University Press，1924）。对孟德维尔的概要，见 E. G. Hundert，*The Enlightenment's Fable*（《启蒙时代的寓言》），Cambridge University Press，1994。有关他的伊壁鸠鲁主义思想（不仅在语言问题上），参见 93～96 页的内容。

性论者和唯意志论者一样反驳他。孟德维尔重复了色拉西曼裘斯的错误，更多地关注公众而忽视了私人之善，休谟反对这一点。然而，因为孟德维尔的观点和色拉西曼裘斯一样很容易在更现代和极权主义情况下再次表达出来，其目的是把个人包含在政治和公共领域，所以休谟更严肃地反驳——正如他对霍布斯的反驳——我们并不是在所有时候都是让别人无法忍受的："如果我们的目的是被允许的，这就足够了，因为只要没有最大的荒唐，不必对目的多加争论，总有一些慈悲（虽然很少）植入我们的心胸，在人类之间总能擦出友谊的火花；在人性的框架里，鸽子的因素与狼、毒蛇的因素并存。"（*Enquiry Concerning the Principles of Morals*（《道德原理研究》），9.1，p. 225）

我们不得不弄清休谟是否确实对孟德维尔的观点做出了正确的评判。根据孟德维尔的看法，即使有怜悯的感觉，那也是因为——比如看到一个小孩落入火海——不使自己因为没有去救人而使自己有悔恨的痛苦（Ⅰ.56）。这是公认的牵强和有问题的，因为休谟相信我们会"仁慈地"行动的善是假设的道德感或本能，而不是理性；也因为，我们将看到，他自己的道德客观主义并不充分，所以我们并不清楚为什么孟德维尔认定对他的色拉西曼裘斯主义的反驳是个大错误。

休谟则直率地拒绝任何形式的柏拉图主义，其中包括自由意志者的上帝。任何超越性的存在都越过了我们理性的极限，它们仅仅是工具性的和无活力的，所以不能使人在一个更高的领域中分辨对错和好坏。在休谟看来，道德就是用人性创造的，所以也只能通过人性来进 *160*
行把握：认识道德的基础，我们需要理解人类的本性；据此，他所说的道德感是与霍布斯和孟德维尔相对的。

每一个柏拉图主义者都会同意休谟所说的话。人类都关心道德问题，因为正如查尔斯·泰勒（Charles Taylor）所言，我们生活在道德空间内。但是关心道德问题并不是说具有对对错进行合理区分的精确感觉。休谟把善分为两类：自然的和人为的。自然的善存在于人之为人中，它们包括慷慨和对自己的孩子的关心。人为的善则作为结果出现在一个社会的成员相互之间的“同情”互动中。到现在为止，我们还没有看到道德义务感。休谟认为（实际情况也如此），我们作为个人都拥有慈善之心——我们只要知道是这样，就不必去问为什么——其他的善可以在此之上继续发展。在一个以认为把“价值”从“事实”中分裂出去是谬误的而闻名的哲学家这里（《道德与政治文集》，3.1.1），我们希望能找到为什么一些现象应该如此的原因。如果休谟不能提供原因，那么孟德维尔就可以重申，尽管他假定大部分人是仁慈（或者看来如此）的，但仍然没有理由说明为什么“知道这样做更好”的人应该是仁慈的，而不是把这么做当作利用天真者和可欺者的手段。

认识到这一可能挑战的严重性是很重要的，因为当代准实在论者认为我们必须假定存在真实的道德价值，并根据它来行动，即使并不存在这个价值，同时我们的感性理论家想将这些价值比作洛克式的第二性质，并认为它是从人际互动中生发出来的；而他们都认为休谟不能应对挑战。我怀疑作为他们的思想先驱的休谟本身是否接受这些解决方案。他对义务的思考是很不同的，它首先依靠的是人性是复合的这个论断。也许以下的看法是可接受的：我本人讨论过，并且将更多地讨论在肉体和精神方面的局限，即意识形态的改革者不能否认他们构建新人的尝试。然而，休谟的观点更具体，即人类总是用特殊的方式在行动，如果个人的行为出格，就会被责备。他们之所以被责备，是因为他们的行为不正确，也就是说，他们没有履行他们的责任或他们没有做他们被期望做的事情。

161 休谟的立场是，道德义务是正直的普通人期望的行动表现，它是“自然的”行动表现。当我们对某些人的行为失望的时候，我们说是因为他或她的所作所为不应当。从休谟有关行为能否出格这个问题转开⑯，我们可以预见孟德维尔的可能回应：我同意大多数人会期望父母照顾自己的子女，但如果自我利益要他们不这么做的时候，义务在

⑯ 有关近来对休谟“无差别的自由”的讨论，见 T. Penelhum，*Hume's Moral Psychology*（《休谟的道德心理学》），pp. 130－132。

哪里？并且这里还有更深的困难：休谟看来没有弄清这样的观点，我们不可避免地带着可疑的观念生活在道德空间内。例如，我们能够对具体的行为感觉到其对错（但仅是通过注意到我们身边人的称赞与否），所以如果我们注意到，比如说我们都（从本性上不可转变地）评价美，我们是不是要认为我们都能够通过对多少有些相同的事物的称赞与否来宣布它是美呢？

依上所述，休谟的美德清单是约定的，这不令人吃惊，且多少是适合 18 世纪英国绅士阶层的标准的。我们也可以看到休谟与亚里士多德的相似之处，即他倾向于把他自己的文化所提供的道德价值作为最佳模式——并且因为休谟不是依靠推理概率的理性，而是依靠只是在局部（和当时）社会条件（无论如何都是被当作普遍的条件）形成的道德感，他确实会做的别的事情是什么呢？正如我们所见，他也不允许自己冒超越人性的风险，这是“明显的”：“不必让我们的研究去问为什么我们有人性或与其他人一样的感觉。作为在人类本性中被体验到的原则，这是充分的。”

所以休谟没有犯他自责的把义务与事实割裂的错误；他把义务与约定的期望划分开来：我们正确地把一个“正直”社会所期望的东西当作了义务。但我们多少一贯是这样做的，而休谟可能与孟德维尔和他的倾向相对，他再次宣称，因为这些几乎是一贯的期望能够用一种多少是清晰的道德语言表达出来，所以它本身就是它们对自然状态的反映的证据。

孟德维尔认为我们的期望来自政治操控者的“诡计”，他的观点不免牵强；但他无须为它感到困扰：他的思想中的更成熟的观点是， 162
不是具体的政治操控者发明了道德语言，但他们设法利用了“前哲学”现象，即某个社会（未曾思考地）使用道德观念。政治操控者因此从第二种事实中获益——也就是说，道德真理被置于语言解码之后——从服从他所希望的利益的角度出发来对社会进行组织。休谟认为孟德维尔的观点就像是眼镜商在教一个压根没有视力的人如何正确使用关于色彩的词汇（《道德与政治文集》，3.2，3.3.1；《道德原理研究》，5.1.2.4）。孟德维尔可以反驳，轻信的公众在能够一贯地使用道德语言的同时，是关注自我利益的幻想的牺牲品，他们竟认为道德是“存在的”。

我们现在认识到当代“准实在论”是休谟思想立场的产物。社会期望运用道德词汇，而我们将这种期望作为“责任”的根源，不相信有“确实”能够提供道德力量的命令可以超过多个阶层达成的约定。在休谟之后，这些“准实在论者”认为为了该社会秩序的维持，把对一个“正直”社会的期望视为责任是有用的，确实必要。以下事实是典型的和统计的真：如果社会的主体追随色拉西曼裘斯/孟德维尔的观点，那么这个社会就会崩溃。孟德维尔则认为不必担心这个，因为仅是被选择的少数才会接受和利用义务的缺失来使用休谟式的自然主义者所提议的约定方法。从某种意义上说，准实在论者是通过孟德维尔来“发展”休谟的，认为如果约定的希望和理想实现，欺骗是必要的，休谟却假设我们会接受他的论点：期望等于义务，如果期望被该社会自身的普遍性所正确思考。除了把期望称为义务的弱点外，休谟认为认同色拉西曼裘斯的人实际上可以从接受和约定中获益——孟德维尔（和色拉西曼裘斯）正好否认，没有任何被自然主义者给出的理由是关于为什么他们的反对者本该改变他们的看法的。

我们最后再回到道德感。我已经讨论过休谟把在道德空间中生活的感觉与实质上对错的感觉相混淆了——并且他的约定定义只能证实
163 这个错误，它就像我们对一个“道德感”理论的期望，因为道德感是被它所处社会的不可检验的共识控制的。依休谟的看法，理性对此无能为力。理性能够使道德明确它的客观性是否在可能性的范围之内，而不能确定它的对错。那么一个非实用的合理性能做得更好吗？答案一定是——不，除非（至少在不考虑非理性的增长后）真正对人来说的善（不仅看来是有用的）是合目的论地被“构建”出来。如果不是如此构建，我们可以真切地辨识出善及达到善的手段，但没有规范它和将它排序的能力。我的结论是不论有没有实用理性，休谟和他的自

然主义承继者——不管他们在人类本性方面对霍布斯式悲观主义进行了何种合理修正——在搭救普遍的道德义务方面的努力都有如孟德维尔对其的考虑一样的天真。

道德感理论因此不是对柏拉图实在论的替代；如果能清除其对期望的如意算盘，其主旨是，我们有道德义务，但我们不知道它们是什么，这在实践中倾向于变成对假设的“期望理论”的皮浪式实在论（“遵守国家的习俗！”）的替代品。我们下面要关注的是对于理性的康德式思考是否比休谟式思考更能保存非实在论。

康德和后康德的实践理性

不管德性伦理学以多少种形式复活，宣称忠于康德的哲学家和后果论者（他们不充分地把手段与目的连接起来——他们对待“脏手”的态度可以为证——在很大程度上已使他们游离于这一研究之外）依然统治着当代伦理学的舞台。在休谟式的自然主义者看来，理性基本上是工具性的，但康德主义者认为实践理性有更丰富的内容，因为它能构成“目的王国”。如果说亚里士多德不得不为了相似的目的而依靠柏拉图主义的残余力量，那么，假设康德主义者通过赞同“实践理性”的客观道德就足以做到这一点吗？或者说康德自己没有一个相似却又不同类的倒退？康德主义当然是认可责任的道德性，但康德的追随者对于理性的考察能证明具体责任的正当性吗？康德在伦理学里引入意志自由这一概念，却不是在选择或表达喜好的意义上理解意志自由，而是在非常不同的意义上指我们最精炼地表达对于我们并无例外的普遍准则的理性能力。这种普遍化的准则是理性意志的构造，它必 164
然是非个人的，因为为了我们自身幸福的利益必须没有例外；康德把理性意志称为神圣意志。

康德对绝对命令有几种提法，其中两种有特别的含义。他坚持我们的行动应该“只能依据准则，而准则在行动的同时成为普遍法则”

（《道德形而上学基础》Ⅳ，421）；或者说，我们的行动应该“通过这样的方式，你总是把在你自身或是其他人身上的人性简单地当作手段，但同时它也是目的”（《道德形而上学基础》Ⅳ，429）。康德在应用中同等地看待这两个基础，从而使自己得到支持。在考察这种同等态度时，我们应记住绝对命令不是指某种道德行为，而是要对道德行为建议的价值进行衡量。这些建议只是道德上有价值的，如果它们遇到严格要求的话，并且它们必须以普遍化的准则为根据，那么它们自身才是道德上有价值的。我觉得这两种表达的关系应该是这样的：那些作为道德上有价值而出现的准则证明是那些不把人简单地当作手段而是当作目的的准则，而当康德说普遍化的表达就是道德的形式，人与目的的表达就是道德的状态，这就是康德的意思（《道德形而上学基础》Ⅳ，436）。

我们应该总是力图使所遵守的准则负载至少一些（可能很多）个人不能强迫的含义。因此，按这一准则行动，人们会陷入一种不一致，一个准则将成为普遍的法则，与此同时又阻止别人接受它。然而，我们应注意到，康德的体系以四个命题为基础：(a) 作为理性的存在，我们都是相似的；(b) 非个人性的命题：要理性地对待相似的存在；(c) 我们知道谁是理性的存在，因为我们知道谁是理性主体；(d) 在所需的意义中成为理性主体便构成了人。所有的命题——不光是这四个，还有我们前面所见的——都是可疑的，康德超出其所称的普遍责任对于慈善行为的态度说明他还有更深的隐含。把慈善行为看作责任是因为一些或全体人类（特别是孩子们）是“不充分有效的”理性主体，当他们不被管束的时候。当然，在康德的希望中还是
165 有一点信心的，如果他们得到帮助，他们还是可以具有充分理性能力的。

康德是为理性主体来表达其道德概念的，能在其中的人只是一个亚群体。但是谁能正好成为这一群体中的一员呢？标准是什么呢？如果都必须是理性主体，那么最低限度是要把刚出生的孩子和垂垂老矣的老人排除在外——的确，如果我们坚持要“充分地”与理性一致地

行动，那么这个排除名单的面会很宽。康德主义者没有提出一个充分的标准来衡量谁是理性主体，因此至少在潜在的意义上，谁的意志是自由的还是一个问题。范围并不是唯一的问题：我已经讨论过“形而上学”伦理学家在拒绝把人性局限在道德性方面是对的，因为那并不一定是我们最高的能力。康德希望把所有人都当作目的——人当然在这里不局限于那些能够实施道德行为的存在——他似乎承认，虽然道德行为对能实施它的理性主体来说是基本的，但它并不是人性的全部。

康德认为（尽管新康德主义者和“实践理性者”通常不这么看）还有一系列相关问题可以从以下角度提出：康德对人的二分，人可以二分为理性自我和道德自我（它是意志自由的），及他的激情、渴望、爱、意愿等等，而听从它们则会使人不能享受意志自由。人类本性和功能能否被如此整齐地划分开来是成问题的；并且，如果可以这么做的话，那么第一个偶然性就会在美德中出现，如友谊和爱，而不管康德是否坚持把他人当作目的。他认为我们有责任去探寻他人享受意志自由的幸福；但我们会理性地为康德所说的幸福本性感到疑惑，因为他把道德看作是对和公平一样的严格的、客观的正义的提升。我在前面论述人类本性和人的优秀时曾论述过，如果主张这样的观点，那就应该清除掉。

康德的问题走向更深。道德与植入我们自己的准则有关，要求我们作为道德主体必须尊重其他的道德主体。但首先，我们不是可替换的主体。我们拥有理性，但理性也是“不可替换的”。在最低程度上，纵然作为理性主体的我们与其他人是如此相似，但我不能与作为人来说的他者同一化。那么，为什么在忽视这种差异的情况下，我应当拒绝从我自己的利益出发而把自己当作例外呢？还有，为什么我的行动在没有被我忽视的情况下是非理性的和非道德的呢？简言之，即使我的理性是与其他人的理性同类，但假设它是我独有的，我就是独一无二的个人，这就是非理性的。 166

更多的情况是，如果我从履行自己的责任中全然没有得到一丝个人的满足，且在被迫履行责任的痛苦下是允许没有这种满足的，那么我怎么能履行自己的责任呢？在抛弃了柏拉图式的理性概念后，这种概念只是一种对知道（或相信）善与趋向善的概念性划分。康德在强调纯粹实践理性的理性主义（或笛卡尔主义）概念下必须把休谟当作牺牲品：如果一个负责任的人从履行责任中得不到个人的满足，而他的所作所为只是为了责任，那么他就缺乏行动的动力，完全不能如此行动。康德指责他对自己提出的这种要求，他没有可理解的动力也就没有服从的能力。

康德的道德理论看起来依靠的是一套似乎合理但却是无动力的命令以及对普遍化进行的有用但最终是偶然发生的测试，而普遍化会制定出把人看成目的而不仅是手段的一系列准则。我们已经看到这些命题内部的困难。然而，如我们所见，哲学上没有吸引力的观念只是因为它们是用智力施压的方法得到的，而且经常是因为它们将过去思想中迄今被低估的因素和上个时代的余韵相结合的缘故。康德的时代是评价理性和自由的形式的时代，康德自己是在卢梭的影响下而形成自己的思想的。

由于他把幸福的追求从道德中划分了出来，宣称人是“神圣意志”的来源，因此通过树立把人当作目的而不仅仅是当作手段的观点，康德更有效地使伦理学的基础问题达到了迄今为止没有达到的高度。该问题由后柏拉图哲学首次提出，但很少有人研究它——甚至很少有人探讨严格的“道德”生活——即在对错之间做出决定的生活——与整个善的生活之间的精确关系。我们已经注意到，斯多葛派对此有所关注。在斯多葛派的解决方案中，后者会被前者所摧毁。我们现在面对的问题是能够理性地诠释康德修正斯多葛主义的观点也带有它的一些思想根源。我们也要提出一个非常相关的问题，是否康德意义上的道德生活会解决或至少清除分裂自我的问题性。

167 在基督教关于伦理学的众多论题中，有些是与康德暗合的。如果一种道德观要求服从全能和全知的上帝的命令——那么，关于这种命令的性质及各种命令间的相互关系等急迫的问题就浮现了出来。[17] 在只有少数例外的情况下，基督教在神化命令道德思想基础上着力强调（甚至他们经常不予解释），上帝没有命令说能够通过他的全能意志发出的其他谕令可以改变由他做仲裁的道德宇宙，而是上帝“命令”我们要按他的本性的善（事实上，也是我们自己本性的善）来行动。这种善对于非神学家来说并不缺乏吸引力；但对于神学家来说，错误行为现在也成为有关服从的一种状态，因为做错事不仅是反对善，也是对上帝的不服从。某种行动在客观上是错的，不再只是一个被讨论的问题：我们现在知道这种错也可以被上帝自己的权威所接受（即使没有被讨论过）。因此，在服从的大旗下发展出一种伦理体系——和它的反对派而又不偏离基督教教义的需要比任何世俗理论显得更加急迫。比如，道德禁止的例外问题就不会如此轻易地一带而过。

实际上，康德（和他的一些追随者）所做的——而他的斯多葛前辈没有做的——是保有“严格道德性”和对责任服从的支配性命令，其来源可追溯到上帝的意志，而在日益世俗化的道德体系中，与“善的生活”的其他方面（即亚里士多德主义的）相对。然而，康德坚持基督教式的命题，即善的人能够自我同一（上帝是最终的担保者），但仅是由于纯粹化的道德意志而达到同一的。如果为他在道德与幸福之间的裂缝进行心理学的追溯，我们会看到康德在我们的本体（意识的/精神的）自我与我们的幸福经验、个人利益之间制造了特别的距离——因为责任的动力机制是困难的。尽管看来似真的，但这一距离被我们前面讨论过的自我分裂强化了，所以后康德主义者的一般实践都将这一明显“不可能的心理学”抛弃掉，他们把康德作为真正的斯

[17] 柏拉图已经在《尤息弗罗篇》（*Euthyphro*）中表现出神的喜好与道德的喜好之间的困难，在其中进行了很多讨论。见 N. Kretzmann，Abraham，Isaac and Euthyphro：God and the Basis of Morality（《亚伯拉罕、以撒和尤息弗罗：上帝和道德的基础》），in D. V. Stump，J. A. Arieti，L. P. Gerson and E. Stump（eds.），*Hamartia*：*The Concept of Error in the Western Tradition*（《错误：西方传统的错误概念》），New York and Toronto：Mellen Press，1983，pp. 27—50。柏拉图认识到这个问题很重要，而这种重要性的提高与是否像犹太教和基督教一样神（或上帝）被看成是万能的有关系。

多葛主义者，因为他的真实自我是潜在的纯粹和理性的意志，而他们
168 自己则最多是父母，他们当然不拥有他们的私生子。这也远离了康德的自然神世界，在那里我们必须把道德视为一套规则和禁令——“神的”命令由我们自己给予自己，我们必须服从它们，因为它们包含着作为理性存在的我们应该服从的东西，并且从最低的程度来说，也是因为如果我们按此行动，我们将获得好处。

我们因此保留了“有神论的”命令，但我们没有道德上全知的命令者的命令形式。而且在我们看来，如果一个命令是善的，那是因为它合乎普遍性和理性，而不是因为它的内容或因为它能使我们获益。当然，我们中的每一个人都是命令者，这不是因为我们能命令我们想得到的东西，而是因为我们的命令合乎理性。然而，如果我们的自我命令要求简单和唯一的服从，那是因为它们是理性的，而理性是责任之源——看来没有必然性却是仅有的可能性——而且，理性是人类最有价值的特质：有一个说法，即理性无论具有什么样的价值，我们都没有不坚持它的理由。的确，依康德，理性不仅是世界上唯一复杂而又有价值的现象；它还是其他一切事物的价值之源。在研究康德的当代“建构主义者”那里，康德思想的这一特性被更多地强调，他们认为有价值的——给予所有权——理性选择的观点直接与亚里士多德的“实践理性”相对立。⑱

康德看来并不简单地同意这一命题：善的行动是理性的，但它们是善的简单并唯一的理由则是因为它们是理性的。他的确也思考过上帝的存在是否为伦理学的先定条件——即同意确信对责任的服从最终会与幸福相联系——但他在说明作为先定条件的上帝的效应如何能在“道德”期望中展现出来这一方面缺乏能力，而且，他在考虑道德以外的内容时事实上贬低了上帝的作用，这些证明更近一些的“康德式”的规范主义者和建构主义者的态度是正确的——他们认为上帝完

---

⑱ 有关康德的解释，可参见 C. Korsgaard, Kant's Formula of Humanity, in *Kant-Studien* 77, 1980)。有关亚里士多德的反对意见，见 *Metaphysics*（《形而上学》），1072A28-29。

全不必出现。

康德通过理性与偏好和自我的必然弱化对道德主体分裂的考察使 169
他不得不关注自我责任问题。如果人们被当作目的，并且我们的道德讨论和反思不仅是审慎的，而是考虑他人只是由于逻辑和常识的要求，那么我们应尊重所有他人，并考虑到他们的善，这就像我们尊重自己的善一样。然而，康德力图强调我们对他人的责任与我们对自己的责任截然不同。在后一种情况中——但明显少于前一种情况——我们的责任与我们的偏好能很好地结合，因而我们不会去自杀。然而，只有当我们已经失去了生活的兴趣，（假设地）倾向于放弃生命的情况下，我们才是在道德层面上拒绝自杀。[19] 康德不拒绝关心自己的偏好是必然的和可取的，但他认为它们是非道德的。道德与对待和尊重他人的方式有关，这种方式就是作为理性主体的人对待和尊重自己的方式。在关心自己的责任和关心他人的责任之间的差异是一个更基本问题的开端，虽然更普遍的是利他主义与利己主义之间的差异：一种差异，如果（为了他人的）利他主义在它的通常形式中是道德的本质，那么它就不是康德主义的。但康德在他的一些著作中论述了哪里有偏好哪里便没有道德的观点，因为我们更加倾向于为自己注意自己的责任，因为它们正好与我们的偏好相符合，这一点至少是清楚的；并且一个简单的而又关键的步骤是说责任在何处，即它总是关于他人的，它与自己的偏好区分开来——所以利他主义和利己主义之间的对照就出来了，“利己主义”是成问题的。当然，对于负责任的利他主义来说，道德与康德主义脱离情感的理性相联系。很多近来的实践理性理论将它们自己定位于此。这种非康德主义的发展有它的优势，但它更多的是与“休谟主义”的观点相联系，道德仅是一套设计好的或被我们每个人认同的理性规范，它是对抗一般自私性的一种保障。

---

[19] 康德对关注自我的责任的论述，见 M. Paton, A Reconsideration of Kant's Treatment of Duties to Oneself (《对于康德有关自我责任的看法的再考查》), in *Philosophical Quarterly* 40, 1990, pp. 222-232。那些贬低康德对自我责任的保留看法的人看来误认为他把责任不幸地作为和义务一样的法律性模式，因此提出了假问题：谁对谁有义务。

在利他主义道德中，特别是伴随着对柏拉图主义或奥古斯丁主义
170 实在论的抛弃，我们能认识到对真正的亚里士多德、柏拉图或奥古斯丁的伦理学的其他原则的一种威胁，即对维护和要求自我价值的考虑。利他主义和利己主义之间存在的一个反题削弱了考虑自己的偏好的论题——通过全面的惊人的误用——利己变成了积极的东西，甚至是人类本性中积极的道德特性。当然，所有柏拉图化的理论把关注自我的行为当作道德的，不是基于有时是模糊地形成的“自我认知”或“自我满足”[20]，而是至少部分是基于个人精神性增长的提升、人的整体发展、充分地发挥个人能力等等。尤其是，他们要求我们追问，对于个人来说这样进行自我改进甚至“塑造灵魂”是否是适当的。

即使在康德那里，这种提问也很少会被误导，这就像一种偏好的存在并不一定会被认为是“道德的”。如果我不是通过实践来知道什么使我的精神变得更加高尚，那么我如何得到一个可能的途径——宁愿只是通过克制自己的偏好——能为他人造福，或者说，我对他人的“责任”的内容是什么？如果这样的实践被扼杀，被看作是构造利他主义的一种努力的道德就会走向衰败，并且得到一个坏名声。最差的情况是，道德会被指责为一套只能从开明的个人利益的角度才能得到辩护（但不是通过康德）的“纯粹的”限制性规范，但正如我们所见，这会导致伪善。

康德伦理学中暗藏的基督教因素没有被带着一系列理性责任的神化命令理论的世俗化视角所限制。我们应该考虑为什么他把人应该把他人当作目的而不是手段的原则设想为一个人应该按照自明的一般法则来行动，其中对自我的坚持是强制性的：因为犯错误的人应该被惩罚，立法者也不能超脱于法律之外。正如我们所见，这些表述依靠的是，纯粹理性的主体不仅是审慎判断的来源，而且他作为理性者是可以被评价和尊重的，但他事实上是被作为价值的创造者而受到其他人尊重的。然而，由此可以推论，我作为理性主体至少在尊重他人的相

⑳ 这些浪漫主义观念经常错误地被归于亚里士多德。有趣的看法，见 P. Pettit，Liberal/Communitarian，in *After MacIntyre*，p. 193。

同层次上应该尊重和希望尊重我自己，在这种情形和步骤中，康德的道德被证明为偏好。更严重的是，正如我已经发现的那样，“X 是理性的”使“X 是被其他人尊重的”——被康德和其他“实践理性者”从不同的动机出发来假设——实际上变成了不能辩护的东西，尽管它是可辩护的。 171

理由是：第一，在何种意义上作为目的而不是作为手段的理性最有价值，这并不是自明的。我们已经被问到谁想要此种理性，并且不管怎么样，人如何能在做出决定性的理性选择之后说清它是有价值的。第二，如果理性是有价值的，那是就一个主体而言的。一个主体能被其他人评价为有价值的，那么就此而言其他人也是理性的。这一结论可能不够准确，但如果是真的，并且如果康德因此时常会被当作与亚里士多德一样，把人与理性有关的价值相区分（及因此享受不同等级的尊重和荣誉）[21]，这显然与其所有人都应该被当作目的的观点相反。实际上，康德（和他的很多追随者）可以被视为在不充分的根据上接受了一个论题，即理性和人的价值，尤其是他们平等、真实的价值。我们将更细致地检验这是如何造成的。

康德的道德理论需要关于人的若干有吸引力的论题：首先是人应该被平等地对待，且受尊重地被当作目的。我们并不难看出这个结论对于他来说导致了相似于亚里士多德思想中具有启示性和超越性的美善事物的观念，即一种谨慎的理性行为在个人化的道德中的伦理学转变：在康德那里，它是对渴望意志自由的人的一种平等尊重。

正因为亚里士多德式的美善事物成为一般希腊“超越式的”民间智慧的遗留物，柏拉图提供了一个非常复杂的哲学论证——带有神秘色彩的形而上学设计——所以康德主义的观点经常被认为是对新教式基督教的进一步世俗化。平等和把人作为目的加以真正的尊重不同于（不管其是否存在源起的关系）我们应该遵守普遍化准则的规则：这不是对它的可取性的补充，就是对这些准则为我们所构造的道德领域的

㉑　见 J. M. Rist, Aristotle: The Value of Man and the Origin of Morality（《亚里士多德：人的价值和道德起源》），in *Canadian Journal of Philosophy* 4，1974，pp. 167-179。

172 本性提供的附带性洞察，但它本身的源起却另有出处：大概是出自对人是被上帝的意旨所创造这一论题的（新教式）理解。

遵从康德主义的准则可以防止我们在对待他人时做错事，但他的准则仅仅设想了我们自己的义务，并没有考虑到我们对待他人的总体道德义务，不管其中是否包含更多的个人的、友好的或爱的关系。大部分后康德主义的实践理性者希望能证明权利、责任，甚至康德的“意志自由”形式的正当性，同时特别否认基督教神学因素——以更强烈的力量反对人是由上帝意旨创造的观念——这实际上贬低了康德对人的描绘。然而，一些现代康德主义者部分地重新基督教化以为基督教伦理学进行辩护。多纳根（Alan Donagan）和格瑞兹（Germain Grisez）的不同理论所呈现的就是这样的东西。[22]

足以令人好奇的是，从世俗的后康德主义透露出的潜藏的基督教视角更多的时候超过了康德本人。例如，我们可以回到利他主义的“后康德主义”问题。我们注意到，虔敬派的、与康德主张相似的路德教派从来没有比20世纪的神学家布尔特曼（Rodolf Bultmann）更公开地强调这一命题：对于《圣经》文本“爱你的邻居就如爱己”的正确解释是“在未来爱你的邻居（而不是你自己），所爱的方式是在过去（即在不可挽回的日子里）你爱你自己的方式”。由此可知，现在的观点不是对旧观点的更新，而是替代，对基本教义的这一解释显

---

[22] 有关后者的讨论，特别见 Ashley，What is the End of the Human Person?（《人类的目的是什么?》）。艾希利考查了格瑞兹的观点（以及菲尼斯、J. M. 波伊尔和其他我们有时称为“新自然法理论”的思想家的观点），他致力于——赞成一种终极性的基督教的伦理学却想与世俗道德学者论辩——为从更传统（托马斯主义）的“人类学”出发的伦理学的自治和它的解放而辩解。他认为这一方案会被阿奎那所拒绝，同时缺少面对当代反对者时为自然法理论而辩护的根基。他可能比较了新“自然主义律师”和早期的“超越性的托马斯主义者”，因为正是这些思想者对他们必须在康德的“形而上学”下提出质疑，所以新自然主义律师试图用康德与休谟的融合来代替真正的托马斯主义伦理学。这使他们无望地陷入困境（阿奎那却没有），其一是可通约性的问题，其二是把善的生活当成道德生活的斯多葛式的困难，这样只给对人类文化和文明成果的一系列说明留下不充分的空间。当代相似的斯多葛式的错误，见 T. Irwin，*Plato's Ethics*（《柏拉图的伦理学》），Oxford University Press，1977，pp. 100－101；E. de Strycker and S. R. Slings，*Plato's Apology of Socrates*，Leiden：Brill，1994，p. 130，note 9。

然与康德主义理论的世俗化派生观点和当代在利己主义和利他主义之间对照的某些观点很相似。有些神学观点认为，不要受到过去评价自己的方式的约束来正确地评价他人，这与后康德主义道德理论关于人 173
应该从道德上正确地尊重他人，并将其视为与自尊无关的义务的观点是平行的——这可以归结为或甚至就是维护利己主义。

当然，在路德教派命题的神学视角和世俗视角之间存在差异，并且其中含有对世俗视角的指责。从神学视角来看，评价他人可以有两个相联系的根据（虽然利用这一相互关系会让我们超越本研究的范围）。第一，在正确的神学规范中行动就是要服从神的命令；第二，路德教派教义中保持了旧犹太教——基督教的教诲——人有价值是因为他们因上帝的意旨而被创造出来，这是所有价值的源泉——且不管路德教派认为人的价值因人的堕落而失去了的观点。

很清楚，这些根据在宽泛的路德教派教义中都是符合对上帝的信仰的支配性特点的，而这些特点几乎已经从受康德主义影响的各种理论的明确表达中消失了——在此，不涉及公认的世俗性后康德主义。在康德那里，作为理性主体的人的价值被认为是依靠那些理性主体自身以理性主体和具有善的意志的资格所做出的判断。然而，正如我所揭示的，如果有原因去思考康德对人的平等和真正的价值的确信应相对于有关理性或自由的哲学争论的衍生物，更多是作为一种在神学辩护中被剔除而康德努力从另外的途径进行论证，从而使其得以幸存的假设，人的价值会变得更容易理解。

我们可以推测康德身上没有被认识到的但又重要的困难，即平等待人实际上是从人没有价值这一视角来说的，它是从早期神学的视角产生的一个问题的世俗化衍生物：从上帝的观点来看，所有人可能都平等地无价值：他们是尘土——一种伊斯兰教喜爱的比喻，或者至多是泥——一种希伯来人喜欢的比喻，并反复地指出陶工可以用泥按照他的意愿制陶。这在神学系统里是一个固定的主题。伊斯兰教、犹太教或基督教都是如此，上帝的爱和慈悲需要与上帝造物的“无价值性”相配合。

康德的道德观首先把关注他人或保护他人最终视为对道德理论重要基础的一种损坏，虽然不是对道德理论本身的损坏，道德理论被单
174 独地当作保护人们不被他人侵害的一套规则。我已经暗示过（我们应该对待他人如同我们过去曾希望对待自己那样），布尔特曼被扭曲的观点忽视了蕴藏在基督所说的传统中的重要真理，而柏拉图已经认识到的：在自尊与自私之间的恰当区别（《法律篇》，731D－732B）为康德和布尔特曼所曲解。这一真理不仅是关于责任的，也是关于心理状态的。对自尊来说——虽然要涤除自私——是道德的预设条件，因为自私是道德的敌人。[23]但如果说自尊是道德的预设条件，那么就要合道德地发展和维护它；如果合道德地发展和维护一个人的（纯粹的）自尊，那么遵从一个人的偏好去做事情就成了一种道德“责任”。因此，自尊这一概念使所有介于利他主义和“利己主义”之间的绝对主义的后康德式反论题变得不可能。

康德试图替代柏拉图式实在论的很多内容。正如我们所见，他提出了一个具有自洽性的道德理论，要求对人的思考具有深刻的历史根基，但却失去了哲学基础。所以康德对实践理性的集中表达是从更广阔的文本中得出的，并吸收了去掉了其原初哲学灵魂的一种“亚里士多德主义”，它构成了更多现代理论发展形式的基础。在此我们看出与当代“功利主义”相平行的一种趣味：实践理性者对人的描绘是乏味的；他们不能说明对人的尊重，甚至不能说明人的责任。这一不充分的提法时常被“准实在论”有关道德性质的观点所掩盖，但可以浓缩为有希望的想法——我们在后面将考虑评估选择的道德意义的程序。然而，如果甚至一种比实践理性者弱化的视角更严格的康德主义都不能（虽然给予了潜在的支持）保证可理解的伦理学的存在，那么《哲学评论》的读者恐怕被迫得出结论，即除非有一条另外的道路——与柏拉图实在论所禁止的道路不同——被找到，不然道德追求就完结了。色拉西曼裘斯赢了，所有能被挽救的是保护我们不被他所

㉓ 有关精神分析的讨论（及康德和路德的意见），见 E. Fromm，*Man for Himself*（《为自己的人》），New York：Holt，Rinehart and Winston，1947，pp. 124－145。

侵蚀的设计，准实在论就是其中之一。

由此推论，如果我们现在发现一个哲学家说，例如，我们应该对“情感的诚实性”进行探索[24]；对此，我们必须追问是否只有用他所 175
说的“诚实性”才是描述式的表达或合乎道德的表达，即有对缺乏诚实性或具有欺骗性的“道德”谴责。王尔德（Oscar Wilde）观察到，“感伤主义者想不付代价地享受情感的澎湃”；我们必须追问，王尔德是否有权利对“感伤主义者”做出道德评判，或者只有他有说明它的能力。如果是后者，那么我们在讨论“道德”时不得不以出乎大多数人意料之外的看法来更大幅度地修正我们的语言学用法。

在我们对这一后果感到沮丧之前，让我们再深入回顾一下，重新检视自我统一在康德道德体系中的可能性。我们已经假定，爱是让我们分裂的自我走向统一的明显备选力量，但爱——作为基督教的至高价值——在康德的思想中不能扮演这一角色，因为在那里没有统一的存在，而只有一种在本体自我与整个人之间的最终的兼容性。自我从根本上是分裂的。这与西季威克的著名论述相平行[25]：我们发现我们自己是分裂的，这种分裂不仅体现在理性与激情之间，或体现在我们是什么与我们应该成为怎样之间（就像旧理论里大致谈到的一样），而且体现在认为从我们自身利益出发来规划人生是有意义的这一信条和认为能够实现关于无爱的责任的某些道德支配性信条的希望之间。

所以我们是在一条死胡同里，没有进展的可能——除非我们所说的“自我”，带着自身明显矛盾的善，确实是一些古代思想精髓的存留和无爱的阴影，它可以被当作有一种宿命，可以超越我们的知觉，甚至我们的知识，并且能够给我们提供可以解决我们现今所深爱的目的和所深爱的标准之间的矛盾。

因为康德希望把形而上学从伦理学中划分出来——且不论他的意向不明的标题《道德形而上学基础》，这说明，因为道德是“意志自

㉔ 参见 R. B. De Sousa，*The Rationality of Emotion*（《情感中的理性》），Cambridge，Mass.：MIY Press，1987，p. 332。

㉕ 参见 H. Sidgwick，*Methods of Ethics*（《伦理学方法》），London，1907，最后一章。

由的”，所以康德能给我们展现一种客观的伦理学的不完全形式，而不完全因为它是非实在论。我们已经看到康德对实践理性的强调是如何指向对人类本性的不完全及贬低的解释。很明显，如果把人类本性不仅视为对人的理性行动的约束，那么它会呈现出更丰富的一面。康德和亚里士多德试图通过不同的途径将伦理学和形而上学分开，但是因为亚里士多德的努力，他的残余神学和人类学知识能够促使他去描
176 绘一个更丰富的伦理学空间。[26] 我已经指出，正如亚里士多德思想离不开潜伏其中的柏拉图主义那样，康德主义也离不开潜伏其中的基督教思想，并且这种联系说明一种伦理学理论不可能既是实在的又是非形而上学的。

正如《哲学评论》的文章所提到的那样，康德主义伦理学存在一个值得怀疑的小地方——它发展出有关“实践理性”的许多现代和更形式化的理论形态。[27] 如果要对能如此思想的方式进行最后评价，那么比较我所提到的康德主义的功利主义对手与这些平行发展之间的关系是有助益的。在最简单、最粗略和也许最有力的功利主义理论即边沁的理论那里，对人来说最好的生活是每个人都寻求把最大多数人的最大善推向极致，最大的善可以给人快乐并可以进行量的计算。在19 世纪推进到 20 世纪的时候，在简单观点中的困难更加明显的时候，功利主义观点的内容被贬至消失，只留下形式上的结构。如果我们在今天将人们（不管他们是谁，个体间差异多大，都假设他们具有平等的价值）的善（不管指的是哪种）最大化，那么我们将构造出被认可的理性存在，并形成被认可的理性的善。

---

[26] 参见斯科洛维斯基在《道德行为》（*Moral Action*）217 页中发表的评论。

[27] 罗尔斯的《正义论》（*A Theory of Justice*，Cambridge，Mass：Harvard University Press，1971）和其他的“建构主义者”在强调对人的尊重和对康德式规则的形式因素方面具有康德的特征。纳格尔（Nagel）和许多其他关于“非个人性”道德的思想者（不管他们非个人性如何衡量）也同样如此。在《来自乌有之乡的观点》（*The View from Nowhere*）中，纳格尔认为当我们排开其他的约束时，我们越能非个人化（和服从规则），我们越能遵守道德。有关他的道德观点（也许要与伦理学区别开），特别关注非本体论的约束。

这些功利主义的命题是关于利益的。经济学家告诉我们，一个国
家的最大的善在于它的可见价值；因此，具有压倒性重要性的就是提
高国民生产总值（至少无论如何不拖生产力后腿）；这些命题也对政
治家有有限的好处，对道德哲学家则全然没有价值。如同哲学家正确
地要求功利主义对其希望最大化（不论在何种意义上理解最大化）的
善提供一个解释，他们必须相应地要求“实践理性者”对实践理性会
或能够承载什么样的善做出清晰的解释。如果我们有能力理解确保这 177
种尊重的东西被具有整体不完善性或不清醒的或情绪化的论述贬低
了，那么我们知道为什么 X 必须被最大化或知道实践理性会告诉我
们如何构造、辨识和获得对人的尊重并没有什么用处。换言之，我们
会问，哪些是真正的善，什么是真正的善——或二者都问——如果有
多种善，那么哪一种更重要，原因又是什么。

在这一点上，功利主义倾向于通过把要求的善作为各种群体受批判性检验的偏好来看的方式来解决这些和其他困难。当然，这种偏好理论既不是原初康德主义的一部分，也不是原初功利主义的一部分，但它与关于意志自由的康德理论的许多修正形式有联系，特别是它还和密尔（Mill）提出的理论有联系：意志自由作为人或主体的“自由”——在很大程度上是一种自我选择权力（power）的自由。

第七章　意志自由与选择

权利、需要与欲望

178　让“意志自由”这一概念流行起来的是康德。他将其视为实践理性能力。在上一章里，我探讨了康德立场的不足之处，并简短地分析了后康德理论的发展。然而，当代辩论关注的主要不是康德的意志自由，而是某种与密尔的意志自由概念更相似的东西：即意志自由是人在人类利益没有被极端强调情况下追求个人偏好的能力。它一般需要两种限制，其中之一是康德理论的残余影响：我们的偏好应该接受批评，它们应该合乎理性。第二种限制历史更加悠久，至少可以追溯到洛克那里：即我们在确定自己的偏好时应该给其他人留下同样的机会。后一种立场经常是用权利语言来表达的：权利与自由很接近，是一种摆脱他人干涉的自由，它同时要求给予他人同样的自由。我将探讨这两种限制，尤其是将探讨它们有效限制或能够有效限制的程度。

假如我们把康德将意志自由视为实践理性的功能这一观点搁置起来，那么我们必须从我们的欲望或需要的角度来理解意志自由。如果是从需要角度来理解，那么有关意志自由的观点更容易与权利联系在一起，不管相联系的是肯定的权利还是否定的权利。我们在谋求生存过程中产生了各种实际的需要。可能这些需要至少可以被视为权利论的主题。然而，权利的地位从一开始就是一个有争议的问题。目前，它们经常被当成伦理学的根本内容。不承认自然权利的形而上学理论
也不承认法律权利。然而，我们无疑需要食品和住所，而且人们普遍 179
认为我们不仅有权享受这些东西，而且这种权利只有在我们是否死亡的问题显得重要和应该（对于他人和我们自己来说）显得重要时才能得到确立：即假设我们有价值——这种价值甚至取决于我们赋予它的意义。

无论我们使权利依赖于义务（这为我们描述没有相应权利的义务提供了更好的机会）①，还是假定义务取决于权利，由于我们需要之外的权利和义务缺乏基础——不管权利和义务是广义的还是狭义的——我们都可能缺乏自然权利的基础。有神论者可以把自然权利悬挂在上帝的命令上或者将其悬挂在以上帝的形象创造的人的重要身份上。我们已经看到，康德主义者则把自然权利悬挂在理性主体这一概念上。如果这两种方法都被拒绝了，那么权利就成了与神化的需要，甚至神化的偏好等同的东西。在人的价值没有得到充分论述的情况下，认为我们的基本需要应该得到满足的观点是无法辩护的，除非它们是我要求的、选择的或喜欢的；这种情况说明，伦理学的基础是意志自由：即我个人的偏好。那些满足于这一解决方法的人们通常回避了人的偏好都必须受到理性检验的事实，因此，如果以他人的偏好为代价追求自己的偏好被认为是非理性的做法，那么，我的偏好——正如洛克所说的那样——应该受到限制。然而，能够使我同意限制自己偏好的唯一合理依据是保护我自己，使之避免来自他人的类似偏好的威胁。这样一来，有关偏好的理论就变成了一种霍布斯的契约论。这种契约可能是这样的：我们所有人都从实用主义立场出发向彼此（或至少向所有有能力确认价值的人）转让“价值”，然后希望彼此声明

① 例如，见 O. O'Neill，*Constructions of Reason*（《理智的建构》），Cambridge University Press，1989，pp. 189－193。

他们能够证明自己不会侵害他人的价值。

权利论者可能认为有一种追求自由的基本权利是其他权利的源头，而那种自由权利是以他人的权利不受到侵害为基础的。然而，假如权利仅仅是神化的需要或神化的选择，那么追求自由的权利本身就是一种权利。特别是从政治思想方面来讲，追求自由权利的基础与其他权利的基础一样坚实，它似乎也要求一种大多数提倡这种权利的人不愿意提供或不能提供的形而上学基础。如果没有一个形而上学基础，它将与其他权利一样，是对人们重视（伴有维护他人偏好的“契
180 约”——那些偏好受到了严格的限制）的偏好的纯粹应用。我之所以重要，仅仅是因为我认为自己重要或者仅仅是因为我选择了这种重要。

虽然“选择”本身——不管是否要接受理性的审查——可能是一种善，甚至是唯一的终极的善，但是它们被认为是具有善的东西或它们本身被视为假定的善。如果我们能够确定我们的基本需要，那么我们应该承认自己所具有的基本的善（以及我们在不严格需要的条件下可能需要的更多的善）；假如我们知道如何满足自己的基本需要，我们至少可以确保足以让我们完成道德义务和责任的意志自由和自尊。如果意志自由是我们自身的福利所必需的东西，那么它必然也是他人追求完善必需的东西；因此，如果我们能够用任何一种义务来增强我们自己的意志自由，我们也有尽可能增强他人意志自由的义务。追求这种意志自由的可能性受到的限制可能因为我们自己的情况与其他人的情况不同而有差异。

我们必须考虑三个相关问题。我们真正需要的是什么？这相当于问“我们的基本的善是什么？”它还可以引出进一步的问题：假如我们参照将自尊视为意志自由的一个根本成分的做法，那么这些需要对于我们来说还是同样的需要吗？对这些善（及其排列顺序）的理解在多大程度上依赖于“我们”是什么、我们的“灵魂”是什么之类的问题？另外，还有这样一个推论：假如我们的基本的善的结构取决于我们是什么的事实，而我们又不能决定自己是什么，那么留给伦理学的

余地还有多大？

首先，我们应该排除一种让步的立场，即要求我们假设即使严格的康德主义及其现代实践理性继承者，甚至亚里士多德主义（柏拉图化的最初形式）都不能为有关善的实在论提供充分的替代品，而善似乎总是道德理论进行有效探讨的对象，我们仍然不需要对对于我们来说是善的东西进行实在论的论述，因为有关对于我们来说是善的东西的信仰——单个的或整体的——都是足够的，只要它们以理性为依据或得到理性的保证。[2] 或者说，如果它们能够得到合理论证，足够的或许不是信仰，而是道德情感。[3] 后一种观点具有能够为传统实在论总是呼吁的道德情感进行辩护的优势。在不允许自我欺骗的条件下，181
我们可以允许能够满足我们“道德”需要的信仰。

在我们至此为止所讨论的其他非实在论观点中，也会出现同样的困难。我们可以证明，只要我们能够在一个越来越复杂和不断导致混乱的世界里看见我们的信仰可以得到保证，但这种保证仅仅是暂时的，它可以让我们确信如果我们对我们和其他人追求的善在极大的程度上是“正确的”——并让我们确信我们应该理性地追求的东西和应该从道德上加以追求的东西在极大的程度上是正确的——那么我们“应该”相应地去生活。然而，既然实践理性本身只能用一定的确定性告诉我们怎样才能确保我们追求的目标得到实现或告诉我们是否在追求不合乎逻辑的目标，那么它对我们的帮助是有限的——除非我们知道我们“应该”追求的目标是什么。更重要的是，它不能告诉我们是否有一种先验的实在存在于我们的道德环境里或者在影响我们的道德环境；因此，依靠实践理性甚至可能削弱我们辨别自己最基本需要的能力。在这种情况下，我们的道德情感和道德信仰只能使我们体验道德激情的满足，无论我们是在追求公

② 这是格巴德（A. Gibbard）的观点。参见 *Wise Choices*，*Apt Feelings*（《明智的选择，适当的情感》），Cambridge，Mass.：Harvard University Press，1990。

③ 参见 A. C. Ewing，*The Definition of Good*（《善的定义》），New York：Macmillan，1947。

正的X还是在追求以公正名义出现的Y，只要我们已经对它们的实现进行了充分推理。

然而，强烈的道德情感可能是危险的，除非我们关于道德目的的信仰碰巧是“正确的”。当然，这只是一种可能性，而且它可能是一种最有保证的可能性，它是由道德情感不断增进的连贯性提供保证的——虽然这种检验必须经历最大困难才能在多元化社会里得以实施。因此，避免道德混乱的唯一保险途径是——除非我们“民主地”假设实用主义总是会带来“最佳”结果——至少对我们视为真正善的东西有一个好的看法，而真正善的东西不仅暗示了我们在事情正常而我们的分裂趋势逐渐减弱的情况下希望达到的状态，而且暗示了我们是什么的事实。

我们暂时将认为我们的善可能就是我们欲求的东西这一假设搁置一边，而是集中探讨我们可能试图将其作为我们的需要加以辩护的更加有限的欲望。即使我们追求的所有东西并不都是我们所需要的东西，我们当然也会去追求它们，那么我们应该怎样辨别我们真正需要的善和怎样确定欲望等于需要的时间呢？只要我们提供一种更加丰富（“更加坚实”）或更加贫乏（“更加单薄”）的人类善理论，我们就可以做出哪些欲望与基本需要有关的决定。至少我们将不得不决定我们
182 在什么情况下必须将哪些善加进生存、住乃至繁衍后代等等人的善——不过，繁衍后代似乎是整个人类的善，而不是每一个人类成员必须具有的善。④

广义地理解，可能所有基本的善都可以被归纳到霍布斯对自我保护的论述中。它们或许是亚里士多德所说的基本生存和与善的生活有区别的生活本身的先决条件。一旦我们从前一种善转向后一种善，问

④ 正如艾希利在《人类的目的是什么？》一文中所指出的那样，阿奎那把健康、繁衍后代、社会生活和追求真理看成人性中的四种基本的善。健康和繁衍后代是我们目前关注的内容，我们将在第九章详细探讨社会生活。追求真理更加具有争议性。假如某种柏拉图式的道德实在论是正确的，那么我们需要真理；假如柏拉图主义是错误的，人们最好不要它，至少在一段时间里不要它。这些是西季威克的看法。另外，请参见第九章关于意识形态的讨论。

题就出现了。我们不能忽略的是，单纯的生存不能向我们大多数人提供作为意志自由条件之一的自尊。我们需要有或多或少的可感知的善，但那些善的状态将取决于我们愿意达到的状态（在这种情况下，它们不能被描述为“需要”）或我们在有理由成为一类（统一的）人时应该达到的状态。

在处理可感知性较弱的需要问题之前，我们必须更加仔细地看一看与纯粹生存联系在一起的善。这些善在一些社会里的量小于其他社会，这可以通过比较分析穷人的自尊体现出来：如果人们作为乞丐生活在富人中间（如生活在西方，尤其是北美社会里），而不是生活在大多数人都是穷人的世界里，那么他们似乎变得更加卑贱，更加没有自尊。那些在其他人变得更加富裕的情况下仍然生活在贫困中的人对经济不平等的意识更加深刻。在他们看来，经济上的不平等与社会“理想”不断提高的现实形成了鲜明对照。

我们对与生存相联系的善和亚里士多德式的“善”的生活所要求的善进行的区别受到了威胁。有些人有足够的东西来生存，甚至拥有足够的东西追求“善”的生活，并确保依赖他们的人能够享受同样的待遇，而其他拥有类似纯物质性舒适的人在追求“好”生活方面得到的机会比较少或至少得到的成功机会较少。好生活意味着我们必须能够列举更多的善，并能够按照优先顺序排列那些善。我们必须能够更多地充实好生活这一概念。按照优先顺序排列那些善总是很困难，甚至从一开始我们就需要一个能够告诉我们最应该努力成为什么的准则——我们返回我们在前面对分裂自我的论述——和怎样使我们统一起来的尺度。然而，哪里有这种权威性尺度呢？如果没有这种尺度， *183* 我们又怎么能够在私人生活领域和公共生活领域避免盲目地满足变化无常的需要——就像政治家试图满足一个又一个利益集团的利益一样呢？

我们已经看到，有关善的理论中最“单薄”的是霍布斯的观点，它宣称我们每一个人（其他事物都是一样的）至少会保护自己的生命，但这种观点也是有争议的。许多人在行动时都知道保护自己的生命并不总是善的。在有些情况下，这种态度可能导致英雄之死；从更广泛的理论——根深蒂固的理论来说，至少从洛克时代开始，尤其是在美国⑤——这种理论认为我们能够用自己的方式做自己喜欢的事情，而那些认为他们的生活“质量”太差的人有权自杀。如果这是对的，那么我们的最基本需要变成了另一种选择的善，它通常是通过更好但不太勉强的理由被选择的，而这也是有争议的。目前的趋势说明了怎样从希望自杀跨一小步转而希望更普遍的“安乐死”，我们开始感觉一种正在崛起的“死亡文化”。

实践理性能够为我们找到一系列可靠的内在善的可能性似乎正在消失，虽然一个著名的思想实验证明我们忽略了某种重要的东西。假如我们考虑许多最近的哲学理论——罗尔斯的理论或D. 戈塞尔（D. Gauthier）的理论⑥——是如何论述我们理性地设计善的生活的含义，那么我们会发现自己处于一个意料之外的世界里。这些设计者假定我们在某种类似罗尔斯的“无知之幕”之后理性地做出的选择在我们个人生活的不同情况下也可能（因为公正）是“正确的”。反对这种观点的主要意见是，在一个被幕布遮盖的世界里进行推理根本就不是推理；即使我按照我的生活的本来面目来生活，其他人必定不会这样做；纵然他们这样做了，那也不合乎理性。任何在学术乌托邦里设计的东西只“存在”于可能世界里，而在这种情况下签订的契约就像不考虑国家政治的经济发展模式。要求我们如同站在幕布后面那样在真实的世界里推理等于说我们应该在真实的世界（和其他世界）里非理性地进行推理！⑦

184 在一个仅仅可能的世界里运作使契约理论的逻辑弱点暴露了出来。现代“契约论者”通常假设，契约中的每一个人处于一种为他自己或她自己或整个人类进行最佳设计的地位，是一个“自主的”

⑤ 要了解卢梭的比较立场，请参见 Glendon, *Rights Talk*（《权利对话》），pp. 32－33。

⑥ 参见 Rawls, *A Theory of Justice*；D. P. Gauthier, *Morals by Agreement*（《协议基础上的道德》），Oxford University Press，1986。

⑦ 要了解反对用其他世界模式引导行为的观点，请参见 K. V. Wilkes, *Real People*（《真正的人们》），Oxford University Press，1988。

成年人[8]，而且所有成年人（或被相信）都具有同等的推理能力，并能够用理智至少认识他们在特定环境下的最佳利益——他们是否以某种“理想”状态推理（如在“无知之幕”背后推理的假定模式）或者他们是否在真实的生活中设想了理想、妥协等等，这些可以使他们认为对他们自己来说最佳的东西最大化。

所有这一切都为霍布斯等人的“单薄”的善理论增加了可信性，这至少对于“真实”世界的计算者来说是这样。智力最低的个人（更不用说小孩）可能辨认他自己的生存及其“善”的好处，而霍布斯对知识之“善”、“艺术”之善或甚至“自由”之善感到更加困难。如果最后这一方面是必要的，那么他将没有足够可以吃的东西。另外，有些人（并不一定是最愚蠢或绝望的人）能够认识到，无论人的智力使人陷入一种多么具有误导性的信仰中，人的生存不是其生活的全部内容。考虑到这种“矛盾的”精神状态，理性设计者可能最好不考虑如何保护人从其自身最大利益出发进行理性计算的能力，而应该考虑每一个个人判断（或选择）他或她即计算者所需要的最佳利益的机会——无论从理性的角度来说他是否受到了错误引导。

我们需要全面关心由“次要人物”提出的问题。儿童问题从现代伦理学中消失了，其彻底性超过伦理学问题赖以提出的社会对这一问题的忽略，但这只是一部分——虽然它是一个内容尤其丰富的 185

[8] 许多麻烦也可以追溯到洛克那里（cf. Glendon，*Right Talk*，pp. 69－70）。请参见 R. E. Goodin，*Protecting the Vulnerable*（《保护弱势群体》），University of Chicago Press，1985。在哲学学术界已经有人就那个丢失的小孩提出了抗议，参见 O. O'Neill，*Constructions of Reason*（《理智的建构》），pp. 187－205 and O'Neill and W. Ruddick（eds.），*Having Children：Legal and Philosophical Reflections on Parenthood*（《拥有小孩：对父母身份的法律和哲学反思》），New York：Oxford University Press，1979）；J. Blustein，*Parents and Children：The Ethics of the Family*（《父母与小孩：家庭伦理学》），New York：Oxford University Press，1982。这一话题的较好议论，见 S. M. Okin，*Justice，Gender and the Family*（《公正、性别与家庭》），New York：Basic Books，1989，pp. 56，93。要了解人们关于小孩——如果没有被遗忘——如何成为他们的父母的权利之战的人质问题的评论，请关注 M. 菲利普斯（Melanie Philips）在 1996 年 2 月 18 日的伦敦《观察》上发表的文章：“性别、父母和家庭的持续分离，自主个人、成人和儿童的文化，在权利市场上相互竞争，而儿童在这种市场上几乎变成了物体，他们的生活目的被作为父母的成就来加以界定。”一个儿童的“选择”要么是被——荒唐地——视为“已经”自主的人，要么（如果不是已经自主的人）是适合于被自主之人利用的对象。

部分——即成熟性这一更广泛问题的一部分。显然，假设每一个人（或所有人）（愚蠢的或聪明的）都能够充分计算其利益是一种幻想。因此，他或她能够达到其部分目的的唯一方式不是关注如何使我们希望的善和我们以某种理由宣称自己需要的善最大化——不管我们如何不重视它们，也不管我们对其重要性的认识是如何错误的——而是关注如何使选择本身最大化。

这样一来，不成熟成年人问题就能够得到解决了——我们大多数人可能会经不起道德哲学家所要求的理性的严格检验——而次要人物问题也可以得到缓解。有些次要人物当然有能力进行选择，甚至有能力进行理性选择。这就像人生经验不丰富的成年人能够进行选择一样。然而，认为此类活动中存在年龄优势的观点不仅建立在经验基础之上，而且建立在莽撞性普遍下降的基础之上——即使几乎不能否定，如果年轻人变成暴徒或牧民，那么他们的非理性情感和行为很容易加剧，这是一个与大众人、大众交往时代密切相关的事实，而且它可以造就避免承担行为责任的可能性，从而使不负责任的现象变得根深蒂固。

这不是要否定这样一个结论，即年纪比较大的人一般比年纪较轻的人更容易做出成熟的判断，虽然它暗示造成这一现象的主要原因不太清楚。这些原因可能与能够辨认自我和成为一个负责任的主体之间的关系联系在一起；然而，他们很少为契约论者所注意，而且他们可能不适合于这些人希望拥有的目的论。

在任何情况下，假如我们将自己局限于使选择机会最大化，那么经验问题就不那么重要了。即使我们承认经验一般可以使理性在我们进行选择时变得很重要——尽管它可能使我们变得过分小心谨慎是一个可见的事实——我们仍然必须认识到，如果我们是在“无知之幕”背后进行选择的话，那么这种经验正是应该从我们身上被剥夺的东西。更有趣的是，假如经验是理性的推进者，那么一种不依赖于选择但显得很重要的善必须存在，而且必须还有另一种善，因为从经验方面来讲，有些选择优于其他选择，尤其是在选择倾向于达到更好的结果时。我们在这里关注的是某种已知的选择，但我们然后又回到了这样一个问题，即经验可以如何促进我们的选择的问题。假如我们更加明确地知道我们的更好选择是什么，即如果我们知道我们的善是什么，那么选择确实对于我们这些有经验的人来说更好。然而，这意味着我们要被追问，因为这恰恰是我们不知道的东西或当然是与我们的目的不太适合的东西——至少在我们大大地超越了霍布斯的基本原则和没有陷入抽象的时候，情况就是这样的。 *186*

工具理性似乎也无济于事，因为如果我们把自己的善弄错了，那么一种追求善的更加理性的方法事实上是有害的。理性不仅是一种工具，而且它与所有工具一样没有好坏性质之分。另外，似乎对实在论道德的每一个选择必须是一种改变的观点，即它必须不再认为以选择形式表现出来的意志自由本身是至高无上的，并不再认为它取代了柏拉图在《理想国》里提倡、被后来的实在论哲学家和神学家发展的善的终极价值。在这种可能的世界观里，"我们的东西"即我们选择的结果都是"善"的，因为我们已经选择了它。我们的"成就"甚至是巨大的，因为它们是我们的成就，而不是因为我们取得了它们。⑨ 假如我们因为什么理由不能选择，我们可能不适合于存在或我们充其量是勉强的存在：这样一来，傻瓜就会被淘汰。

那么，在理解"巨大"一词时怎么避免循环呢？我们是否像亚里士多德所说的那样，认为这不是因为达到具体目的是善的，而是因为任何目的的实现都是"善的"，而在考虑目的时，"德性的"东西和"邪恶的"东西是不相关的？如果是这样，我们不应该再谈论如何提升我们自己或如何改善世界——除非是作为一种宣传或者是为了让我们自己感觉好一点——而是仅仅谈论对自己的改变或对世界的改变。这一结论的一个"优点"在于，我们应该不再对欲望和需要做出必要的区分：假如我们对某种东西有欲望，需要它，我们也就能够宣称拥有它的某种"权利"。它的一个"缺点"在于，它将导致我们无法从

---

⑨ 德索拉（R. De Sousa）对泰勒（C. Taylor）早期的一些评论加以讽刺，在他对泰勒的《自我的源泉》（*Sources of the Self*）进行评论时提出了这样的观点（*Dialogue* 33, 1994, 122）。

理论上区分改革者革命家和虚无主义者革命家：他们都要求变革。

现在的情况似乎是，除非我们每一个人都知道他或她仅仅因为生命本身具有某种价值（这让我们想起“柏拉图主义”和道德实在论）而希望追求其自身生命的延续，否则有关我们倾向于通过理性追求的
187 善的讨论都涉及我们选择本身的根本重要性：换言之，“意志自由”就是选择的权利，而选择本身——不仅仅是德性的一个可能条件——单独赋予了包括经验和工具理性在内的辅助性的善以价值。

即使生命是一种内在的善，它似乎不是某种可以通过实践理性推导出来的东西，因此，或许我们受需要引导的意愿必须至少在这种情况下帮助我们脱离困境。或许不是这样，因为我们需要考虑，哪些意愿是我们正在讨论的意愿呢？我们所说的意愿是不是指我们在获取知识或积累了经验或处于儿童时代的时候是明智的、理智的或愚蠢的？在年轻、自信和健康的时候，我们通常（虽然不总是这样）要求生活，我们认为生活是美好的，我们不想考虑自杀或让自己被别人杀害。然而，在我们年老、生病、绝望和受到街头恶棍恐怖威胁的时候，我们可能失去继续生活的意愿，而且我们中的更多人可能选择——它可能是合乎理性的——死亡。我们为什么不应该选择自杀？有些人可能说，因为在可以做出理性判断的情况下，我们不应该希望那么做，除非选择自杀是对“临床治疗”的绝望或我们做出了一个与人的整体完善相背离的选择。然而，为什么人的发展在似乎超出我们能力范围之外的情况下似乎是一个严肃的选择？除非在我们实际的意愿（而不是可能的意愿）之外存在另一个原因在推动着我们继续追求完善，否则，有什么原因使我们这样做呢——除非我们“走私”另一种善，它可以使我们能够从未来的角度，甚至从另一个世界的角度来衡量我们的现状，并因此而尊重我们正提议抛弃的基本的善（如生活的善）？

柏拉图实在论唯一具有明显连贯性的选择立场——可能确实是潜在于所有其他可能性之下的一种选择立场——首先是辨别一种选择——不管这种选择多么有限和贫乏——即对基本需要和基本的善的选择（它们在这种情况下当然不可能是内在的善，而是在选择过程

中产生的善），然后将每一个人选择的机会最大化，而对于他或她自己来说，这种选择被当成了意志自由的象征和人类需要的自尊之根。当然，对需要的东西通过“批判”做出的选择本身不是一种道德限制。选择权最终是在主体的手里。主体对他的批判能力的选择性使用可以保证相关的结果：他可能更喜欢一个机械挖掘机，而不喜欢一个劳动密集型的丁字镐。理智（就像更好的技术一样）避免了失望，但 188
它然后可能否定了人的武断和不连贯性带来的快乐。

选择存在于任何表面上吸引人的生活方式里和所有显而易见的善的后面，它是意志自由的标志和根本功能。这种伦理与政治之间的相互关联使国家被视为可以将选择最大化的工具，而国家可以通过必要的调整提供平等的洛克式的机会：洛克将国家比喻为“水平运动场”，因为一个水平运动场是国家——它对人的需要和理想持中立立场——适合提供的一切。在后面，我们将考虑这一摆脱人类困境的方法的可理解性及其后果，但显而易见的基本的善似乎都不是保险的，只有将选择本身视为最高的善才是最保险的。在某个阶段，我们将不得不在有关基本的善的理论和作为“自尊”、意志自由和价值的本质的最高善即选择之间做出抉择。既然意志自由是人选择他希望的东西的权利——不管它受到实际可能性和向他人转让相似意志自由的契约的限制有多大——根据奥古斯丁对善的生活的理解，它不是最高的善，而是最大的错误⑩，那么，柏拉图实在论和选择的至高无上性之间的对立不可能非常广泛。

选择：历史回顾与前景展望

如果将选择最大化是道德哲学家所能提议的唯一的善（或至少是

⑩　这种对照似乎错误地（尽管不是完全不合理地）把对选择和独立的崇敬归功于康德时所表达的思想，见 Iris Murdoch，*The Sovereignty of Good over Other Concepts*（《善对其他概念的支配》），Cambridge University Press，1970，p. 80。

唯一的终极的善），情况又将怎样呢？这一问题应该怎样理解呢？它是不是意味着，既然找不到其他的东西来替代根本的善，我们是不是由于疏忽大意而又转向依赖选择呢？或者说，有没有肯定的理由支持将选择至少作为我们能够一致认为重要的东西来看待？那么，我们一致同意的东西又是什么呢？显然，如果选择优于选择的善，而且它本身是可以欲求的，那么，是不是不管有多少人持这样的看法，它都是一个可以理解的概念？我们至少可以说，如果我们不了解选择具体会导致什么结果，那么它在可能成为某些形式的善的前提条件时不是不言自明的善——因为只有在抽象的世界里选择才不是一种具体的选择。有机会作任何选择总比拥有较少机会或没有机会进行选择要好
189 吗？这种观点只有在它区分了我们选择的东西（即有些选择事实上优于其他的选择）并通过参照某个标准而不是参照选择本身说明有些情形（能够选择的情形）优于其他情形的时候才有意义。

如果怀疑作为最高的善及其他“价值”的来源的最初选择的可理解性，那么为它辩护的人要么必须支持他们的立场，要么必须没有争议地假定他们是正确的，从而使他们自身置身于哲学范围之外。如果他们在坚持其正确性和说服我们接受它时没有争议，那么他们必须诉诸有意或无意的欺骗：可能不是彻底的欺骗，至少不是有意的欺骗；他们在否认一般意义上的客观道德价值的同时提倡一种特别的道德价值，即选择的善。他们认为我们在必要时应该不遗余力地——但可能是出于实用主义的原因，我们也会为他人提供类似的机会——拓展我们的选择可能性，即使我们既不知道谁是选择者，也不知道不确定性可能以什么方式影响我们选择的实质和目的，甚至也不知道如何在不考虑被选择对象的情况下理解选择。

正如对待其他的善一样，在考虑能否克服困难之前值得将选择的某些历史根源视为一种绝对的价值。我们已经注意到许多当代道德哲学是早期神学辩论世俗化的产物，因而我们不应该为发现现代选择理论的一些概念根源于宗教反理性主义传统而感到奇怪。我们已经在第二章里探讨过克尔凯郭尔的激进观点或对他的观点的曲解。

克尔凯郭尔的伦理理论（像康德的实践理性）是从 18 世纪的仁爱伦理和道德感伦理的失败中产生的一种理论，是从不愿意回归古希腊——罗马时代的各种伦理理论的倾向中产生出来的或者是阿奎那结合他的各种基督教理论假设的产物。这种无知状态不应该被低估：即使 18 世纪末的哲学家希望返回古代或近代立场，他们的努力几乎当然是受到错误引导的结果。古代的理论长期以来是通过后天视角得到审视的，而且它们所具有的许多更重要的伦理特征——如柏拉图最早提出的性爱理论——被埋葬在后天形式之下。

康德相信，运用理智规定普遍规范的能力本身是理解道德本质的 190
关键，而将规范进行普遍化和从意志上服从这种普遍的“道德”规范不仅具有不言自明的价值，而且体现了人性的根本标志即人的根本标志。康德持这种观点的原因——我们已经看到——从哲学意义上来讲非常让人感到迷惑，而从历史的视角看则较少让人迷惑。然而，我们的直接兴趣在于他对我们的神圣意志自由的辨别。实践理性主义者可能要求强调他对理性诫令的论述——即对实践理性能够辨别和规定的道德应然内容的论述——选择理论家或许更加敏锐，他们可能提到康德对意志自由的关心。正是这一点使康德更加接近克尔凯郭尔及其许多世俗继承者。⑪

不令人感到奇怪——用事后的眼光看——有关背弃信仰的理论在克尔凯郭尔那里是对基督教优于纯道德思维的思想提供的一种复杂辩护，它们在更现代和无神的存在主义那里被变成了另一种观点，即善本身是通过个人的选择产生的，而无法用最终的理由加以解释的选择本身是一个涉及人的（康德的或其他的）自由的术语。

这种观点通常具有说服力——尤其是在浪漫主义时代以后——其方式是对道德选择者和创造性的艺术家进行比较。人类艺术创造者或

⑪　可能有人会反驳说，康德对自主意志自由的强调并不特别具有现代性，因为它至少可以追溯到奥古斯丁那里。其中存在显然的真理性，但 18 世纪的背景是不同的——虽然当代选择理论家与康德所说的意志纯洁性和合理性几乎没有关系，只是与意志自由相联系。在此进一步探讨前康德“意志”概念是不可能的，但至少应该看到由奥古斯丁提出并经过中世纪发展的“意志”概念的历史是错综复杂的，它仍然没有得到充分理解。

文学创造者（他们如同父母亲）有能力创造（产生）崭新的东西，即不曾存在的东西。这种比较不应该延伸得太远，因为作家、作曲家或艺术家既不是在创造他自身，也不是像父母亲那样在创造另一个人。他是在制造一个以某种方式将他自己引进存在世界的物体。通过比较，道德“创造者”是在努力使他自己成为某种不同于他自身的东西。在这一方面，他是可以做得到的，其条件是他必须将他自己客观
191 化。[12] 然而，他的局限性比艺术家的局限性更加根本，因为艺术家要么受到外在于他自己的力量的激励——如对柏拉图观点的回应——要么能够在他自身的内部世界或就有关他自身的东西创造出某种东西。他可以通过某种内在的灵感及其表现“崇敬”他创造的东西，但他创造的仍然是他自己的某个特征——但并不完全是他自己。他能够创造出一个艺术品，并在有限范围内改变其自身。他不能创造其物质存在，只能改变他的质量和品质。除此而外，他的创造通常等于破坏。

假如一个艺术家不能通过一种中介（如油料）有效地工作，那么他可以转向或运用另一种中介，但道德自我的创造者受到了人类体形和人类心理的局限。他可以谈论创造自身的事情，但他超出一定限度之后只能假定他能够创造自身或谎称他正在创造自身。因此，诸如萨特之类的哲学家希望坚持认为，人没有本质，只有历史；没有持久的本性，只有一系列经历。他们或者认为，在“性成熟”之前谈论人类生活只能以公然的谎言和自我欺骗而告结束，而且人们会注意到欺骗的反复出现是必然的结果。如果我们可以假定存在客观价值，那么我们也可以假定我们能够创造自我，而事实上我们做不到这一点。一个沿着自我创造之路往下走的人如果不能达到对神性的认识，他会最终拥有绚丽的错觉：正如他想象的那样，如果他拥有更大或绝对权力，他会更加富有；他可以让其他人（或“另一个人”）按照意志办事；

---

[12] 这种错误的客观化部分可以追溯到洛克那里，因为他认为我们的身体是我们拥有的一种“财产”：“每一个人都在他自身身上拥有一种财产”以及“他的身体的劳动和他的手的工作”。但假如身体是财产，而且为人所有，那么它是一种独一无二的财产，而对它的拥有则是一种独一无二的拥有：我不能破坏我的身体而获得生存。意志自由概念得到了诺齐克的大力支持（参见《无政府状态、国家与乌托邦》，273 页）。

更重要的是，他能够使他自己拒绝挑战那种认为我们能够创造自我和完成标榜为“自由”选择和自主行为的谎言。

我们至今所讨论的所有道德理论——只要它们否认存在独立于人的理智或我们目前的意愿的柏拉图标准——它们要么假定了某些标准[13]，要么进行了自我欺骗。[14] 这可能不是一目了然的，尤其是因为我们在实践中承认我们能够在不具备论述道德基础或甚至看到这种论述需要的情况下做出道德行为或不道德行为。或者我们可以提出一个更加复杂但也更加错误的观点，即不可争议的首要原则可以很容易被假定出来。 192

这里也有一个宗教类比的问题。基督教徒（及其他宗教信仰者）不得不在他们的日常生活中认识到非基督教徒可能与他们表现出一样好或更好的行为。[15] 然而，如果基督教（或其他任何宗教）是正确的，那么非宗教信仰者问题的出现与他们所做的事情无关——虽然它们最终可能也会出现——而是与他们必须对其行动路线进行辩护时说的话有关。假如对那些路线的辩护有必要由不能证明的形而上学观点或“神启”的事实来决定，那么善良的异教徒不能对其道德基础进行辩护就很容易理解。异教徒的情况就是柏拉图所说的拥有“真正意见”的人的情况：他做正确的事情，但不能向他人讲述那些事情。这种无能可能最终会减弱他维持自己的信仰和依靠自己的信仰生活的能力；柏拉图认为，拥有真正信仰的人在艰难的时候有必要承受压力。

当然，没有人应该要求人必须能够将他的信仰讲述给那些有形而上学或宗教思想的人。据说柏拉图在告诉第欧根尼他能够看见一匹马但不能看见马本身时曾经说：“那是因为你有眼睛无思想”。有“真正

---

[13] 我们可以再次回顾康德认为没有上帝的伦理学是没有意义的伦理学这一观点。

[14] 另一种可能性是将道德差别具体化，例如，可以假设激进的争议在自由政治框架内可以通过仲裁得到解决。罗尔斯最近的研究工作似乎提供了这一选择，但我不主张将道德差别具体化。那种认为我们能够对被许多人视为极端邪恶和不道德的行为加以仲裁的观点是自我欺骗的亚种或者就是自我欺骗，它并不会因为贴上了“民主”的标签就减少了欺骗性。

[15] 这不是说有神论道德的内容或影响可以等同于世俗道德。承认上帝的存在及其对我们的注意力的召唤只能改变我们对待我们自身作为道德主体的重要地位的本质和施加给我们的道德要求的态度。基督教中的美德谦恭不可能成为无神论者的美德。

意见”的人不会仅仅在同第欧根尼谈话时做出自我解释；他的理解力不充分，但他能够做到这一点。假如他对他的困境进行思考，他要么不得不深化他的观点，要么，假如他认为这种深化是可以理解的，他会放弃正确的观点，接受错误的观点——除非他转而接受错误信仰的基础或准基础。

柏拉图式的道德实在论者所面对的认识论困难不容低估。假如存在使某些道德体系有效化而使其他道德体系无效化的形而上学或宗教真理，那么这些真理不能通过哲学研究的一般方法加以论证。这似乎令人感到
193 奇怪，但它并不是致命的：没有理由可以解释为什么不应该存在我们自己无法知道或发现的真理，更不用说向我们自己或他人提供有关这种真理的证明。我们的思想可能不足以认识它们或我们可能还没有掌握理解它们的必要资料。因此，基督教之父奥里根宣称，哲学家没有理解和不能理解邪恶问题的理由在于哲学只能告诉我们天使是怎样堕落的，而如果我们不知道天使的堕落，我们就无法理解人是怎样走向恶的。

当然，认为一种柏拉图式的基础主义不能被证明不是要承认它是不能让人信服的理论，更不用说要对粗俗的非理性主义进行门户开放；它可能仍然是对我们是什么和道德经验的实质做出的最可信，甚至最可以理解的解释。当然，假如我们的思想有很好的理由不能对可以例证和支持伦理学基础的形而上学真理提供更可信、更连贯的论述，那么我们所能做的一切就是用适当的哲学意义上的诚实承认我们的失败。（然而，诚实——霍布斯的诚实——也会从窗户里钻出来。）我们应该承认，在神化选择是伦理学的制高点和道德意义上的欺骗和自我欺骗是私人生活和公共生活的根本内容的地方⑯，这个世界是不

---

⑯ 转引自 H. Frankfurt，On Bullshit ，in *The Importance of What We Care About*，pp. 117–133。尤其见 132 页：“和撒谎的人一样，他（胡说八道者）不拒绝真理的权威，但他反对真理权威。他根本不关心真理权威。从这一点来讲，胡说与谎言相比，是真理的更大的敌人。”法兰克福还对比了“胡说”和虚张声势：它们都要求人们谈论他们自己不知道的东西；在公共生活中，尤其是在公民应该对一切事情发表看法的民主社会里，这是很常见的事情。转引自 M. Black，*The Prevalence of Humbug*（《胡说的流行》），Ithaca：Cornell University Press，1985，p. 143。“胡说”：没有撒谎严重，特别是指用虚假的言语或行为错误地解释某人自己的思想、情感或态度。

愉快的。

似乎大多数目前可以接受的伦理信仰——或者所有可以接受的伦理信仰，在那些在《哲学评论》中撰文的人看来——具有反实在论性质：正如麦克所说，我们不得不“发明”我们自己的基础。因为选择可能成为这种基础的基础，我们很容易看到为什么现代伦理学教材看上去很像法律或经济学教材。没有任何司法理论或法律基础理论（至少任何清晰的理论）的人可能成为有能力的案例律师，因而在应用伦理学里，学生被要求从一系列首要原则（康德的原则、功利主义原则、契约论原则，等等；它们都被假定是合理的）中进行选择，然后 194
他们必须在那些原则范围内想出具体的“困难案例”的后果。道德辩论最后变成了解决问题的努力，而除了诡辩的问题之外，更广泛的争议也凸显了出来，因为拥有不同首要原则的思想派别的追随者彼此之间进行的谈话都是不连贯的。[17]

在实践中，某种像萨特的“决定”的东西在每一系列道德推理的开头就被做出了——这种情况没有被《哲学评论》的作者们注意到，但与他们对尼采的沉默密切相关。虽然正如泰勒所看到的那样，道德困境的存在从激进选择理论的角度来看是不可想象的。[18] 我们的应用“伦理学家”选择了某些基本的道德假设，而且通过这样做，他们认可了一个富有成效的历史过程。在过去200年里，柏拉图的善（或者它的继承形式）就是在这一历史过程中被一种现在已经完全被世俗化的理论即关于选择的至高无上性的理论所取代。

选择、持久的道德身份与责任

我们已经看到，既然道德辩论必须同时辨别道德目标和道德主

---

⑰ 我们已经注意到，这一观点是由麦金太尔在《追寻德性》（*After Virtue*）的扉页中提出的。

⑱ C. Taylor，Responsibility for Self，in A. O. Rorty (eds)，*The Identities of Persons*，Berkeley：University of California Press，1976.

体，那么选择（作为新的善）不是我们在当代进行道德“替代”的唯一必要现象；同时，必须有一套具体的答案来回答我们已经考虑的道德身份问题。这些答案最终也是武断的，而它们的武断性是由我们在将康德主义、功利主义或某种别的信条视为目前的诡辩的特定起点时所导致的武断性复合而成的：能够进行自主的主体被要求的选择就是成为（或表现为）一个独立的选择自我，而不是一个（柏拉图式的）分裂的自我。然而，如果没有善这颗指示方向的星星或某个类似的东西提供一种固定性，我们的道德身份本身仅仅是一种合法的虚构，仅仅是一个武断选择或传统选择或一系列选择的问题，而这种选择不是选择善，而是选择可能的自我。

大多数强调选择的伦理学家认为存在道德身份和道德整体性：因此，（至少从洛克的时候起）就流行着这样一个典型的口号即“如果X必须做，那么我需要表示同意”。这种观点既要求一种强烈的自由
195 感（我能够进行真正的选择），又要求一种强烈的个人责任感（我为自己的选择负责）。他们几乎不得不认为我们是一定特别意义上的个体，即个体“原子”。不令人奇怪，对人的意志自由的这种论述让我们想起密尔和康德；对于康德来说，成为人就是拥有意志自由：即具有理性能力，并因此具有道德能力和承担道德责任的能力。但现代思想不管受到弗洛伊德、马克思、达尔文还是韦伯的影响，它的一个显著特征在于它们过分限制了我们的意志自由。那些把自由视为——他们把自由看成意志自由和选择的能力——使我们成为人的原因的人在一个心理自由受到严重威胁的世界里表达他们对自由的呼吁，像许多存在主义者一样发现他们最紧迫的人的追求是实现真正自由的行为。从这种观点看，所有人都试图成为意志自由的人，因为我们只有拥有了意志自由才变成了自我。然而，我们的心理结构、社会环境和以自己名义行动、追求自身意志自由的同胞会挑战和压迫我们的意志自由。萨特有句名言：“他人是我的地狱。”

我们必须再次区分以哲学家身份出现的哲学家和以街头普通人身份出现的哲学家。以街头普通人身份出现的哲学家认为他拥有微妙的

自由，能够进行选择，而以哲学家身份出现，包括存在主义者在内的哲学家必须承认“柏拉图”式分裂的挑战。他可能反驳说，虽然“我们”在大多数时候都发挥作用，真正的“我们”也能够——虽然很困难——进行真正自由的和自主的选择；一般来说，他无法解释这种选择的实质和构成。借助于武断性来区分这两类哲学家只是偶尔才行得通，而一个武断的行为从“我的”意义上来讲是“我”的行为的不可信性倾向于使职业哲学家因为持这种意志自由观点而名誉扫地，而非职业哲学家却从来都没有接受它，他们仅仅假设我们进行自由、理性选择的可能性，但无权做出这一假设的柏拉图主义者、存在主义者和其他思想派别对此进行了强烈但相互矛盾的反驳。

我们可以假设认为激进选择是由被视为道德原子的自由主体做出的观点是没有意义的或武断的，并不能为自尊或意志自由提供依据。既然我们能够对我们拥有的东西、我们的一般选择和我们为自己所作的选择产生情感，既然我们至少也能够将附加于对与错信仰之上的 196
“传统”情感的一部分挪用于我们的选择，那么，假如我们需要一种“道德”世界，那么我们别无选择，只能说服我们自己和其他人，使之相信选择的至高无上地位和我们自身作为选择者所具有的道德整体性是可以被理解和真正掌握的，即使它们过去和现在都不是这样的。在某个阶段和一定程度上，欺骗似乎总是伴随着任何一种替代实在论道德的理论：感觉本身对自尊有害。

开放的选择理论家和封闭的选择理论家都承认，他们缺乏一种强有力的自由行为模式，而且如果一种特定的模式受到了强烈的批评，那么他们会受到严峻的挑战。他们通常也假设一种持久道德身份理论和有关“我”即做出选择的道德原子的持久本质理论。帕菲特当然可以使之成为一个复杂但不受欢迎的假设，即他们可以凭借一种软弱得多的理论做得更好。当然，如果我们能够接受帕菲特对人的身份的某种修正，对“我”的“自由”进行强有力论述的需要将被大大地减少。在帕菲特看来，我们不需要假设存在一个高于我们冲突的“自我”、角色或经验的“自我”，因为与连续自我相比——正如休谟所说——我们是分裂较少的自我。帕菲特认为[19]，“具有根本重要性的”是“我们在对我们自己的未来（及过去）的担忧中抓住了我们自身利益与某种原因之间的关系”（289），他所说的关系是指“心理联系和/或心理连续性”（262）。例如，在评估我们对自己的过去和未来行为所承担的责任时，它指的是一种联系或连续性，而不是指我们具有决定作用的过去的自我或未来的自我的身份。

根据帕菲特的观点，我们就像一个俱乐部，其中的成员经常变换，而俱乐部则一直作为一个团体的准法律实体发挥作用。然而，一个准法律实体不是一个道德实体。这一类比的一个结果是，对说真话、承诺等等的传统担忧证明比我们通常想象的更加严重。当然，我们因为承担“不公正”行为的责任而感到的良心不安减少了（这是与对警察的恐惧相比较而言的），如果——我们已经分裂——我们同时也不愿意承担对自己的过去的“自我”的道德责任。如果我不再（或几乎不）是结婚时的我，那么“我”就不是曾经显然受到誓言限制的那个人——而且对于现在已经发生变化的另一方来说，我也不再是同一个人了。

当然，不管我自己对过去的我和现在的我的看法如何，社会可能仍然会努力惩罚“我”过去的行为以体现正义，只要我的“俱乐部”
197 依然存在（即只要它与我有关或只要我还活着）。它可以宣布，对我的惩罚不仅是示范的需要和社会的需要，而且是集体的决定：这就像对犹太人的制裁一样，仅仅因为他们是犹太人，他们不可能从犹太“俱乐部”“退休”。可能我们必须满足于对“公正”的这种论述。

帕菲特论述我们持久道德身份的方法有一个吸引力的地方，即它似乎反映了一般经验可以辨认的某些特征。假如我们对我们的过去进行思考，我们几乎必然会惊奇地记得我们曾经热情地坚持但现在认为错误的信仰。让我们首先感到迷惑的是我知道“我”坚持了某种信仰，但不能理解我何以没有认识到它的错误。现在我们假设这种过去

---

[19] Parfit, *Reasons and Persons*（《原因与人》）.

的信仰包括对遵守诺言的重要性的信仰。假如我已经认为我是否遵守目前的诺言并不重要，那么我显然觉得没有必要遵守“我”过去做出的承诺；我也无法理解我何以没有首先就看穿了“承诺”的实质。

假如我们知道我们过去对遵守诺言的重要性曾经拥有的信仰现在是错误的，那么我们只是改变了看法；然而，假如我们不能理解我们何以能够相信诺言的约束作用，我们可能会认为我们不是曾经持有这种信仰的人。对于我们来说，似乎并不是仅仅改变了看法。有一些信仰是“我”过去认为有根有据但现在却认为难以想象的信仰。唯一一种别的解释是另一个人拥有了那些信仰。那一个人与我有心理上的联系，而且当然与我有法律上的联系，而对于一个在不重视这种联系的条件下就不能运转的社会来说，这仅仅是一件方便的事情，而从道德层面来讲，我可以解除这种法律上的和传统的假设。

说我们不是过去的我们不是对论述遵守诺言的不同观点的最清楚解释。对那种宣称他不能理解他在过去何以会相信遵守诺言的人进行的论述不是要说明他过去是另一个人，而是要说明他曾经是一个傻瓜，但现在年纪比较大了，人也变得比较明智了。然而，这样一种解释恰好取决于帕菲特予以讨论的人性问题的论述。虽然我们是“自我推动者”，但是如果我们从心理上来说像霍布斯所说的“雅典之船”——它总是保持同样的名字和形状，但它的所有木材和其他部件都随着时间的推移被调换了，那么认为我们改变了看法的解释可以容 *198*
纳另一种可能的观点，即“我”过去从来没有做出这样的承诺，因此现在无须为之负责。⑳

从对“共同道德”、公正和对意志自由进行的传统论述看，有一种主要意见反对帕菲特的观点，认为它极大地减少了我们对我们现在认为已经不再存在的东西即我们的过去的自我所担负的可感知的责任

---

⑳　请注意帕菲特对古代已经存在的人的身份问题的论述。要了解这方面的讨论，可以参见 D. Sedley，The Stoic Criterion of Identity（《斯多葛派的身份标准》），*Phronesis*，1982（27），pp. 255–275；E. Lewis，The Stoics on Identity and Individuation（《斯多葛派论身份和个体化》），*Phronesis*，1995（40），pp. 89–108。

（经常被视为这种意志自由的必要特征）。显然，过去的自我离我们越远，即我们活得越久，这一问题就会变得更严重。纽曼曾经说过，他在十年后发现他自己在另一个地方，但在帕菲特看来，十年之后我们才变成另一个人。[21]

帕菲特本人试图为自由和责任提供一定程度的辩护，但他在处理心理连续性方面忽略了我们从历史的角度认识自我所需要的连续性。我们在早些时候已经注意到，这种认识的一个特别部分是对存在于一定“道德空间”里的我们自己的认识：我们生活在一个世界里，在其中我们必须认识道德问题和道德观念。这种认识与我们在一起——作为我们的一个重要组成部分——不管我们是否生活在一个道德实在论世界里或我们是否不得不发明或认同道德世界的内容。事实上，如果我们改变我们的道德观点或忘记或没有理解我们曾经拥有的状态，那也无关紧要；对人格至关重要的是我们拥有可以改变的道德观点。因此，即使帕菲特（或休谟）认为我们是一种在逐渐减少对过去自我的理解的连续自我的观点是正确的，如果我们在承认我们与过去的自我有着某种心理联系（和/或连续性）的同时对他的具体道德品质的感觉不充分，我们最终将成为粗浅的人性归约主义者。因为我们和其他所有人就是凭借这种联系与我们的过去连接在一起的——不考虑指纹等遗传因素——不仅我们每一个人都生活在相同的道德空间里，而且我们与我们“自我”的过去开拓者分享这种道德空间。我们仍然对那些开拓者负有责任。

如果选择理论家准备追随帕菲特，试图有效地减少我们对作为道德主体的自我的感觉，那么他可能消解到底是我们自我中的哪一个自
199 我做出了他所要求的自由、自主选择这一有争议的问题，但他必须付出使之观点更加不可信的代价，尤其是他必须付出减少他希望的意志自由感和个人责任感的代价。他很可能愿意拒绝帕菲特提供的帮助。

帕菲特当然可以问，如果选择理论家拒绝了连续自我，他是否希

[21] 帕菲特以19世纪的俄罗斯人为例对我们理解这一点很有帮助（《原因与人》，327～329页），特别注意帕菲特所说的这句话：“她爱恋和结婚的那个年轻人已经不存在了。”

望以意志自由的名义认为人能够在任何时候指责他的过去。这是帕菲特的观点：如果选择理论家提供肯定的回答，那么他看上去是一个彻底的武断分子，失去了别人的信任，并因此而埋没了所有社会关系；如果他提供否定的回答，那么他在选择的意志自由和他称之为一种善的行为之间进行了协调。

自由、习惯与善的生活

除了康德主义之外，道德哲学中的非实在论观点必须——我已经指出——强调把人的意志自由视为选择权利的至关重要性，其依据是我们只有通过选择才能拥有自尊——它是“道德”乃至“人类”活动的一个必要条件。然而，如果这一意志自由概念证明是不可辩护的和不连贯的，但它仍然不失为人类“尊严”和后道德的明显必要条件，那么我们使它变得不可理解了。这样一来，我们需要有一些自己任命的或新近产生的监护人来理解这种欺骗背后的真相。

强调选择重要性的观点迫使我们考虑心理决定论的作用，即考虑我们的行为何以内在地被我们的欲望和性情控制以及这种控制的含义是什么。决定论从逻辑上来讲不是由我们的行为理由引起的；它得到证明的条件是，我们在所有情况下都不能做我们所做的事情以外的事情，同时，如果情况确实是这样，我们还应该问是否为道德留下了余地，因为道德哲学——更不用说大多数公共政策——受到了认为我们在通常情况下可以以不同的方式行动这一假设的推动。当然，如果没有这样一个假设，罪犯不会受到应有的惩罚，出自正义感的义愤将被消除，人们的品质将被改变，但这种改变不是获得道德上的改善。当然，道德对话持续至今的不可能性或目前的公共政策在未来得到坚持的不可能性决不会影响有关心理状态是否具有决定作用的理论问题： 200
从逻辑上来讲，情况恰好相反。

康德为他的继承者设定了一些指导方针。无论那些继承者是康德主义者、萨特主义者或当代选择理论家，康德试图通过假设一个在必要的程度上达到了意志自由的“本体”自我来面对决定论的问题。这种准独立自我是一种不可信的形而上学假设。至于将意志自由视为选择权力的非康德观点，它们必须是两种形式中的一种。较弱的形式认为我做出的任何选择无论是否是决定的选择都是有意义的选择。它不能引起我们的兴趣，因为它仅仅取决于这样一种观点：我选择的东西无论是否是自由选择的结果都是有价值的。

第二种，也就是较强的形式，认为我至少可以对“较坏的”和“较好的”路线进行道德选择，但选择权本身的重要性远远超过我偶尔做出的选择。因此，我能够进行错误的选择总是优于我根本就没有进行选择——或者说，优于我只能做出正确的选择。后一种观点暴露了它自己的荒唐，因为它暗示如果存在一个上帝，那么他做出错误选择优于他总是必须做出正确选择，更不用说根本不进行选择；即用传统的话说，如果上帝可能犯错误，那么人也可以犯错误。

反对选择具有至高无上性的观点不仅仅局限于神学里。如果我们考虑人类习惯的实质，那么一种类似的反对意见就可以维持。即使我们按照我们以前所讨论的那样是分裂的自我，我们仍然可以正确地认为——如果通过一系列选择产生了各种行为模式，我们将增加这种模式在未来被重复的可能性。假如我们几次选择帮助困难中的陌生人，那么我们将更可能帮助困难中的陌生人：换言之，我们将不太可能不去帮助困难中的陌生人和不太可能不愿意去帮助困难中的陌生人。这样一来，我们可以想象一种情景，设想我们永远都不会不管困难中的陌生人——即使我们承认这种培养而成的习惯实际上减少了我们曾经拥有的“自由选择”。

如果我们通过一系列选择培养了一套涵盖我们道德生活的大部分内容的习惯，那么我们会发现我们最初的选择自由——即有些人所说的最高或唯一的善——几乎被减少到了消失的程度，但这不会给我们带来压力。我们不反对它的消失，也不会认为我们的尊严或自尊以任何方式被这种改变减少了，因为我们知道它不取决于这种自由，选择自由事实上是道德可能性之间的一种真正选择，它充其量（对于那些需要它的人及其需要的程度来说）是实现某种超越选择自由本身的目 201
的的手段：这是我们希望理性地超越的一个道德生活阶段的必要条件。看一下神学中的类似观点可以更进一步说明这一观点：喜欢将选择作为目的本身的人不愿意待在“天堂”里，因为他们陶醉于寻找其他地方的机会。（从上帝来说，这意味着他愿意成为他之外的某种东西。）

热衷于绝对道德选择的人应该被迫从逻辑上警惕，他愿意的行为乃至任何行为并不都是习惯的。再看一看我前面举过的例子。他必须在他对陌生人的需要做出反应时表现出侠义心肠——甚至对他的亲戚和朋友也应该这样——以免他的自由被减少。因此，他的目标必须旨在使他的行为尽可能变得古怪——除非他可能害怕在习惯上变得古怪——如果他对选择的爱是真诚的，那么这种害怕是不连贯的。显然，从他自己来说，他不会为他的错误行为感到内疚；然而，他逐渐变得古怪的性格可能——正如柏拉图在《理想国》的后几卷里所指出的那样——使他失去朋友和影响力。

如果至少会以没有理由选择某种道德路线的形式出现的这种脱节现象是如此设想的选择的逻辑结果[22]，那么很容易看到为什么这样的理论与追求未来统一性的“柏拉图主义”是尖锐冲突的以及为什么论证反柏拉图主义的论点的最后逻辑阶段是有意义的。这不是说“柏拉图主义是正确的”：而是要支持——这又是芝诺的风格——道德世界里严重存在的不连贯性。如果柏拉图主义是错误的：或者最好是，如果柏拉图主义是错误的，那么就不存在道德世界了，只有继承者的各种计划来满足各种单独的或群体的无根的和不满的人的希望、欲望和

---

[22] 请注意麦金太尔对海德格尔纳粹主义的深刻评论，见 A. MacIntyre，Existentialism（《存在主义》），in M. Warnock（ed.），*Sartre：A Collection of Critical Essays*（《萨特：评论文集》），New York：Doubleday，1971，p. 26：“我们不应该为海德格尔曾经在一段时间里充当纳粹分子而感到惊奇，这不是因为《存在与时间》中的任何东西导致了国家社会主义，而是因为其中的任何东西都不可能给人们提供一种可以批评它的立场或任何别的非理性主义立场。”

愿望，而那些计划则充当了每一种盛衰不定的力量。我们可能看到，严肃的选择理论家需要避免形成任何形式的道德习惯，以防在发现选择自身被减少的现象时找到某种类似于毛泽东及其他人希望进行“永久革命”的政治类比。他们认为“永久革命”是阻止非革命习惯的唯
202 一选择。选择就像革命，它本身可以变成一种目的；如果它没有变成一种目的，那么它就变成了陈旧的东西。

将选择本身尊为最高的善导致的立场是不可理解的。如果所有非实在论立场倾向于变成一种不可理解的选择理论，那么柏拉图主义者必须（过去也必须总是这样）拥有一种对立的选择理论，这就导致了有关意志自由、人类自由和尊严的理论。这种理论认为，在我们仍然可能追求道德提升的情况下，我们不可避免地会在选择更坏的事情方面具有或多或少的“自由”，而且只要我们目前仍然拥有意志自由，那么我们就可以谈论这种自由。我们会庆幸自己没有获得“更多的自由”。我们希望的自由不是使用和滥用之间的选择，不是较好事物和较坏事物之间的选择，而是我们渴望达到的一种状态，在其中我们能够只选择善。

标识善良的人的行为的“决定论”不同于与“自由意志问题”相联系的决定论。后者是一种假定能够做更好事情或更坏事情的能力，或者说，它不是我们实际做的事情。现在可以确定的是，我们不是在目前才被“决定”做善的事情；如果是这样，那么没有人讨论伦理学问题了。认为我们并没有在某个方面被完全决定的最好理由在于，我们仍然是一系列不成熟的自我，并没有拥有任何一种固定的统一“灵魂”，但因为我们具有多元性，我们可能对威廉姆斯和其他人称之为“道德运气”的东西做出反应。柏拉图通常轻蔑地将其视为“资产阶级”在运气转变前的不完善性和缺陷的表现，而基督教徒则用天意来解释它。这种天意或天佑本身只与那些没有明确追求善或追求恶的人有关，因为只要我们努力在没有这种外来帮助或压力的情况下为自己定一个方向，那么我们就会沿着唯一必要的决定论的欺骗道路即非道德之路前进。

假如我们对绝对“选择自由”怀有适当恐惧的“世俗”方式或“神学”方式是合理的，那么任何使我们自己不容易防止道德运气的“斯多葛派化”的成功都将迅速体现一种心理和“非道德意义上”的决定论。斯多葛式的自尊——与所有建立在这种自尊观基础之上的人类价值理论一样——证明是幻想的产物。

正如我所希望的那样，因为已经指出“自由”这一词语在某些重要方面具有危险的和误导的模棱两可性，我对所谓的意志自由问题做出了另一个结论。如果“自由”被适当地理解为“追求善的能力”、 203
“不受约束的状态”，甚至被理解为普罗提诺所说的“不分裂状态”[23]，那么自由具有一种无害的意义。根据这种意义，至善的个体（这也适用于上帝）既是自由的，又是确定的——此处的“确定的”指“如此被安排，以致事实上不能以不同的方式行动”。然而，从一般意义和非想象意义上来理解，如果自由是指使用和滥用某物的权利，或者说，如果它包括犯错误的权利、特权或可能性，那么任何做这事或那事的“内在”或“外在”道德冲动都会成为自由的障碍，并会开启某种有害的决定论的可能性：它是有害的，但只是在产生意志自由这一传统哲学问题的哲学范围内产生危害，而意志自由因此而被严重地误解了。

选择和意志自由是矛盾的。我已经指出，非实在论道德体系变成了一种不能理解的选择理论模式，但我无法否认存在——现在已经表明——某种有关选择的善，甚至有关错误选择可能性（永远不可能成为现实）的善。自主选择因而是一种善，是一种在历史上有时因为很好而最终证明不充分的理由而经常被忽略的善——但它不是仅有的善。对善的选择很容易被归于“柏拉图”的范围内，这就像它很容易被归于基督教伦理范围内一样，但我们对如何在善的等级里确定选择本身的相对地位仍然没有把握。我们可以在哪里和在何种程度上增加糟糕选择的机会呢？只有在这种机会与（我们的）正确选择及相应道

[23] 还有其他可能的调和主义意义，如“由强制性的理智决定”，但这些意义都是在意志自由问题的一般范围内出现的。它们不是我们目前关注的内容。

德提升的可能性不可分开时，我们才可以进行糟糕选择。这是一个与哲学本身十分接近的两难困境：毫无疑问，苏格拉底和他的继承者都可能“腐化青年”。

笛卡尔以后的哲学往往集中探讨心理学中的意识问题和伦理学中的人的自由问题，强调人的生活的重要特征——有些人仍然认为人是“按照上帝的形象和样子”造出来的——这一点在过去通常和实际上被贬低了。这种新的思路与历史上强调个人及个人反对可能或实际国家或教会暴政的重要主张并驾齐驱。然而，虽然它具有纠正错误的热
204 情，但它也相应地造成了一种最严重的夸张，而且伴随着形而上学在康德之后的衰落，它还产生了一种精神——根据这种精神，选择的意志自由从我们最终仅仅选择善这一意义上来讲不再是道德提升的重要和必要条件，而是变成了至善已经消失的世界保留的唯一“美德”。

第八章　伦理学与意识形态

责任、纠正与社会

我们现在将把人从作为一个道德（和精神）个体转向作为一个社会成员来描述。因为有人断言：反实在论在个人自主权和个人“自由”的选择问题上找到了严格意义上的表达，因此我们在这里不能把个人当成被孤立在其世界中的人。我们评判实在论和反实在论时，不仅要考虑它们对个人生活的影响，而且要关注这些影响究竟是怎样产生的以及它们是怎样以自己的形象来改变社会的。 205

社会和国家在实在论者和非实在论者的世界里的恰当角色到底是怎样的呢？首先，我将关注责任的教育，因为我认为承担还是拒绝一个人对目前和过去的行为所应负的责任是减少或增加自我分裂的关键。用实在论的话说，它说明了道德进步或道德退步的状况。在论述这种责任时，我既要考虑个人对自己的责任，又要考虑个人对社会其他成员的责任——这样一来，我们就可以确定“私人”伦理学和社会、政治事务之间的相互关系。我在本书的这一部分采用的还是“芝诺”的方法：如果亚里士多德、柏拉图及其基督教追随者一贯坚持认为我们人类是社会和政治动物的观点是错误的，那么我将探讨恐惧的问题——我们必须承认自己已经卷入到恐惧之中。如果实在论是正确的，那么我还会注意我们应该成为政治动物的特殊含义。

根据奥古斯丁从保罗的预言中提出的神学理论，我们只有根据错综复杂的共同本质才能正确理解“个人”的本性：无疑，我们都是亚当的后裔。如果这种观点是正确的，那么它隐含着对亚里士多德认为“人是社会动物”的主张的激进解释，其表现是——我们不但是在社会背景下形成和发展的，而且这样的发展在某种程度上依赖于我们天
206 生就属于社会这样一个首要事实。近年来有人提出，我们每个人都分享和受集体无意识的影响。然而，现代人的主导信念与所有这些思想截然不同，它以多种多样的形式把我们看作道德原子，并尽可能强调选择的自主权，而且它把一种依赖于被视为最高价值的“自主权”的自由主义——即使它把自己称作保守主义——与一种在许多方面使人回想起伊壁鸠鲁的激进政治个人主义联系在一起。从根本上说，我们是孤立的个人——即使在理论上也是孤立的，每个人都以某种方式——不管是在公共领域还是在私人领域——寻求他或她自己的个人的善。玛格丽特·撒切尔就曾臭名昭著地和粗浅地下了这样一个结论：“不存在社会，只有个人和由个人组成的团体”。根据这种观点，我们经常会发现一种已提高到基本权利地位的个人隐私权，而这些基本权利是其他权利赖以存在的基础。

当我转向考虑这些事实和他们如此冲突地描述人类本质对公共生活所隐含的意义时，我首先注意到激进个人主义不仅谴责过分的形而上学思辨（不管是奥古斯丁的还是琼的）和那些主张我们只要全心投入到具体政治生活，尤其是民主生活中就可以获得心灵统一性而无须受益于形而上学的人（我们已经在第四章看到这些人）。任何一个赞同更广泛意义上的亚里士多德哲学信念的人都会受到他们的谴责，因为在亚里士多德看来，我们正当的个人发展不可避免地依赖于我们建设性地参与社会生活的形式：从特定的意义上讲，

即我们将把自己同胞的善当成我们自己的善，并在一些特定的方面对其他人的幸福负责——其他人与我们及我们对自身的责任有不可避免的联系。

这种社群主义观点与神学家有关选择的主张存在冲突。神学家认为，作为社会成员，我们的善不是严格地依赖于我们是否同意成为这些成员的事实，而是依赖于我们是否是（且必须是）其中的成员这一事实。这样一来，我们就可以推断出，如果我们不把他人的善作为我们自己的善，我们就不可能有效地选择我们自己的善。我们选择的完整性不但依赖于选择本身的事实，而且也同样地依赖于我们是否在总体上与本体论的和心理上的结构和谐一致。我们还可以进一步推断，如果选择理论是令人迷惑的和无法辩护的，如果把我们是道德原子的信念看作是选择理论不可分离的部分，那么任何这样的信念都将导致行为混乱，并会伤害那些主张这些理论的人。

我们已经注意到，因为历史的、政治的和哲学的原因，权利，特别是不断增长的个人权利已经逐渐在当代西方关于公共政策和更抽象道德观点的论争中起着主要的，甚至最重要的作用，它在美国还占有 207
统治地位。根据美国宪法和人权法案以及后来的一些修正案，除了一些特别的情形导致半神圣的状况外，现代强调权利的更普遍的大量原因与西方社会自文艺复兴运动和宗教改革运动以来强烈拒绝独裁政府（不管是政治的还是教会的）的态度有关。从反对独裁政府发展到后来反对任何一种权威，权利已经被看成是孤立的个人的准形而上学财富：不仅被看作与所有可接受的责任和义务有关的事情，而且被看作潜在的受害者反对潜在的侵犯者的所有要求，甚至逐渐被看成优先于责任和义务本身的东西。作为所谓的“消极的权利”，它们被动员起来反对政府（被看成国家）和社会本身。

人们能够把权利作为一种威胁，并利用它去反对那些被认为是侵犯者的政府和社会，这属于人类理智的历史。许多当代权利论者主张，权利不仅反对其他个人而且反对社会本身，社会不但在对权力和特权的滥用进行必要检查时被看成敌人，而且准确地说，它在要求对共同善的尊重方面也被看成敌人。① 人们期望现代社会不仅要正视保护权利和使权利反对压迫的主张以及那些值得怀疑的相互冲突的权利要求，而且应该坚持认为“共同善”本身就是一种虚构（充其量不过是个体善的总和）。这种虚构必定构成了对总是要求放弃其优先权的个人权利的威胁。

有两种途径促进了这种观念的迅速蔓延：一是对不公正的感知——有时是大规模的；二是世俗化基督教信仰的新的政治发展——

208 它首先是在新教中被有选择性地利用②——新教主张所有的人在神的面前都是平等的③，因此世俗的权威和责任得到确立的前提是被统治的人必须是自由的和知情的。那么，在理论上和实践中都不可避免地出现了问题：怎样才能知情？怎样在社会和政治结构中赋予这种知情以制度的本质？尤其是对怎样使自由与秩序和安全相协调之类的问题的长期关注已经变成新的紧急事情。

我们已经看到，在所有这些政治和宗教的发展下面——由所有战争和更广泛意义上的大众社会和全球市场所要求的工业化、技术进步和单一化所造成的非人化加剧的结果看起来更加紧急——隐含着与个人选择一致的“理论”重要性。首先，个人越来越被看成仅仅与神有联系的孤独的个人，他确认自己的精神未来，接受世界上他最容易判

① “共同善”的具体观念可追溯到亚里士多德。在他那里，如果社会成员将兴旺发达，那么，共同善至少是指这些必要的社会背景条件（比如和平、足够的资源等等）。它可能也表示由一个共同目标联合起来的社会的行为。那些如此组成他们自己的人不是个人，而是一个团队的成员。在第二个方面，如果社会的共同目标被社会成员广泛（理想地说是普遍地）接受，那么一个社会只可能拥有一个共同的善。由于缺乏对共同善的更具沟通性的共识——当共同善不能提供起码的安全保障时——对许多当代西方人来说，它看起来就有些难以理解（甚至对原法西斯主义者）。对共同善的多义性需要更多的研究；实在论的解释必定要朝向神圣的共同善，即所有上帝的创造物的善。

② 要知道，美国的创始人都是忠实的奴隶主们。

③ 这不是暗示这种思想早些时候没有影响，而是说文艺复兴和宗教改革以后它逐渐占据了舞台的中心。请比较一下，大英帝国和美国的废奴主义者反对奴隶制度的运动的成功与在 16 世纪的西班牙领土上由维多利亚和拉斯、卡萨斯因反对同样的罪恶而提出的理智而有力但在社会上没多少成功的呼吁。

断的任何一种权威。这种心理状态可能导致对诸如霍布斯哲学中的权威主义的一种新的辩护或可能导致洛克的占有个人主义；所有这些都强调个人拥有他自己的最高权利，只有——但不能总是——他自己的“自由”选择才能中止这种权利。然而更广泛地说——并且尽管存在犬儒学派和伊壁鸠鲁学派这样明显的例外——大多数关于人与社会关系的早期观念都强调个人对被看成是个人发展的母体的团体的共同责任。而现在，与各种社会机构的迅速蔓延和它们的权力相伴而生的是——更不用说害怕它们对个人幸福的压制能力——渴望将它们的权威减至最低程度以及逐渐怀疑它们对“善的生活”的贡献。受这种观念支配，以下的论断取得了一些重要的进展：国家的主要功能是预防它的成员相互对抗（同时大概也是为了避免他们反对国家自身），而不是使全体成员一同为一个更富强的集体工作，也不是为了任何一种他们凭个人就能获得的东西。

对古人和中世纪的人来说，社会在很大程度上是一种体制，其中的个人因对每个社会成员的幸福包括道德和精神幸福负责而履行他的职责和义务（至少在那种结构中为此而做准备被认为是社会的更好形 209
式），而现在的一种观念是：最小限度的政府给予个人选择自己的道路以最大的自由，那么必然的结论就是对不断增长的各种生活方式和人类目标的容忍是一种主要的善，而那些生活方式和目标大部分来源于对宗教暴力和压迫的厌倦。在对待个人选择和个人理想的态度上，国家越来越被看作中立的，它的角色受到了限制——至少如某些人所希望的那样——个人的选择变成高压统治，而且它可以拒绝他人的选择。如果超出了这样的限度，它有可能被指控违反了公民个人权利（通常是如同洛克哲学中的人权神授）。

在 16 世纪，“国家”一词本身与其说表示的是整体的社会，还不如说是指社会的政府。它至少通常被认为具有反对个人的潜在可能性，因此，任何国家，甚至任何“社会”都可能不再被理解成一种个人成长的途径，而是被理解为一种对个人主权的威胁。当国家逐渐要求一个越来越复杂的、非个人的和无个性的官僚机构，并呈现出它自己的一种集体生活倾向时，这种威胁就更大了。

所有这些都倾向于提升这样一种观念，即个人对他周围的社会的依赖越来越少，他希望除了要求社会提供最小的安全保障外不再求助于社会背景，而自我的实现则依靠自己的选择。在极端的霍布斯理论中，他呼吁社会保护和支持自我保护的基本欲望；洛克和其他哲学家补充说，个人财产的保护被看成是自我保护的延伸。从这一点来看，个人本身“拥有”亚里士多德学派所谓的身心即身体不可分离的特征；因此在更多当代哲学中，我们听到了要求拥有我们自己的感情和信仰的声音。如果不难理解的话——尽管了解很多哲学论争中以自我为中心的假设——我已经注意到这种“所有权”是令人怀疑的。

210 在欧洲和北美，尽管这种政治观念和社会观念的发展既没有持续性也没有统一性④，但是一套明显反对早期占统治地位的地方自治主义的看法在20世纪末得到了确认。我们已经注意到，有一种几乎无所不在和起着关键作用的强调选择的倾向。过去，柏拉图的善或它的神学追随者在起着同样的作用；现在，习惯谈论被保护的追求善的权利或者被保护的选择的权利。然而，体力限制了选择，尽管我们可以幻想（被商业意识所鼓励）我们可能会永远活下去，绝不会虚弱、年迈、生病，但是我们知道这些身体限制是真实的。在一长串英雄主义自我欺骗的格言中，“忘却”死亡是更多后尼采哲学思想的标志。

在比较古老的、“前现代”世界里，“权利”主要被看作是公民可获得的合法权利，责任比权利更重要，善则通常被视为共同的——它较少依靠把国家视为每个公民追求个人幸福的积极推动者的政治安排和哲学理论，较多依靠认为个人的善和发展基于他的需要（从广义角度理解的需要）⑤ 而不是基于他的欲望这一公理；较少依靠他的选择，较多依靠他的人格本身的共同本质，而这种本质是积极参与（而

---

④ 转引自 Sumner，*The Moral Foundations of Rights*（《权利的道德基础》），pp. 45-46。

⑤ See D. Wiggins，Claims of Need，in T. Honderich (ed.)，*Morality and Objectivity*，London：Routledge and Kegan Paul，1985，149-202. The matter was treated in Chapter 7.

不是仅仅生存于）充满生机和活力的社会生活的表现。

因此，我们可以接触个人主义的大多数现代形式了，其方式是我们需要询问较早的“社群主义者”是否面对过这样的事实：古时的人（尤其是亚里士多德）对人作为社会动物的理解到底在多大程度上是正确的？因为，如果人是社会的动物，那么他会因为不具有社会性而遭受痛苦，而极端个人主义理论也会成为幻想或愚蠢的想法。在《政治学》（1253Aff.）一书中，亚里士多德讲到了人与其他社会动物（如蜜蜂）的不同。他注意到，两者之间的区别不在于我们有两条腿不能飞，而是在于虽然我们和它们都具有社会性，但是我们的社会性与我们的其他本性是一致的。他用了一个难以理解的术语来说明我们与其他动物之间的区别在于我们拥有“逻各斯”——这个词似乎是指我们组织和形成思想的能力。对亚里士多德而言，蜜蜂的社会性表现了一种对环境的半自动化的反应，而人的社会性是指人在社会中对理性能力的成功或不成功的运用。

亚里士多德认为，所有生物都拥有“官能”，但拥有较高的官能要以拥有低层次的官能为先决条件。因此，作为理性的唯一所有者（我们把神搁置在一边），人类会因为锻炼了感觉、吃喝和繁殖等低层次官能而受到理性的影响。据我们所知，我们以一种人的方式吃东西，即社会性地而不是“像猪”一样吃东西；或者说，我们既理解和经历性爱的和浪漫的爱情，又理解和经历想象中的性交。显然，这些都是恰当的。然而，亚里士多德主要关心的是我们能运用理性去决定：怎样达到我们自然而然追求的目的，包括保护自己、做家庭计划、调整饮食——或者通过决定绝食而亡来放弃它们。理性使人们不仅有过一种预先安排的生活的可能性——最重要的不仅仅是生存——而且过一种“善的（和不善的）生活”的可能性。我们为自己安排的善的生活不得不存在于与之适宜的人类社会中。因此，决定何种人类社会能最大限度地使我们过一种善的生活或决定这种善的生活存在于何种社会之中就变成了一个理论问题（和一个紧迫的实践问题），因为我们作为仅仅追求个人的善的个人不可能过上一种善的生活。亚里

211 士多德认为，那些不能作为一个公民而生活在一个社会中的人要么是野兽（像独眼巨人），要么是神。

亚里士多德坚信（他在这一点上与柏拉图相似）：如果没有人类社会，我们就不可能成长发展；我们将证明自己是更好的或更坏的个人，至少部分地——我们在“本质”上的不同已经被留下了余地，虽然在这方面柏拉图的观点比亚里士多德的观点更激进——与我们在其中发展和活动的社会的美好事物相一致，因为我们在一个社会中发展不仅仅是做一个“沉睡的伙伴”，而是做一个积极主动的成员。我们必须承认我们的同胞，并将他们视为朋友——个体的朋友和共同拥有公民身份的朋友。

然而，亚里士多德和柏拉图都没有宣称一个更好的社会成员资格可以使我们更好地实现自我。他们说了某种类似的东西，但两者的差异是显著的：即我们会更好地训练我们拥有的能力；而且我们将会得到更充分的发展。他们之所以那样说，是因为他们没有自我实现的概念[6]——因为他们没有现代意义上的“自我”可以实现。柏拉图关心的是“灵魂应该怎样尽可能处在一种良好的状态中”；他也没有确定任何一个有灵魂的当前“自我”。相反，他确认的是灵魂的恢复以及灵魂的过去。完成——或实现——灵魂的当前构造需要迎合它的多样性，但（正如《高尔吉亚篇》所证明）在实践中是不可能的。亚里士多德从他的立场出发讨论了我们“根据德性”训练我们能力的问题，并将其作为善提出来，不是因为它使作为个人的我们得到了实现——尽管只要它是善的，它就会促进我们的实现。这种理想（如柏拉图的
212 理想）强调外部世界的行为表现和事态，与自我实现的理想不同。因此，在幸福经常被解释成快乐（或快乐超过痛苦的余额）的当代环境下，利用自我实现或自我满足这样的语言来描述亚里士多德的理想最容易让人误解。在我们考虑如何培养未来灵魂的时候，它甚至是不太恰当的。

---

[6] 我们在前面提到了“自我实现”这一概念的浪漫起源。

以柏拉图和亚里士多德的方式恰当地描述人类行为不仅回避了“我”是谁的问题，而且更直接地表明——尽管柏拉图和亚里士多德承认我们有具体的想法和需要，我们只能假设至少满足我们“更好”的欲望是善的，但是他们没有把这种满足当成自我实现的问题。确实，他们认为自我实现只有在我们避免直接追求它的时候才是一种善，因为这样的追求像直接追求享乐一样是违背自己利益的。在追求其他明确的和高尚的目标的过程中，自我实现只是被当成一种德性行为的副产品。

虽然把对自我实现的兴趣和同情归因于柏拉图和亚里士多德是一种误导，但以下说法似乎也有些道理：如果他们有了自我实现的概念，他们就会承认——事实上，只有在公民友好相处的社会环境中才能获得自我实现，而试图否认这一点是有害的。亚里士多德注意到，孤独不是人的天性，友谊的良好形式不是因为“功用”的目的而是由于“优秀”而产生的；但柏拉图在对暴君的描述中指出，那些渴望自己的利益且以轻视他人的方式追求它的人的命运会导致社会孤立和堕落，他的身边只会剩下一些拍马者。

柏拉图也不赞成这样的说法：坏人不一定是傻瓜，相反他可能运用他的才智更有效地追求其罪恶的目的。他会反驳说：坏人的目的越坏，他就会分裂得越严重，他也就更难工具性地运用他的才智。柏拉图在罪恶的国家中还看到类似的智力分裂的“大量证据”；当各种各样的智力机构相互冲突，彼此之间像对待它们共同的敌人一样相互仇视，从而不断致使彼此的工作无效，那么就会出现纳粹后期统治的后果。

柏拉图和亚里士多德对自我实现漠不关心，至少不是直接的关心。他们关心的主要是教学上的：城邦怎样才能教育它的成员归属于 213
城邦，并在彼此之间找到一种归属感。那些成员直接或间接地认为他们的利益和所有其他公民的利益是一致的——直接说来，他们愿意为城邦而战，因为即使城邦的政治理由（以国家利益为重的理由）是“善的生活”，它也是为了其成员的生存和天性而产生的，它在这方面与家庭类似：男人和女人主要是基于生物学原因走到一起的，而婚姻是为了人类繁衍的“利益”——但我们不能推论：在这些目的达到之后，生养孩子是婚姻存在和持续的唯一原因。

很明显，城邦追求的善的生活依靠城邦公民的身体的生存。然而，他们不能仅仅为了生存而把自己称为公民，而是因为城邦给他们提供机会以各种方式去生活，并以不可取代的方式训练了他们的才能。一个有极高音乐天赋的人可能生活在一个小社会中，但他或许不可能获得好的教育；他当然不能在一个交响乐团中演奏。一个具有相当规模的社会既是生存的必要条件，也是某些成就的必要条件。进一步说，一个家庭的存在不仅是为了生儿育女，而且是为了教育儿女。柏拉图通过雅典政治家地米斯托克利（Themistocles）反驳一个遥远岛屿的居民的故事（《理想国》，1329Eff.）说明了这一点。地米斯托克利同意说，如果出生在那个岛屿，他不可能获得政治家的名声。但他又补充说，即使那里的某个岛民出生在雅典，他也不会成名！伟大的成就需要个人才能与城邦（教育）所提供的机会相结合。我们需要一个社会提供最低限度的保护。如果社会不希望我们继续生存下去，那么我们可能就活不下去。然而，我们也需要社会训练我们的才能（如音乐才能）和很多德性品质（如勇敢和慷慨）。对充分发展的个人来说，他需要只有社会才能提供的机会去发展体力、智力和道德，并且训练各方面的才能。慷慨和勇敢涉及与他人的关系。如果没有社会的观念，它们就不能表现出来，因为社会（不管怎么定义）是由具有相对利益的人组成的，它的利益有时甚至比个人利益更重要。最好的公民就是最好的朋友。

反对亚里士多德的现代个人主义者会拒绝这些观点的大部分内容。他们承认在人发展的一定阶段，人们需要他们同胞即他们的仁慈，但他们坚持认为——当人们的利益受到威胁的时候，这种“自
214 然”情形不会有相应的仁慈义务相伴随。确实，“最好的情况”通常是寄生在社会中，在我们需要的时候从它那里获取帮助，在机会来临（或需要）时为自己的利益利用和操纵它。当然，柏拉图对此的回答

是，这样做的人不会得到好处，反而只会变得“不幸福”。但这必须是一种特定意义上的“不幸福”，因为很难说缺德的人不会发财致富；相反，他们经常因此而发财致富。许多没有发财致富的例子并不能成为反驳“不道德”情形的证据。因为有人可能会说——尽管柏拉图反对这种极端的例子——罪犯没有得到物质财富经常是由于他们的愚蠢而很少是由于他们的犯罪行为（包括他们的缺德），或者仅仅是由于运气不好。我们应该理解“不幸福”的不同含义。柏拉图认为，不同的意义包含在这种说法中：不管多么“神圣”的善的生活都不仅仅是训练我们的才能，它还应该积极关心我们“应该”在道德和精神意义上做什么以使我们的灵魂变得更好。

我发现，在一个严格的亚里士多德哲学体系里有时很难看到与审慎不同的道德意义在哪里，责任来自何方，但它的确在起着作用。这可能对受到亚里士多德影响的大量现代作家的信念有些帮助。威廉姆斯相信，应该将压倒一切的道德义务从伦理学中全部去掉，我们应该只以一种有用的方式简单地谈论如何过一种善的生活和如何训练我们的才能；我们不应该假定美学的思考总是要服从道德的思考：所以高更为了到南洋作画而放弃他的家庭可能是正确的。然而，在这样的例子中，想知道威廉姆斯是否依赖了后果论者的判断（这与他自己的公开说法相反）是合理的：无数人赞美高更的图画，但只有少数传记作家能够想起他的家庭。不管怎样，亚里士多德本人既没有提到他的图书室，甚至没有将他自己称作哲学家。⑦ 他当然不赞同对他的伦理学课题进行这样一种解读。

亚里士多德没能充分解释道德（因而是社会的）义务和善的生活是怎样作为一个整体联系在一起⑧，更不用说思考这种责任是否处于善的生活的中心（如果处于中心地位，那么是从何种意义上来理解的）或思考没有义务的生活是否就不是善的生活，这些为威廉姆斯进

⑦　作为古希腊的典型，我们可以把亚里士多德的态度和埃斯库罗斯作比较，他的墓志铭上特别提到他是为雅典而战的战士，而不是一个剧作家。

⑧　在第六章，我们提到了康德“发现”这个弱点的重要性。

215 行完全不同的解释留下了一道口子。可能正是这种忽略——因为他没有公开接受柏拉图的前提——这可能又对阅读他的伦理学的读者造成了另外一个众所周知的问题——至少在“前现代”社会背景下的伦理写作已经大量从我们视野中消失的时候；这是一个“实际”生活与哲学沉思生活的关系问题。在现代论争中经常忽略的——我们的实践理性者注意到了这一点——是亚里士多德假定任何一个“沉思的人”都会确认某种“道德”义务是高于一切的：有些事他绝对不会去做，而有些事他会坚持做。没有一个沉思亚里士多德哲学的人会在战场上为了冥想上帝而抛弃他的同伴。

柏拉图比亚里士多德更容易击败我们作为个人都是道德原子的观念，这一观念的实质是我们没有对他人的责任，更不用说对作为一个整体的社会的责任，除非我们选择承担它们。如果我们选择忽视这些责任，我们也不会承受心理不完善的冒险。柏拉图和亚里士多德都或多或少地同意：善的生活有两方面——训练我们的能力和接受某种道德上的应当（把责任给我们自己和他人）；然而，因为柏拉图强调孤立的人首先是一个道德和精神主体，而且他更直接地强调一种有力的道德实在论，所以他能够更有效地坚持亚里士多德不愿拒绝的东西，即如果来源正确的话，所有对他人的公共义务和私人义务——充其量被视为受欢迎的责任——是善的生活的根本组成部分。（他们两人之间的一个不同之处在于亚里士多德对幸福的解释更有特色地与目前的生活联系在一起，他更专注于坏运气和物质贫乏的危害性影响——甚至对有德性的人的幸福的危害性影响。）

柏拉图和亚里士多德（及其继承者）一贯反对道德原子论者的理由是，对他人的公共责任感和私人责任感是人类天生的本性的一部分（不仅是文化的一部分，尤其是选择的一部分）；这种责任感给所有对义务的解释和激发社会灵感和个人灵感的领域提供了一个基础；除非培养我们的责任能力，否则我们的发展将偏离方向。拥有一种高度责任感不是必需的，也不是一种我们可以选择拥有的东西，而是我们为了“生活好”而必需的东西。我们已经在前面说过，我们的责任感是与我们自己的过去的一种必要联系，它是我们在道德生活中获得成功的标志。

责任只能在社会政治制度中培养，因此建立在社会而不是个体基 216
础之上的社会成员资格是人类的基本需要。如果没有它，人类就会越来越糟糕——实在算不上完全的“人”。在一个社会中，我们都履行自己的义务。如果我们没有这样做，就会被社会纠正。社会培养负责的和被纠正的个体成员，从而消除了道德原子，并强调了人的公共角色。根据这种有关人类最佳生活的信念，在有关管理者是否承担责任和管理者是否为他人和自己的缘故而管理的方面，而不是关于管理团体的规模（比如，贵族政治或者民主政治）方面，柏拉图和亚里士多德都看到了好制度和坏制度之间的基本区别。

与古代的观念相比较，近代对个人身份和何为人的同一性的解释——特别是洛克、休谟和更近的帕菲特的解释——都没有对发展和训练我们的道德责任能力的“道德空间”的具体活动投入足够的关注。

因为我们拥有责任感，而且我们在不诉诸它的情况下无法描述自己，并且因为这种责任感必须在每一个成员能彼此接受和尊重的社会中才能被训练出来，因此不仅一种非强制的个人主义与人类本性中的某种根深蒂固的东西存在冲突——人类本性的发展极大地促成了我们已经获得的所有道德身份——而且那种通过理论游戏或其他方法来计算我们怎样才能同意使我们的利益最大化的谨慎的个人主义也几乎同样不能令人满意。只关心合理的个人直接利益不会培养出责任感，我们只有在需要负责任的时候肩负自己的责任并表现相应的行为计划时才能做到这一点。

谨慎的个人主义问题与伊壁鸠鲁对待友谊的例子相似。单纯为了相互利益的友谊本身不会持续下去，而采用以对他人负责任的态度为自己打广告的方法也不可能获得责任感，这就如同试婚不是结婚一样。当然把试婚转变成婚姻是可能的，但我们一旦进入婚姻的殿堂就必须承担新的义务。练习准责任可能教会我们一些责任，甚至能帮助

217 我们变得有责任心，这就像学校的模拟选举一样；由可预见性所组成的责任练习就像婚姻一样，不是责任本身。

奇怪的是，责任生活（一种狭隘的和强迫意义上的“道德”生活）和我们有机会就能获得的生活都能转化为个人主义和道德原子主义：首先，因为我们唯一关心的可能是我们自己的道德行为，在行为规则驱动的过程中追求“所有的结果”，而不管直接或间接的社会影响。不考虑直接影响的行为宁可把人当作达到我们自我完善这一目的的手段，而不关心间接影响的行为将导致轻率和疏忽。

很明显，直接运用和实现个人的潜力具有道德原子主义和反社会的个人主义危险，因为单方面的约束——例如，任何一个人都不应该因为其行为的影响而变得更穷或在社会处于最弱和最不利地位的社会成员不应该更穷是一个原则，当然不能从人的能力发展和技能的运用无须求助于更多的（可能是武断的或流行的）假设这一原则中产生。在自由主义世界里，根据表面最具吸引力和最值得安排的技能想方设法做任何事情无须理性的限制。

在对最佳生活的社会政治内容展开描述时，基本的理论问题是如何根据对我们才能的训练有素的和理性的评价和根据探讨共同善的要求同时限制技能和长处来确认能使我们发展的义务：换句话说，确定义务在多大程度上是真正的人类技能的标志，这些技能只有在足够的道德约束、责任感或义务感之下才能得到训练。无论如何，这种责任感或义务感将最终得到证实。⑨ 我们已经看到，如果我们拥有某些有关我们最佳状态的观念，并且认识到没有它们我们只能“希望最好”，那么组成最佳生活成分的恰当比例只能由理性来决定，然而，通常——特别是在压力下面，如同阅读历史应当定期提醒我们一样——我们只能获得一些远远算不上最好的东西。

218 学习对社会负责不仅是一个获得适应性强的习惯问题：就像亚里士多德有时说的那样，通过练习跑步成为一个赛跑者；也不仅是享受

---

⑨ 正如提到的那样，这种基本训练在很多当代“社群主义者”的思想中是缺乏的：它是在没有不可避免的形而上学的条件下探究伦理学（和政治学）的另一个结果。

责任的事情：尽管通常有责任的人会更喜欢有责任的行动，即使那样做会使他承担很多毫无乐趣的，甚至很不快乐的事情；它也是学习尊重社会成员的问题，我们希望对这个社会负责，也应该对它负责；另外，它还是注意尊重与体谅他人不同之处的问题——这可能是一种麻烦的窘境，但这样能与被雇用的官僚主义者的心理状态区别开来（他们可能属于地地道道的色拉西曼裘斯派）。

请思考那些为消除基于种族或阶级仇恨所做的努力。为了有一个能使所有公民兴旺发达的社会，同胞们必须学习尊重其他种族和阶级的人。如果我们在某种意义上对全人类（包括未来的后代）感到了自己的责任——比如关心地球的生态条件就是最紧迫的理由——那么，我们就必须尊重全人类，并且要理解这样做的理由。为了证实这一点，我们需要一种关于为什么所有人或任何人应该受到尊重的理论。同样，我们需要一个更好的理由来解释为什么所有人都应该被授予权利，而不是作为积极的道德主体有足够的权力去选择、坚持或抓住他们的权利。

如果我们的问题可能被当成我们是否应当尊重我们的伙伴的问题，那它仍然与我们对他们的需要以及我们讨论的需要种类有关。如果我们打算发展某种通常标有“成熟”的东西，那么我指的是某些必不可少的需要。然而，我也提出了问题：我们发现，当我们利用完那些我们需要的人之后，像原来那样去尊重他们至少在短期内不会有“回报”了，那么，我们对他们（以及对那些在其他方面可能不适合我们用途的人）的关心是否不会受到限制呢？这反过来与我们希望通过我们社会的其他成员得到满足的需要种类有联系。例如，当我们变得越来越老、越来越聪明，我们就越不需要他人的帮助，并且也就越不需要“尊重”他们，这可能成为事实吗？

把下面的考虑暂时放在一边：如果我们反对最接近我们的同伴，那么我们在紧急的时候有失去其支持的危险，甚至可能满足不了我们自我保护的基本需要。然而，还要注意到，那些总是合理地为自己计划最佳生活的人习惯性地认为契约（或者任何一种他们提出来证实他们谨慎的政策的理论基础）的参与者一律是成年人。在解释这点时，还要把更多的社会学问题放在一边。例如，为什么我们发展了一个不
219 考虑年轻人，尤其是最年轻的人的社会呢？（自从我们的社会拒绝了父权制，它显然到目前为止又没有一个替代的母权制。在这样一个更为传统的社会中，人们经常说：孩子是家庭的中心，而现在我们不再这样说了。）我们必须认识到，他们对孩子的疏忽——或者把孩子当作成年人来错误描写他们的自利自助行为——更突出了他们对他人不负责的态度——主要是缺乏对他人的身体教育和道德教育造成的。

为什么我们在这方面会表现得如此失败呢？因为，作为理性的成年人，我们通常是从物质方面或增加我们的"自由"方面来努力寻求改变我们命运的机会，因此我们很少看到纠正我们行为和视野的必要性——如果我对自我分裂的解释相当充分的话——更不用说拓宽我们责任的范围——这本身就是一个重要的纠正。作为理性的主体，我们成年人不需要外来的纠正；我们可以纠正自己，但我们选择这样做不是因为我们应该这样做。即使我们认为有改变的有利的理由，我们也不会接受社会的纠正。我们不是孩子！

就不伤害他人做同样事情的合理需求是合宜的而言，理性的计划者关心的是满足自己的需要。然而，对大多数人而言，当然是对追逐私利的理性主体而言，纠正只是一种不愉快的经验，它不受欢迎，我们希望这是一种几乎不需要的经验。如果我们只是关心我们的选择和需要，那么通过违约，我们把社会仅仅看成使我们能保护我们的选择和需要的手段。然而，我们是否需要被纠正不是选择的问题，它取决于我们是何种人以及我们的品质。我们天性中的"无理因素"（我们在前面已经明确探讨过）要求纠正。在我们不选择或不喜欢受到纠正时，情况更是这样。道德纠正是纠正我们对他人的责任感，同时也是纠正我们对自己的责任感，它与我们对自己的过去所承担的责任之间的联系尤其密切。

如果社会——或者直接地说，可能是社会的某种形式——对个人的纠正能够满足一种不可避免的需要，那么我们就需要这种社会在我

们生活中起这样的作用，因而，像道德原子主义和激进个人主义那样极端的理论设想看来已没有什么意义了。当我们把一个社会当成是它的“成员”的“外部”世界时[10]，我们的需要可能就是公民义务的依
据，但对我们自己进行纠正的需要要求一个亚里士多德哲学色彩更浓 220
的社会，它不仅是商品和服务的供应者、功能的操作者，而且是一个“有机体”——如果我们希望取得道德进步，我们别无选择，只能诚心诚意地依附于这个有机体。

这样一来，我们就被带回到一个乏味的问题：我们现在已经处于或能够处于一种最佳的条件下吗？这种最佳条件的可能性取决于什么呢？几乎没有人相信他们自己无论在物质上还是在职业的满意程度上处在最佳条件下。既然如此，我们是不是必须接受认为我们甚至不能接近最佳条件的说法？或者说，如果这样做，我们需要对我们的本性进行不断纠正——首要的是对我们的责任感进行纠正——因而，作为一种幻想，抛弃我们作为正当的人能够“独自生活”的假设吗？如果我们需要纠正的这种结论要求拒绝个人主义，回归更广泛和更具有亚里士多德哲学意义的需要，即需要从属于一个不可避免和朋友式的社会，那么对个人主义的追求要么会导致接受所有能够构成我们自己的东西，无论它多么可怕——它大概是通过选择实践而无须关心实践种类的萨特式拯救，要么会导致接受认为我们已经处在我们所能达到的最佳状态的说法。尼采在《戴荆冠的耶稣像》的小标题下对第二种选择进行了说明：我们必须做我们自己。

尼采的观点和表面上与它相似的传统主张是不同的。二元化（和柏拉图化）的人表明，如果把积蓄在它周围的杂质（可能它们被简单地当成是身体的部分）去掉，我们就能重新找到一个隐藏的自我，这就如同蚌壳含珠。尼采的观点相当不同；它需要接受我们现在的自我，但这个自我不处于对我们的行动负责的状态，而仅仅处在我们现在的人的状态。很显然，这样一种观点不像蚌壳含珠的理论，它与任

---

⑩　H. L. A. Hart, *The Concept of Law*（《法的概念》），Oxford University Press, 1961, p. 88.

何实在论道德都是冲突的。福柯（直接从尼采的立场出发）甚至把萨特的实践作为一种恐怖主义来拒绝——而且认为它在这方面与传统道德相似——他喜欢一种全盘接受的生活方式，而在这种生活方式中，传统里所说的人类本性中的“黑暗”面和“光明”面受到同等的重视。这样一种20世纪的建议与严酷的基督教伦理学家提出的原罪的黑暗图画相一致。但是，“贝拉基”空想家拒绝原罪的时候，奥古斯丁却在维护它，他宣称只有神才能把我们从原罪中拯救出来。至少福柯认为，尼采学派的支持者主张受到奥古斯丁谴责的道德困境只是我们存在的条件，因而它不仅不是邪恶的，而且是我们必须努力尝试和
221 体验的东西，是我们确实“应该”体验的东西——尽管很难看到这种“应该”来自何方，除非（毕竟）它是一种具有萨特式的真实性的魔鬼形象。

当然，我们中没有一个人会有这种幻想：如果这就是最后的个人主义，那么它也是一种疯癫、自杀，甚至谋杀的途径：无论所有传播的有关福柯的故事对他是公平的还是不公平的，至少有些像是真的。他在旧金山的浴室里自杀性地为自己的生命打赌，所以他也可能赌上了其他人的生命。他的一个弟子（“直接”从个人主义者的观点出发）反对任何把他的行为放在“正确”或“错误”的“道德化”标准下进行评判的有关假设。⑪

至少我们可以看到这种自我实现与传统的柏拉图哲学或二元论没多大关系，主要的不同在于早期的假设认为：当前的“经验主义的”自我需要纠正；它是否像柏拉图假设的那样或像一些基督教徒解释亚

⑪ D. M. Halperin, Bringing Out Michel Foucault, in James Miller (ed.), *The Passion of Michel Foucault* (New York: Harper Collins, 1993) in *Salmagundi* 97, 1993, pp. 69–89. 特别注意对福柯可能已经愿意谋杀的看法的巨大反应（84页），以及对郭灵回应“灵魂”的反应（89页）：“米勒书中的例子特别生动地证明了为什么每当我们中那些感到他们自己处在福柯准备战斗的情形中的人或和他有同样政治观点的人听到有人不运用‘真理’概念就会做出极度的反应。”要了解郭灵对真理的态度，参见 J. C. Fest, *The Face of the Third Reich*（《第三帝国的面子》），Harmondsworth: Penguin, 1983, p. 121：“幸好我不知道客观的东西是何物。我是主观的。”

当时所建议的那样有过完美的形式；或者这种完美的形式是不是我们各种角色都追求的一种东西——而我们的角色有些占主导地位，有些的作用弱一些。然而，如果我们的“自我”需要纠正，那么就有一个不可反驳的事实，即纠正必须大量来自受到传统德行教化的社会。如果我们能够纠正自己，我们就不会有纠正的需要。

传统的伦理德行充满在社会环境中形成的对他人的尊重和责任感，因而减少了经验主义的自我。他们当然没有把我们当成现在我们所是的人。然而，严格说来，对于个人主义者来说，“我们现在所是”包括所有我们已是、能够是或者“应该”是。另外，如果事实如此，我们需要真理，那么我们最好面对事实的非道德性——甚至“真理”被惊人地引用——而不是面对社会控制。如果是这样，尼采当然在很多地方是对的。另一方面，如果存在某种建立在柏拉图实在论的有神论形式基础上的客观道德，那么我们必须坚持区分当前的经验主义的（和孤立的）自我和“真实的”自我；并且要坚持我的真实的自我至 222
少部分是公共的，即他一直以来都生活和出现在一个相互尊重的社会中——这也是一种勉强的主张。我们变成了我们决定做的人，不是出于我们的自愿，而是为了尊重——最好是为了爱护——与他人的密切联系。我们在社会中生长。社会越好——“越好”指拥有更准确的道德理论，我们发展得更好的可能性越大。

是实在论还是意识形态欺骗？

确信伦理学有先验基础的托马斯·阿奎那断言：有四种基本的、“亚里士多德式”的人性倾向。在前面的章节里，我们已经接触其中的两种：对生活的欲望（自我保存）和对生殖的欲望；阿奎那补充了我们已经介绍过的第三种：在社会中生活的倾向（和需要）。然而，如果选择是作为善的最终裁决者去调整所有的善，同时，就像已经讨论过的那样，如果选择的观念是天生的，那么，一种建立在选择基础上的道德就必须拒绝阿奎那的第四个即最后一个倾向——在亚里士多德的《形而上学》的一开始就已经被确认的倾向：追求真理本身的倾向。我们已经看到，选择与不可避免的事实相冲突导致了反托马斯主义倾向，它为了选择而牺牲真理，同时我们也可以看到尼采和福柯是怎样在这方面变成了新的预言家。⑫

我们大概必须接受以下说法：首要原则不可能为伦理学而建立；为建立一组伦理学命题而寻求一种安全和非独断的基础是幻想；基础主义是一种过时的热望。理性和实在论大概都不是必要的基础或者甚至是不太合理的基础；或者说，在道德化过程的后期阶段，如果它们被视为有用的东西或必要的东西，那么，那些人——他们的首要原则只有根据最不合理的自我主张才能最终得到辩护，而他们的自我主张是对各种未经检查的“选择”进行神化的结果——通过坚持我们为“选择”而选择的荒谬的极端理论来引进它们。在任何情况下，如果我们过去的大多数宝贵信仰和理想不仅最终被证明是独断的或被证明只是自足的，必须依赖循环论证，而且是通过本性和善都很不确定的人类主体建立的假定的、谨慎的命题，那么，如果不绝望的话，看来担心也就有了证据。

223 在伦理学缺乏必要基础的三种方式中，只有一种是我们目前关心的。如果伦理学轻视诸如对立统一规律等基本的推理原则，那么它缺乏基础。另外，如果它轻视实际推理的（如果没有它，所有的道德的论述都会失去意义）首要原则，即应该做善事而避免做恶事的原则，那么它与人类的行为毫无关系。荒谬的论述不在此列。我们必须关心的是——并且在最实际的意义上——第三种可能性：如果没有评价特殊主体行为的非约定性方式，我们应该发现我们自己所处的这种情形。因而我们可以充分客观地描述用六英寸的刀片刺穿不受欢迎的、不友好的巴西小流氓的喉咙的行为，但我们不能权威地判断他是否应该为了那些把他投进监狱的人的乐趣被刺或我们是否应该把他的逮捕

---

⑫ 关于阿奎那的观点，参见 *Summa Theologiae*（《神学大全》），I-II，q. 94，a. 2 c。

者和谋杀者都看成是高尚的或下流的。

为了解决这样的问题，人们已经讨论过最基本的规定性建议，即由我们自己以个人或团体的名义提出一种肯定的限制条件：确实很矛盾的、非理性的、可怕的或骇人听闻的行为不仅是因为它矛盾、非理性、可怕或骇人听闻，而且因为它是“错误的”，应该受到指责。然而，这种建议不是指错误是附加在其他特性上的东西或者是一种把它们称为大于部分的总和的方式，而仅仅是指某种特性是在特定的情境下出现的，而错误是依附在一种或多种特性上的术语。如果一个道德哲学家被问道：“希特勒曾做过错事吗？”他只是粗鲁地回答：“他当然做了很多我厌恶的事，并且杀害了数百万人的性命，但严格说来，我不能说他做了‘错误的’事情”，那么正如已提到过的那样，这种自相矛盾的荒谬的说法仍然可怕地出现了，因此，我避免把“错误的”完全排除。哲学家的回答可能是严格意义上的诚实的回答；然而，为了避免使人震惊，我可能更喜欢用“错误的”来指我自己的社会或它进步的部分——通常指“我们”——它已经逐步被从道德和社会意义上贴上了“不恰当”的标签。

我已经注意到，这种“定性的”解决方法的一个主要困难在于——就像苏格拉底展示给卡利克利斯的那样——我们发现它很难与我们的用法保持一致。我们对客观标准的信任是根深蒂固的，但我们相信的东西可能是错误的理论；因而，我们可能把它运用到不同的行为中，而不是拒绝实在论者的“错误的”含义。我们嘲笑“维多利亚人”，因为他们说通奸或一连串的男女关系是错误的（我们的嘲笑者 224
依据的是多种多样的假设，不是所有的假设都可能陷入相对主义或透视法学说），但是，通常说，或者至少负责任地说，歧视黑人或犹太人实在是错误的——即如果我们拥护民族阵线或其他什么，那么承认异族通婚就是错误的，等等。

我们在这种情形下做的是什么呢？姑且不管道德中是否存在客观和确定的真理；作为实在论者，他们不依靠我们、维多利亚人或民族阵线能够不断思想的理智。相反，在缺乏这些真理时，我们要么必须假装它们存在，并有实际的需要，要么我们为了这些现在已名誉扫地的道德观念虚构一种实际有效的替代品。无论是两种情形的哪一种，我们不但要制造我们的道德，而且我们（我们大多数）还应该相信它。[13] 我们都必须清楚，因为它是有效的，所以我们还必须像我们在恶劣的“柏拉图化”时代那样虔诚地接受它的规定性力量。当然，被虚构的或被假定的“真理”的非规定性方面可能是“客观的”（尽管不是实在论的）：人们可能承认它是一种事实——一定的行为确实伤害主体或受害者，或两者都受到伤害——在这种情形下，我们能够决定它是错误的，或者相反，决定它不是错误的。反映道德信念的社会角色显示出为什么我们需要强烈地感受这些信念，不管这种感受是否现实地被证明是正当的或不正当的。除非特定的人对逮捕和随便谋杀“小流氓”的行为准备产生反感，或者建议承认，对那些人而言，即对“小流氓”而言，这是运气坏（我会认为，他们不仅担心那种发生在下一个地区的谋杀会影响他们自己），而且除非那种反感来源于相信杀死“小流氓”是“错误的”信念，否则，他们就会不太关心杀死“小流氓”能给我们提供多少有关这种行为应该被消灭的希望。社会机器不仅是在基本承认某种个人行为、公共的行为和某些公共政策是非理性的或有害的条件下运行，而且得到了对正义的长久情感支持。这种正义是在相信道德与谨慎的自私自利有区别的时候才能产生：对个人暴行的感觉来源于相信所做的事毁坏了一个世界的信念，而人们
225 承认他们对这个世界怀有不可推卸的责任，只要他们有办法培养自己的责任——但他们的办法可能超出了正常的办法。

在法老统治的后期，一种反种族隔离运动可能仅仅因为谨慎的理由而吸引了一些支持南非的人。（“如果我们更进一步压迫南非黑人，那么我们的未来就会更惨”。）但是，可以说，这种谨慎的考虑在 20

---

⑬ 再留心神学写作中的类似情况：D. 卡皮特的追随者应该已经让我们接受了这种观点。例如，哈特（David A. Hart）在《被怀疑的信仰：非实在论与基督教信仰》（*Faith in Doubt*：*Non-Realism and Christian Belief*，London：Mowbray，1993）里要求我们承认，是成熟的基督徒（其实是成熟的有神论者）首先发明了自己的上帝——它体现了他的最高理想——并对其加以崇拜。这种争论形式至少可以追溯到费尔巴哈。

世纪50年代的大英帝国则可能没有多少吸引力，因为那个时候的英国会说“这种情况在这里不会发生”。实际上，所有关于公民权利的国际运动依靠的不是支持者谨慎的信念，而是依靠相信存在能够纠正更加严重、更加重要的错误的信念。幸运的是，求助于相对主义（它在南非或中国西藏都是正确的，而在这里却不是）和各种形式的透视法学说来劝说有这种动机的支持者很少取得成功。然而，如果非实在论者轻视下面这种对我们有利的说法：如果善良动机的支持者相信女性“割礼”是“非常错误的”，那么他们最终还不是“有用的白痴”。但是，这种判断是由谁的观点构成的呢？我们打算虚构一个没有幻想的团体吗？我们能操纵他人的幻想吗？如果这样，是为了谁的利益？如果不是为了我的利益，为什么我要鼓励它们？我这样做在任何情况下都是不明智的，因为即使开始的目的是可敬的，但是那些经常欺骗他人的人可能对被骗者产生一种轻视。况且，如果鼓动者希望成功，他就应该乐于相信某些信念，并通过那些信念操纵其他人。⑭

哲学家经常对思考者的行为感到不安，不管这些思考者是否是鼓动者。思考者总是声称，只有他们知道真理，但是他们为了他人的善的缘故而让真理远离他人。由于道德堕落的原因，这种不安不仅超越了这样行动的人，而且超越了对行为本身的怀疑。威廉姆斯称这种态度为建立在功利主义传统基础上的“政府大厦效果论”，而西季威克 226
对它的明确关注可能说明他比他的理论更为道德；他很少有机会假设这种非道德的行为，而20世纪的思考者则经常如此。后者从干涉历史的过程中再次学会了如何在自封的政治和道德精英中走向堕落。这些至少说明西季威克规定自己在写作的时候应注意以下说法看来是合

⑭　柏拉图已经提到了这一点，旨在“纠正”修昔底德的观点。精英关于伦理学基本原理方面的欺骗，可能已吸引“实在论者”，但在道德领域没有被广泛承认。在这个领域，只有在某些方面假定了上帝的存在和本质的主张才能获得谴责的严格理由。正如对生态系统破坏的谴责就是如此。这种假定对无神论者没有影响，因为他们只有通过环境真理的辩论才能被（非理性地）说服——或者只有通过在某种情况下对自我利益的纯粹兴趣被说服——如果没有有神论特征，它在形式上是不充分的。政治评论家（及自命的哲学家）经常有意无意地求助于这些主张。

算的："'神秘的道德是合算的'这一道德教条应当使自己保持神秘性。或者说，如果这种伪装难以保持，那么这种说法可能是可取的：常识应当拒绝——'限制开明的极少数是合算的'这一教条。"[15]

西季威克对伪装表现出一定程度的不安。罗尔斯和威廉姆斯也发现它容易遭到反对。然而，在假设实在论已经死亡的迷乱中，我们发现道德哲学目前陷入了困境，有效的选择看起来需要自我欺骗和对他人的欺骗：正如困境欺骗它自己一样，或者说，我们忽视了这种事实——即我们在一个明显的客观世界里以及实在论者的标准中工作。如果我们检验实在论的标准，我们可能不再坚持它；或者我们细心地培养，并允许他人在我们自己完全不同的后道德情景中培养那种传统道德的情感伴随物。可能这第二种选择很少求助于欺骗，或者说，欺骗可能因此不再是一个难题，但传统道德的情感伴随物依附于有关人类行为的信念中。这些问题是关于意识形态的本质和地位的更加广泛的问题的一个部分。

我们在这里无须对理论家和道德哲学家做详细比较，尽管——请当代的尼采学派的支持者们原谅——他们既有重要的相似之处，也有显著不同。他们二者都深信他们理解有关人类行为举止的"道德"世界的方法是正确的，但他们中的一种人希望他们的听众受意识形态的驱动，另一种人则希望他们的听众受道德的驱动——而且，我迄今为止的解释应该充分说明了这种区别不仅让人疑惑——他们两者都期望从智力和情感上忠诚于真理——用爱、恨、偏爱、反感以及随之发生的选择和拒绝忠诚于真理。通常，他们都希望他们的拥护者把他们的信念当作真实的事物来接受，而不是当成有意的欺骗，尽管有些理论家可能认为，为了获得"真理"有必要经历一个审慎的自我教化阶段——虽不能说是欺骗，而另外一些人会通过把真实的事物定义为我

[15] H. 西季威克：《伦理学方法论》（1907），409 页；他感到懊悔，但仍然坚持这种观点（395～396 页）。关于威廉姆斯的观点，参见《功利主义及其他理论》（Utilitarianism and Beyond，in Smart and Williams，*Utilitarianism*：*For and Against*，p. 16）。罗尔斯也认为道德信念应该是公共的，并且认为这些观点是康德提出的。参见《正义论》，133、338 页，注释 4。

们宣称它们是真实的事物提出更加确定的路线。

对求助于意识形态的著作的考察表明对信念的热情、热爱和痛恨 227
与来源于“非教化”的道德信念即在前哲学社会中“自然”产生的道德反应极为相似。与后者一样，它和与其密切相关的良心的鼓舞可以附加在通过意识形态的幕后操纵者说出的谎言上面。纳粹党的宣传者成功地说服他们的民众像对老鼠和其他啮齿类动物的“自然”感情那样对犹太人怀有反感和恐惧，从而强化了普遍认为犹太人应该受到虐待，甚至受到审问的观点。感情的反应是对行动的必不可少的触发，不管是出于浅薄的意识形态目的还是出于更加权威的道德目的。如果要求传统的“客观”道德判断建立在虚假的形而上学基础上，那么这绝不可能制止把“道德情感”归属于某些其他东西和更加合意的社会“胶水”。它只要求可获得的合意的东西：我们大多数人——支持“直观的”而不是充分合理的理由——没有发现纳粹党式的意识形态把我们的正义感和相应的感情归于它的可接受的“胶水”。

有些哲学家发现，如果通过意识形态的管理者或其他的“理性”社会规划者或直觉知识，所有或每一种对我们感情的利用都会陷入欺骗。这是令人紧张不安的。如果更多的民众仍然（错误地）认为道德判断具有客观真实性或虚假性，那么它们取决于像“上帝”或“善良”这样的“信条”的存在：因而对这种错误信念的鼓励可能看起来对最好的社会组织是必不可少的。在这种情况下，如果这些哲学家相信对正义的自明的、有益的感情奉献只可能被提升，他们可能会因此而接受这种欺骗。

“最好的”是从哪个方面来判断的呢？很明显，普通公民希望最好的社会。但是他们对有以下必要前提条件的社会的赞同就没有那么明显：社会的一些或甚至大多数成员都会受到有意的欺骗或有效的欺骗——他们从本质上来说构成了柏拉图的“高尚谎言”社会——波普尔就是这样批评的——在这个社会中，无所不知的哲学家认为他的大多数伙伴（即使不是所有伙伴）保持无知是最好的。[16] 然而，除了柏

⑯ 当然，柏拉图的辩护意见是，并非所有的欺骗都是一样的。只有确实因为最好城邦的原因，他才允许人们欺骗——只有在“实在论者”的领域中才能进行这种欺骗。

拉图以外，在一个非实在论者的世界里，作为先锋的后果论者不但和他的同伴们一同主张：欺骗大多数人是合乎理性的（在这个观点中，我断言大多数人会犹豫），努力劝说公众接受他自己“知道”是错误的东西也是合乎理性的；他会忽视或轻描淡写那些骗人者屈服于其自己的骗术的重大冒险，并有失去认识欺骗他人的能力的危险。并且，
228 如果他发现他的诡辩术无法保护他的骗术，他就必须求助于公共的欺骗形式，如大规模地操纵媒体。他也必然不会排除各种形式的高压统治。例如，以逐渐失去隐蔽性的方式利用医学伦理学中有影响的约定。⑰

当然，如果他的欺骗被发现，他的信用会受到损害或遭到破坏，那么，非实在论者的向导不仅必须是说谎者，而且是一个成功的说谎者。由于心理的即灵魂的影响——如果证明我们目前是分裂的自我，我就没有必要再重复这种影响。即使没有柏拉图的实在论来保证更多建设性的行为，说谎本身就是分裂。即使发明“柏拉图主义”可以（至少短期内）帮助社会结构，那也有可能是以那些发明了它的人的和平和“幸福”为代价换来的，所以，如果在他们自己的欺骗中导致了信念自相矛盾的情形，那么这种代价将非常惨重。

从伦理学到政治学

柏拉图最先指出，凡是有关人的理论，不管是含蓄的还是明确的，都会在国家理论中得到反映。在《理想国》中，他分析了三种竞争性的爱和生活方式，由三部分组成的灵魂的管理对应于表示公民团体部分的潜在安排的结构。在现代条件下，并不存在教科书性质的完美例子；所谓的民主社会拥有一部分非民主成分，而独裁统治可能展示某些民主的或贵族的特征。这些在理论上是不重要的；我们需要承

⑰ 我们应该承认，采用选择理论潜藏着对暴力的要求。为什么别人应当非常乐意接受我们的选择？这并没有逻辑的或感情上的强制性理由。

认的是：比如，如果一个社会在文化上是多元的（这排除了那些在文化上被封闭的社会，如发生种族隔离的南非），自我在某种程度上也具有文化多元性。我已经指出，我们不可避免地受到环境的影响，有时不可避免地会使我们自己变成多重的自我，对生活的看法不仅不同，而且是矛盾的，但我们并没有认识到这些——除非我们使自己经历一个十分必要的理智过程——它可以更连贯一致地协调我们自己的生活。

在个人、社区、社会或国家中，这种多样性给公共政策和那些需要最好地协调自己生活方式的个体成员提出了问题。会出现两种极端的可能性，但其中的任何一种可能性都不会以纯粹的形式被采用，虽然它们都是“非纯粹”形式的支撑；我把这些称为“宽容的多样性”和“合作的统一”。前者通过社会成员提议的善的社会表明了某种认可的态度；它在实际方面的明显弱点是个人的目标对他人的目标有破坏性，所以，如果没有凭借国家控制某些人的目标来考虑他人的机会，它们就不能并存。但在理论层面上，这意味着宽容的原则被打破了，可能以武断的规定导致的争论将会随之而起——那些争论是宽容的限制和决定那些限制的更进一步的原则的，而这种限制是依靠“公平”原则使宽容最大化的限制。因而，有人会说，对那些“过分”宽容他人的人来说，这是不公平的，或者说，没有理由以他人为代价来宽容某个人的要求，这样的主张假定国家的角色就是提供“高水平的游乐场”。然而，“游乐场”的比喻是模棱两可的；或者国家给所有人提供“同等的机会”，或者为了某些被视为“公平”的事务（或者，甚至实际上如此），国家对各种机会进行了调整。 229

在此，我们可以脱离一种“后现代”西方民主的教化困境。这种困境在有关对付暴力和猛烈的色情作品的公共政策的争论中已经突显出来。过去人们常说，色情的东西只会变得乏味；没必要对其进行检查——它被指责为主要的不宽容——因为它自己会消失，或者如果它能够无拘无束地获得的话，至少人们都会对它产生免疫力。可以肯定的反对理由是：即使人们发现我们中的大多数人不会被强烈的色情作品所吸引——发现它只是“不适合的”或令人反感的东西，但是，如果它能给少数人留下深刻印象，而且当它因为理论的宽容可能在两三个杀人犯或儿童性骚扰者面前屈服时，灾难性的后果便会随之发生；然后，随着远离宽容的压力降临在嫌疑犯和警察身上，某种喜欢用私刑的暴民心理就会出现。尽管个人主义是胡言乱语，而不是原则性很强的表现，但它也被大打折扣，因此诚实的思考者会提出疑问：一级或多级检查制度是否远远不会减少罪恶。

一种在个人主义基础上形成的观点认为每个人应该被提供能够满足其愿望或实现其选择的“公正”机会。这种观点可以被称为团体个
230 人主义。通过这种观点，压力团体扮演了个人的角色，而压力团体的领导把他们的组织当成他们自己的器官和延伸。许多北美的政治现在被看成是个人要求与或大或小的团体要求之间的冲突。那些团体是妇女、同性恋者、本地人、拉丁美洲人、道德意义上的大多数人认同的东西。在形式上，倾向于具有温和社会主义形式的偏左组织（甚至民主党本身）都能够把他们自己视为那些压力组织的保护伞，而处于在野地位的共和党代表的是旧个人主义立场。通常，有集体权利的人会用新马克思主义的术语或用来源于法兰克福学派的术语来描述他们自己，当前所偏爱的团体取代了传统马克思主义中的无产阶级。显然，马克思本人压根儿不会与这些著名团体发生联系。这些团体也不会和马克思有牵连！

宽容即“让百花齐放”仍然是一个原则。罗尔斯指出，国家就是通过这种原则在各种竞争自由之间进行（任何基础的）裁决的。与它相反的是社群主义的某种形式，它通常被称为“法西斯主义”，但它绝对没有占据全部意义上的政治权利领域。它的根在于对社会和人类同胞牢固关系的渴望——它至少希望人类中有价值的人生活在乐土之上，而希望那些没有价值的人在极端情形中被杀、被驱逐、被监禁在精神病医院——或者仅仅渴望免受影响。它呼吁所有人为共同的善而一起追求一种不完整的统一性观念。在西方实践中，它通常以意识形态运动的形式出现，作为准救世主和宗教代理人发挥作用。

为什么这样的计划会以残忍和压迫而告终？它的理论原因是：这样的计划确实包围着乌托邦的国家和那些具有知道怎样操作、管理国家的神圣预感的先锋们。[18] 因为在神学起源中——一个人会注意到另一种标准的概念在神学背景下怎样看起来容易辩护——无限的上帝被 231
假定会以各种各样的形式理解作为其本质的唯一的善。在多样的形式中，我们每个人都为唯一的善而努力，但这种努力可能并未取得成功。集体乌托邦主义的世俗形式在于，它为了个人或团体的限定目标把有限的善神化，并抑制所有其他善和目标，因而减少了那些正当寻求它们的人的个性。[19] 然而，宽容的状态过分强调人类心灵的个性化特征，而“法西斯主义者”过分强调并通过限制必定会滥用对统一性和善的同一性的心理需要。

“法西斯主义”呼吁的这种华而不实的统一性不仅是一种最差的共同特征，而且说明平等主义的更加明显的民主形式同样可以受到指责，并能够被当成“法西斯主义”。政治生活的基本经济问题是，对所有的原因来说，不管它是贫穷的农业、不合格的管理、腐败政府过分的要求，还是由于战争引起的损失，从来就没有足够的必不可少的物质资料可以在人们中进行分配，更不用说奢侈品或难以触摸到的文化的、艺术的，甚至精神的财产。理想主义者经常宣称，如果人们更加理性地或更少错误地行动，情况就不会是这个样子。这不是明智的政治评论，因为没有理由去假设，人类行为会在这些方面极大地改观——尽管“万无一失”的机构的建立可能抵消它的最坏影响。

---

⑱ 国家取代上帝的有趣例子出现在大量的犹太复国主义者的观点中。例如，它曾经出现在原来为美籍的以色列总理戈尔达·梅尔（Golda Meir）的观点中。有关他的评论，参见 A. Orr，*The unJewish State：The Politics of Jewish Identity in Israel*（《非犹太国家：以色列的犹太政治学》），London：Ithaca Press，1983，pp. 172－184。以色列的例子是独一无二的，因为世俗的犹太复国主义者把他们的世俗国家建立在他们反对的宗教传统基础上。如果犹太复国主义者是通过这种简单方式世俗化的，那么在以色列建立犹太国家仅仅是一种实用主义的或多愁善感的例子。然而，如果它是宗教的，它的理想建立在《圣经》和传统信仰上，那么，我们就很难看到为什么它应该在一个世俗的国家出现。因此，极端东正教团体试图制造一个反现代的神权国家，这与伊斯兰国家的努力相似。

⑲ 有关古典自由主义对纯粹空想主义问题的介绍，参见 I. Berlin，*The Hedgehog and the Fox*（《刺猬与狐狸》），London：Weidenfeld and Nicolson，1953。

如果事实上对所有人都是不充足的，那么怎样制订公共政策来处理这种现实？最差共同特征的答案是容易受到嫉妒支持的平等主义。但是，很明显，拿走人们拥有的东西通常比给予别人没有的东西更容易，而最难的就是让那些不能像其他人那样享受良好文化的人的拥有机会。这不是故意对分配不公问题提供一个懒惰的回答，而是指出供求领域的规则——即如果没有充足的东西可以获取，我们会使政治问题——更不用说人类机会——它们因为激进的商品再分配夺走一些人拥有的东西，却又不给其他人足够的东西——变得更加糟糕。

以英国为例。英国教育领域的问题极为严重。我们暂不考虑它的
232 教育效果——这种效果既产生于孩子们的不同家庭背景，也产生于国家教育的一成不变的形式强加在所有人头上而逐渐积累的缺陷。那些进入私立学校的孩子经常比那些在国立学校的孩子更得不到完全的教育。很明显，这是不公平的，需要补救。然而，正如劳工党理论家舍勒·威廉姆斯所说的那样，私立学校的废除本身并不会提高教育的一般标准，而是——用简单的话来说——仅仅意味着只有更少的人能够在改革的制度下获得良好教育，而且这种可能性会继续下去。很难看到，那种平等主义除了提供嫉妒之外还能提供什么——拿走别人的东西只是因为别人有许多。经济的权宜之计——无力或不愿意为全面提高教育提供资助——因而给政治破坏提供了方便，这对任何人都没有好处，只会导致文化的整体赤贫而已。

满足了所有人会使他们缺乏需求和期待，因而过分宽容就会产生增加嫉妒的平等主义，除非人们调和这种平等主义。由此看来，国家为它的公民所能做的最好事情是鼓励他们接受财富不平等的事实，并认识到提高所有人的利益是国家最优先的考虑。如果实现正义的基本需求得到满足，对更多权利的要求（无论是不可剥夺的人类权利还是仅仅是契约性的和公民性的权利）都受到一种限制，那么这种社会将变得更加统一。如果任何所做的事都是为了提升一种柏拉图和亚里士多德假定的而我也曾论述过其优点的那种社会的观念，那么，这种限制是必不可少的，它必须得到认为其权利可能不得不因为共同善而受

到限制和减少的那些个人的承认。这可能也要求我们在实际社会状况中宽容更好的社会从一定理论上来说可能不能宽容的东西。

当代西方社会似乎在向相反的方向极大地发展，主要是因为它试
图在团体或个人的权利要求的基础上来挑选公共政策，而没有一种能
把这些权利要求排列成有优先序列、看似合理的清单的评判标准，因
此它没有对善或感觉的善给予同等的宽容。其结果必定是要么必定是
没有计划性，要么因为更加直接的可获得的短期目标而不断地忽视长
期目标，要么为了支持将来的善的要求（他声称尽管没有计划）而有 233
选择地推迟短期的善。当然，通过满足相互冲突的利益团体而赢得选
举的短期冲动和政治经济活动在全球范围铺开时要求解决的极为复杂
的社会综合因素都同时破坏了整个政治的风景。

此外，虽然我们可能喜欢假设我们都属于一个“地球村”，但是我们似乎又认为我们的村庄是由充满争斗的家庭和团体组成的。的确，由于大熔炉中存在各种地方传统——我所说的大熔炉反映了我们珍惜的各种道德信念的多种起源，在我们维护西方个人主义的特殊目的时很可能只会增加派性活动。在典型的西方民主国家中，人们已经很少把获得影响和权力的方法看成是推动个人要求的方法——霍布斯注意到，它只会成为意识形态“战争”和政治无政府状态的牺牲品——而看成是把自己等同于院外活动集团（lobby group）的方法——院外活动集团的利益可以同化为他自己的利益。我已经提到过，在美国，院外活动集团为私利而从事政治活动现象的出现说明在“地球村”可以怎样期待事情的进展——在美国，“权利”依靠对文件的合法解释；美国宪法是人为的，因而也是有缺陷的，但它被当成是神圣的文书——从这种意义上讲，美国是最“先进”的西方民主国家。在霍布斯所谓的所有人反对所有人的战争里——假设在一个单一民族政治结构中存在这种战争——可以叠加的是团体对团体的战争，这种战争通过诸如跨国公司、枪支院外活动集团或环境保护部门之类的不同机构反映出来，它们的运作不仅在这些机构范围内，而且完全超出了通常是被武断地建立起来的民族国家的边界。

在这一点上，“法西斯主义者”求助于秩序和整体的统一。它追求一种世界大国的形式，所以看来很有吸引力，但在全球范围内建立起来的“法西斯主义”的危险显然比历史上在地方范围内出现的“法西斯主义”的危险要大几百倍。诉诸友谊、博爱或“社区精神”越是危险，人们越可能以唯一无可辩驳的权威的名义来表达它们。如果绝对的权力彻底腐败了，那么“法西斯主义者”的权力越大，他们面对的危险也会越大。地球村逐渐成为现实，但它在经济层面上需要得到广告和消费主义的支持，在政治领域甚至具有更大的潜在破坏性：在受无社会的人类外在化统一性威胁的情况下，我们应该提倡何种公共政策呢？

234 如果一种政策在保留社会感和避免以嫉妒为基础的和破坏性的平等主义的同时阻止利益集团之间的霍布斯式冲突，而且被当成确实起积极作用的个人的重要文书的时候，这种政策似乎是令人向往的。除非获得它，否则个人“灵魂”的前景会更加令人失望，因为他在他自己的原则方面变得更加多种多样，他由于容忍所有的观念而很快不重视其中的任何一种观念——除非他有一种法西斯主义者狂热专横的选择——同时因为偏爱和偏见影响了他自己的物质生活，他变得更加单一化。隐约出现的是所有地方传统感的丧失，是外部灌输、无休止的物欲以及每一个个人要求选择他们自己认同的团体的权利的呼声的丧失。这种事态只会导致知识分子的不断工具化，它真正恢复了知识分子只是工具的主张，因为本土传统的丧失导致了一种平行的“民主”倾向——当代道德哲学已经注意到这一点——这种倾向回避根本信仰之间的差异。

我们估计问题在政治上的严重程度与心理上的严重程度一样。在最坏的情况下，我们不得不担忧：尽管民主社会的装饰品仍然保留在原处，但是它们的公民成员却变得毫无根基——没有人有终身的职业，只有一份为期三年的合同——同时他们平庸的愿望与抱负也变得如此雷同，以致政治操作者更能成功地操纵他们，而那些政客们得到了能言善辩的“建议者”的支持。那些建议者为发展“统一性”提供理由，同时对公众和他们的政治官员保留了一种知识精英的轻视。一个人只需记住：在20世纪60年代，著名的逻辑教授总是劝告那些有意制造混乱的“激进分子”“用他们的肠子思考问题”的例子。如同在魏玛共和国，这种情形很快被想象成：政客最终是他们饲养的动物，我们也不需要奥威尔告诉我们他们犯了多么严重的错误。

也许美国式的情况更可预料：30%的美国人认为自己是民主国家中的自由公民，他们在富豪混杂的情况下投票选举，而那些富豪将他们的自由个人主义巧妙地隐藏起来，他们暗示他们的支持者都可以进行真正的选择——但这些选择权分布在两种团体之间：一是希望通过“大政府”保护他们个人成功的竞争性个人团体，二是主张以更广泛基础或国家基础上的失败者为代价，把权力和报酬转让给更多地方性赢家的团体。在这一政治层面上，我们在道德理论中遇到的选择的至 235
高无上性就转变为与侵略的成功相一致的东西。罗纳德·赛姆爵士说：“没有人不需要求助于自由及类似的名义为他自己和奴役他人找到权力。”[20] 众所周知，他是在古罗马条件下说出这句话的，但他把“他自己”扩展到了“他的党派和利益团体”（被当成是他自己的延伸）之中，这是得到广泛认可的。

我们可以看到，甚至消息最灵通的人都难以在公共领域区分真理和谬误。[21]“你怎么能够告诉别人政客是否在撒谎呢？看他的嘴唇是否在动。”这种流行的玩笑表明，许多人已经认识到了这一点，但在政客能注意到我们直接的、特殊的利益的“少数”情况下，我们仍然愿意搁置自己的判断。因此，通过挥霍公众的金钱和控制信息，政客们能继续说服投票人——投票人在任何情况下都可能知道“其他人”

---

[20] R. Syme, *The Roman Revolution*（《罗马革命》），Oxford University Press，1939，p. 155.

[21] 注意一个前政府公务员的评论，见 Adrian Ellis，Neutrality and the Civil Service（《中立性与文职部门》），in R. E. Goodin and A. Reeve（eds.），*Liberal Neutrality*，London：Routledge and Kegan Paul，1989，p. 101：“信息官员……那些每年出席联邦政府会议的人。‘伦理规范……保护那些代表政府解释谎言的人，他们为了政府的利益而制造巧妙材料或泄露文件。’”

同样不好——给他们最后的机会。

问题还不能归结为政客的故意欺骗；事实上，政客也可能成为向他们提供“事实”的人实施欺骗的牺牲品，因为他们需要在一系列难以应付的话题中做出迅速的决定。新闻记者和其他人做好准备提供这种信息，但他们不管他们自己是否有时间获得它、消化它甚至理解它来源的语言。当然，在印刷品或电视中，有些人成功地提供了准确的或没有错误的信息，但有一种观念认为，这甚至可能会使问题变得更糟，因为如果知道许多“信息”是可靠的，要查出哪些信息具有误导性会更加困难。

能说能读的记者对“消息来源”的信赖经常导致盲目支配盲目的现象和腐败支配盲目的现象。在我们这个时代可以看到这种误报的一个影响。在苏联共产主义崩溃的时候，几乎所有西方“专家”都感到惊讶，他们——回到许多年前出现的一种险些令地球震撼的改变——还对苏维埃共产党第一书记赫鲁晓夫的成就感到惊讶。如果你不知道明天必须报道的消息，冒险猜猜吧。你可能猜中了，作为错误被抓住
236 的机会——更不用说被记住的机会——是很小的。如果你的错误能够使他们有更直接的用处，政客们甚至会更加感激你的错误，而不是感谢真理。

麦金太尔试图回应这种观点：独立的道德传统和文化传统有同等的道德地位，不可能把其中任何一种看得更重要。他断言，当各种传统相互碰撞时，至今仍然活跃的那种传统可能在选择的传统中吸收最好的那种。他的主要例子是，中世纪的基督教曾经设法从古典时代以来的亚里士多德哲学传统中接受最好的东西，但在这个过程中，却没有失去它自己（特别是它的奥古斯丁哲学品质）。然而，自文艺复兴和宗教改革运动以来，更不用说 20 世纪，西方传统发现它本身面对着许多不同的传统——除了它自身从中世纪以来产生的一系列传统——而对于这些传统，它还没来得及拒绝或吸收。结果导致了一种不加鉴别的受到尊重的文化多元论，它需要包容性比较强的理论为之辩护。

在没有先例的情况下，所有这些都留给了当代的政客——以及新的专业建言者。他或她的总的目标可能促进国家和国际社会的和谐。然而，甚至在他自己的社会中，他也会在知识分子和政治精英关于共同善的问题上遇到不同的看法——这种不同看法是因民众部分忽略事实真相形成的。同时，普通民众普遍觉得存在一种共同善，但他们对如何追求它、为它进行的辩护是否最终必须引进实在论之类的问题缺乏清楚认识。在这种情形下，冲突看起来是无法避免的，公民的不安情绪也暗地里产生了，这使得内乱似乎一触即发，而且为担心政客和平民主义者煽动阶级仇恨或仇视外国人的能力提供了更多的理由。

同样，在缺少有效国际警察力量或类似控制力量的情况下，霍布斯哲学主张所有人对所有人的战争在国际层面上似乎一直以来是一种更现实的危险——暂不考虑通过一种或多种武力强迫达到秩序，甚至正义的“炮舰外交”的时代——我们可以观察到，各种宗派所拥有的个人主义都以或多或少的非强迫的方式在努力斗争，直到担忧战败或经济破坏可能迫使他们去谈论，甚至空谈人权、法规或共同善：这在 237
实际中被理解为会使政党的利益最大化，同时又更好地减少了因伤害他人可能导致的更多的绝望行为。这至少是人们通常能想象的最好结果。

现代政治极为复杂的本质，对失去公众支持的恐惧，甚至理想主义的爆发，所有这些看来都推动着现代政客朝同一个方向发展：必须安抚民众，使他们相信通过某种非分裂的安抚政治或至少通过某种关心可以达到和谐。当领导者对他们的目的的看法与普通民众的意见不一致时，或者即使他们的看法是一致的，但选举人的利益和现代经济的复杂性以及对各种因素的排列的考虑都会综合到一起使他们感到迷惑。实际上，所有西方民主国家的领导——即使不是经过审慎的选择，至少也是根据实用主义逻辑来选择的——都会陷入追求欺骗的计划之中。的确，由于欺骗与自我欺骗是道德理论的必需品，我们很难发现它们在公共领域出现时可能遇到何种原则性的阻力或在道德理论的普遍混乱中“形成”的当代民主国家的政客在没有大量欺骗和社会对欺骗能够进行适当曝光的情况下是怎样获取成就的。

领导者采取欺骗手段要么是因为他们对目的的看法不一致，要么是因为他们不能确定追求那种目的的有效手段，更不用说道德的手段，也可能是因为他们不愿意因为短期的政治善反对长期的政治善；甚至是因为他们不能理解，只能以长期的迷惑为代价才能维持短期的理想主义追求。和他们的选民一样，他们可能会为希望拥有共同善、共同目标，至少在一定程度上同意通过正当手段实现其目标的社会悲伤。在对共同善和社会缺乏清晰认识的时候，他们只能求助于令人厌倦的陈词滥调。

除基本的安全保障以外，在缺乏广为接受的“共同善”时，可能不存在一种恰当的共同标准——这种标准可以测量中等程度的成功；因此，现代政客除了知道再次被当选的荣誉外，怎样才能知道他是否取得了成功？当然，他可能知道具体的经济政策是否产生了具体的效果。比如，通货膨胀是否下降了或失业人员是否增加了。但他不知道（我们其余的人也不知道）社会中的个人可以估计的程度：自己的各种“善”是否已得到提高，因为在所追求的各种善中并没有一个最终
238 目标，那么，对每个人来说，与更高的善的未获得的状况相比，中等善的获得为什么不会导致同样的失望，这看来是没有理由的；的确，提倡消费主义的目的就是为了促进这种无止境的不满足。

人们可能会说，没有选择的余地：政客必须欺骗，因为共同善的概念尽管在心理学上有吸引力，但却是不实际的，同时在理论上也站不住脚，因为它假定并努力把一种不符合实际的限制强加在人的各种希望和可能性之上，从而极度地促进了“法西斯主义”或其他极权主义社会的可怕的雷同化。当然，如果共同善是选择或偏爱而不是需要，那么，这可能是真实的：一些国家的、民族的或阶段的理想具体化为坚定不移的目标。那些坚持实在论伦理学的人没有提出、同时也不能逻辑地提出受到如此限制的共同善的替代品。对我们来说，只能根据人的整体本质和目标才能确认共同善。

有人试图提倡：无须求助于先验的共同善就可以建立与道德实在

论一致的政治理论。根据这种共同善，特定历史社会所拥有的各种受限制的共同善都可以单独被人们理解——不管它们是人类繁荣的条件还是联合活动本身构成了这种繁荣。根据这种说法，我们可以看到一种非常明显的，甚至在“传统主义者”的圈子里也很明显的混乱。不能求助于这种共同善和将共同善视为个体善的总和（比如功利主义者可能会如此提议）的观点对有关政治目标的一致理论的危害一样严重。[22]

对实在论者来说，在政治理论和伦理学中都不存在完全的选择，因为一种可以辩护的共同善，如同可辩护的道德“应该”而不是谨慎的“应该”一样，要求一种先验的、高于一切的共同善。没有它，不管是求助于积极的法律、传统的理想，还是求助于无情的或开明的利己主义的政客——在公共领域演讲而不是在“朋友”圈子里或秘密的学术环境中，他们也像道德哲学家一样——要么不得不以某些微弱的、虚伪的方式利用这种高于一切的善，要么，如果他们做出了忽视或拒绝它的样子，他们在丧失公众信赖的痛苦时又不得不继续暗中利用它。[23] 正因为如此，美国政客的谈话采用“平民宗教”的演讲 239
形式。

对于公众面前的政客来说，如同对在研究领域的哲学家一样，选择实在论及选择实在论在政治的“应用”是欺骗（不管它是否伴随着混乱）或信誉的丧失。大部分有点知识的民众被政客奉承为“很老练”的人，他们可能已经为上帝之死做好了准备，但还没有为公共道德之死做好准备。然而，选择令人烦恼并难以做出的决定时，他们就

㉒　在试图决定阿奎那共同善的理论特征时，混乱会不断出现。爱争辩的行家就会欣赏德科尼克（C. De Koninck）的贡献，见 C. De Koninck，In Defence of St. Thomas：A Reply to Father Eschmann's Attack on the Primacy of the Common Good（《捍卫阿奎那的立场：回应艾斯克曼神父对共同善的首要地位的攻击》），*Laval Théologique et Philosophique* 1.2，1945，pp. 9-109。这些关于共同善的争论的早期例子集中在个人是否必须为社会牺牲自己的问题上，其动机类似于与卡尔·波普尔差不多同时代的人攻击柏拉图的动机（和弱点）。关于更多的争论，参见艾希利在《人类的目的是什么?》中反对格瑞兹、菲尼斯和其他人的主张。

㉓　因此，他可能在实际中依赖某种类似布莱克本的“准实在论”的东西。

会被人骗得兴高采烈，而且政客和意见形成者也乐于欺骗他们。

在公共场合和在私人生活领域一样，我们发现欺骗对于实在论和实在论政治的应用而言是一种合理的，甚至必要的选择，但在更进一步分析我们前面介绍过的有教育意义的特殊例子即平等主义的欺骗方面的例子之前，我们可以承认对有关话题的选择。我们完全有理由相信，西方民主国家已经对这些话题的虚伪陈述着了迷。我们列出的话题单包括声称在发达的资本主义社会可以实现全部和持续就业的可能性的观点；联合国（或别的组织）无须大量（和昂贵）的武器装备就可以维护和平；如果正在进行调解，那么还可以使联合国军队或其他军队免遭生命危害；西方国家为了保障社会服务可以减少它的国防开支，同时仍然能够保护它的合法利益和国外公民，并继续承担维护和平的重要义务，更不用说保护人权；在年轻的职业妇女中，每周60～80小时的工作可以与哺育幼儿结合起来；可以发展“自由”贸易，而不需要跨国公司把工厂转移到使工人接受无法忍受的条件和低廉工资的地方——使能够依靠国家提供合乎人道的社会福利的同事们失去了劳酬较高的工作；能够阻止对妇女和儿童的暴力，同时克服因色情作品、轻易离婚和随时流产而带来的两性生活方式。这个话题单还可以拉长。

平等主义——试图根据人类都应该受到“无偏爱”的平等对待的
240 观点建立道德——是一个特别有意义的例子，它说明在没有共同价值判断标准和借助于形式上的公平原则的情况下，不管是否借助于故意的欺骗，人们都必须怎样接受荒唐的结果。我承认，任何社会在被推动着向正义方向发展的时候都会至少潜在地产生某种平等主义。对平等主义的原始冲动（和对任何权利理论和解放理论的原始冲动）在西方的源头是犹太教和基督教共有的教义主张——在神的面前，所有男人和女人都是平等的，这条原则绝不涉及上帝平等地赐给所有人才能和需要的内容。我们也不能因此推论：如果所有人都拥有上帝赐予的公平权利，那么所有人都会同样擅长做数学题目、拉小提琴、进行玩牌舞弊或——根据马基雅维利喜欢的例子——擅长为政治暗杀作计划——或有“权”在其中一个方面获得成功。

只要任何一种平等主义的政治都暗示人类可以相互取代，因为他们都是“平等的”，那么这种平等主义只能在科学家的某些主张中取得成功——他们声称，如果我们有平等的社会政治机会，我们所有人确实能够平等；如果我们在遗传上是不公平的，那么我们应该通过恰当的操纵使之平等。[24] 向我们提供这种平等可能有什么道德上的反对理由呢？某个人不能享受他应得的机会（如拉小提琴）仅仅是因为遗传上的“不公”吗？提出问题不是为反对帮助有缺陷的人提供辩解，而是探讨描述“有缺陷”的限制，并且还要问：宣称我们在各方面都有平等权利到底意味着什么。我比著名的黑猩猩有更多的权利来写莎士比亚的戏剧吗？

除了奥威尔的幻想以外，这种平等主义要么必须依靠一种有关善的独断的被限定的“单薄”理论——只有“基本的”善（生存、住房等）——要么必须求助于认为人不应该有重大不同的虚构。最清楚的例子就是，有人可能或已经断言：在男人和女人之间没有重大差别，他们彼此分开的繁殖角色与核心的“个性”无关。在所有这些虚幻中，一个人能够分清欺骗的政治或自我欺骗的政治——如果确实如此（我们已经否定这一点），将两者区分开来确实是可能的。

与将“选择”视为最高价值的世界类似的政治类似物是不需要任 241
何共同善的世界。然而，如果实在论是真实的，那么就可能给变化多样的社会成员的个体善提供核心的共同善。如果这可以得到辩护，那么共同善本身会依赖作为先验的共同善的上帝的事实——上帝用他特殊的需要和限制创造了人，因而也提供了共同善即人们在社会政治生活中努力奋斗的目标的可理解性。

如果在人们之间或在人之“上”存在这种先验的善，那么，在我们人类环境中，那些容易犯错误的人就会调和它的效果，而它的名义会因为教派或宗派计划的利益而被借用。因此，它的政治表现和经济

[24] 帕非特的书的好处之一在于它试图主张：我们比我们假设的更容易被替代。当代有关克隆的科学研究为认真对待帕非特某些有关替代的例子的道德含义提供了补充的理由。

表现就像任何其他政治计划一样必须受到严格检查。最后，共同善的存在和对共同善的探求都不能证明经不起检查的“神权政治”；这种“神权政治”包含着人类现实中不可能达到的完美性。我们没有理由得意地认为腐败正在威胁相信他们正在寻求共同善的人们。古老的柏拉图格言早就告诉我们：“最坏的事物是最好的事物败坏的结果”。

历史的终结和非历史的个人

到目前为止，我的观点否定的是：尼采认为上帝在现代世界死了之后应该是道德之死，而且他的观点暗示另外某种东西（不管它是否被称为“道德”）会出现在道德之死的后面。这种新情况本来应该在尼采之前就已经出现了，而且有时也表现出这种倾向。但它在据说目前已经一分为二的西方社会从来都不是一种“确立的”意识形态。在尼采时代之后逐渐占据主导地位的是以选择为基础、要求权利和通常穿着民主外衣的后果论个人主义；这种选择——作为传统基督教精神的持久继承者——以或强或弱的形式出现了，其中一些仍然在名义上具有基督教性质。（考虑到基督教在前现代西方世界的胜利，看来要回到为古典哲学家的写作提供背景的多神论状态下是不可能的。）然
242 而，可能会出现第二种选择，即没有神学的后基督教“道德”，但是，这看起来在理智上是不可能持续的，它只能在制度化习惯力量的推动下才能存在下去。

过去的道德是在特定的历史条件下发展的。对于实在论传统来说——不管它具有宗教的形式还是具有更加纯粹的柏拉图形式——诸如柏拉图的《理想国》或《圣经·新约》之类的重要文本出现的直接背景是它们时代的社会和政治历史的关键时期。这种文本对当代紧迫的争论有所贡献，而且在时间和空间上向更多的听众提出了挑战。不难发现，如果它们出现在我们时代，即认为所有历史观念都已丧失，

人们普遍相信历史已经几乎没有或根本没有东西可以教我们的时代，那么，它们的效果是迥然不同的，而且是更加短暂的。在当代人漠视历史真实性的情况下，我们必须承认一种现象：这只能进一步提高人在实利主义方面的雷同性以及他对欺骗的必然依赖——不管这种欺骗是公共的还是私人的，它都会同时分裂人的“灵魂”和加剧人的道德混乱。

总结一个时代的精神是危险的，但认识“现代”世界的一个特征比较容易。现代世界开始于文艺复兴时期和宗教改革运动，经过了现代科学的早期发展阶段以及农业和工业革命，进入技术革新日新月异的 20 世纪：这加剧了不考虑过去的观念。甚至科学理论变成了过时的东西，只有有思想的历史学家对它感兴趣，但它没有激起活跃科学家的兴趣——更不用说激起普通大众的兴趣，因为公众最关心的是科学和医学的最新结论。的确，科学规律一旦被发现，就会变成公共财产，所以牛顿的热力学定律是客观“事实”，它碰巧通过牛顿系统地表述了出来。在这方面，它与莎士比亚和索福克勒斯的戏剧完全不同，因为后者的戏剧虽然是特殊历史时代的产物，但同时融进了作者的生活和品质。

就科学发现者而言，发现的过程在某种程度上是个人的事情，没有什么新东西是“被创造的”，而科学真理的客观性在科学压倒一切的世界中的影响是一种逐渐加强的感受——重要的仅仅是超越时间和非历史的东西：因此，历史本身仅仅是在博古家消磨的时光。历史学家强化了这种心理状态，他们教学生社会历史，却很少用政治历史来支撑，而这些学生不像他们的老师，他们没有从他们的背景出发来歪曲信念和实际的观念。（我们可以比较文学老师的做法，他们建议学 243
生：背景和作者身份是“得不到的”，文本是人们唯一应该考虑的东西。）

这些反历史的观点并不只是在受过教育的阶层中盛行。现在看来，它们可能已渗透到了相对无知的人中间——他们是权威主义者“启蒙”的受害者。在受过教育的人当中，有些人的本职工作或业余爱好是有关过去的，而其他明智的人可能因为各种原因对我们在何种程度上是当地文化假定的囚徒的问题十分关心。许多旅游的人提高了他们对持续发展的文化多样性的理解——正如通过参观考古遗址可以间接理解过去的文化一样。受过教育的人可能把哲学上的个人主义与对历史的持久兴趣结合起来。

这个人肯定是精英中的一员。除非那些没有受过教育的人正好在军队中服役或者有某种别的机会（如从事商务活动）离开他通常的居住地，否则他们很少有机会了解他们的文化教育状况和历史状况。同样，像许多受过更多教育的人一样，他们也可能努力保护自己免受国外同伴令人不安的影响——不一定只是贫穷和肮脏的影响：一家多伦多旅行社打广告说，去墨西哥度假不会遇上一个真正的墨西哥人。

尽管电视上有“历史”节目，还有激增的书本，但西方人从来没有像现在这样更容易忘却、拒绝和忽视历史，历史已经被当前所“取代”和重新解释。我们的祖先受的教育是，他们比他们的祖先要差一些，他们是站在巨人肩膀上的侏儒；而现在我们受的教育是——并且我们大多数人很少有办法检验这种主张——即使我们不比我们的祖先更好，至少我们与他们完全不同。然而，如果我们不了解我们的祖辈或我们轻视他们，我们就不可能了解自己或了解我们与他们的不同之处。我们只会像永恒的移民一样移动。我们重新依靠“自我中心主义”的资源，被鼓励进一步相信我们必须“选择我们未来的状态”。

我们的确没有选择权，我们是时代的囚犯。我们中的每个人都必须为自己创造生活；我们最终不能依赖父母、朋友或国家为我们所做的一切。我们在生命终结时独自离去，没有人能够代替我们死去。尽
244 管我们尽量避开它，但这种现实和人性一样古老。[25] 过去，特别是在出现大规模移民的社会剧变时期，人们崇尚的是个人勇士；因而《荷马史诗》中的男人和他的神话、传奇一同生活，他的历史和过去是通

㉕ 海德格尔坚持认为，如果我们试图忽视我们受生理死亡限制的事实，那么我们理解自己处境的能力就会遭到破坏。他在这方面帮助了我们。

过神秘的故事形式来描述的。

国家和文化的神话以各种各样的形式培养我们成长——更好或更坏——这种神话的一部分是历史，一部分是乡愁，一部分是爱国主义，另一部分是宗教，它总是把我们和宝贵的传统联系起来。传统不仅培养了伟大的罗马帝国和古埃及，而且也培养了更现代的民族国家。这些混杂着神话和历史的传统可能具有许多共同之处，但它们也总是让人们表现出各自的独特之处：我们不一定比别人更好，也不一定在所有的方面更好，但是我们是独一无二的，是过去和现在的无法重复的结合。

现代西方目睹了无知地轻视过去而不是对过去无知的传统的衰败。轻视过去的最好表现是把过去视为一种不相关的东西，最坏的表现是认为过去对我们目前的欲望、抱负以及我们对生产和广告商、政客希望我们将其视为 21 世纪的进步的东西的思考都是有害的。忽略这些的时候，我们注意到了一个传统的消失通常发生在经常游荡在城市街头的无根基的个人中间，或出现在当代文学和大众文化经常表现的自杀和疯癫中——它们试图表现个人在被异化的时候是怎样用盲目的性行为、毒品掩饰其孤独以及他们被父母和社会束缚的哀伤。因为缺乏任何继承过去的观念，他们只能为生活的毫无意义而悲伤叹息。同时，描写他们的文学家发现“展示”生活的无意义是有利可图的，这又加剧了他们对无意义的感觉。这些都会使人仅仅根据永久单调的权力关系来理解生活。

对无根基的探究通常不会有逻辑的结果。政治家和意见形成者仍然发现有选择地求助于真实的、虚构的或瞬间的历史都非常方便，这就像是从对未来的辉煌具有重大意义的珍贵过去盗用“可接受的”圣
像。美国的林肯、英国的伊丽莎白一世和其他的人物通常对传道者有 245
利。直到我们这个时代，由他们改写的形象以空前的速度涌现出来，残存的名字对选定的目标即公众来说仅仅像脊椎科医生随心所欲利用的手术台，而以前绝不是这样的。减少对过去的尊重意味着承认所有信息处在循环中，并随时准备转化成非历史的目的；因此约翰·F·肯

尼迪的多种传奇故事的作者已经在书本、舞台上以及所有广播媒体中取得了成功。这种流行不像过去慢慢发展的神话；相反，它通常是短暂的：容易流行，也容易消失。

在更细致地寻找有关历史的丧失和虚构的传统例子之前，我这里有个明显的解释：在取代过去丧失的历史观念的时候，我们应该寻找的不仅是重新挑选神话，而且是要更勤奋地追寻历史，即追求历史的真理。我们不应该忽略那些指出滥用国家、民族、宗教神话的人的关注——无论他们具有长久立场（像在塞尔维亚或北爱尔兰），还是具有新近立场（如亚利安人的英雄）。这就是为什么我们需要通过历史而不是通过无知取代神话的原因以及通过恢复过去事件的复杂性以及恢复历史英雄分裂的真实的动机取代自私自利的优等民族意识的原因。

戈培尔已经教会我们，无根基不可能没有神话；在真理要求得到张扬的地方，政客的利益、盲从者的利益或商业利益就会努力填补这个真空。唯一能反对无根基的持久保护措施是培养对过去的正确观念。国家的、宗教的、民族的神话只是过去的虚假的替代品而已。在西方世界占统治地位的美国拥有反对欧洲专制的意识形态，它特别容易普遍轻视过去，并很快把这种轻视输出到别的地方。美国人因为对历史的无知也可能对其疆界范围内的自私自利的神话作者缺乏判断力。

让我们考察两个具体但不相同的例子，它们是关于民族传统在遇到永恒现实时的命运的例子：加拿大人身份的衰落以及宗教在英国（尤其是英格兰）工人阶层中的丧失。两个例子都表明过去意识的日益减弱加剧了社会的无根基状况（后者又反过来进一步加剧了过去意识的弱化趋势）和人们对物质“幸福”的专注，它们都被当成是反对强调个人的直接权利以及个人能认同的集团的直接权利的背景。

246 加拿大赖以发展的民族神话自从 1867 年 4 月成立联邦国家以来就被培植起来了，它是由两个开创性民族组成的：英国人（更准确说是苏格兰人和爱尔兰人）和法国人。无论在这两个民族之间存在何种

“契约”历史基础——在两个社会中广泛流传着各种各样的宣传形式——神话不仅广泛建立在历史事实基础上，而且延续了数十年。甚至到了后来，虽然许多英国人的祖先是乌克兰人、德国人、意大利人或葡萄牙人，但因为他们追求政治乃至社会成功所采用的语言都是英语，他们在学校学的历史是英国的，等等，因此，在北美环境下，他们在“文化上”还是英国人。就像伟大的亚历山大帝国中的埃及人和叙利亚人在政治、文化上是“希腊人”一样，他们是英国人。

两种历史现实改变了这种情形。首先，移民数量的剧增导致他们中的许多人感觉他们在移民之中有强烈的孤立感，这种感觉比他们在与他们一同分享命运的“开创性”人群中更加强烈。仅仅这一点本来不会对加拿大已有的民族神话带来与实际程度一样的损害；要了解下一步发生的事情，我们必须看一看加拿大的南边——加拿大最近的历史都说明了这一点。美国也面临着同样的问题：怎样把大量的移民确认为美国人，怎样说服他们在大西洋彼岸的崭新国家中放弃他们在旧世界形成的仇恨、热爱和恐惧。

提出的解决办法是“大熔炉”；所有人都必须在学校、家庭和社会生活各个领域中——部分在军队里——受训练而成为新的美国人，他们在上帝、法律面前是平等的，在热爱新祖国方面具有同等的合法权利。情况在很大程度上就是这样的，但也存在黑暗的一面。除了许多无须在这里加以考虑的原因之外，主要的原因是同化先前受压迫的黑人奴隶非常困难，这种同化过程的一个结果就是剥夺了许多移民后代有关过去的知识，却没有给他们充分的“新的过去”去取而代之。这种状况加上“新边疆”美国社会的激烈竞争，导致以理论为基础的占有性的和侵略性的个人主义与没有历史感的民众对标语口号和广告的强烈感受结合在一起：人们广泛看到，这种结合使许多美国城市在 247
20 世纪下半叶变成了无根基的和暴力的社会。

当看到这种犯罪危险在他们迄今为止相对和平的社会里不断增加的时候，而他们自己也从移民中感受了同样的压力，加拿大人尝试了一种不同的解决方法：不是大熔炉而是嵌合。各种加拿大人（意大利人、乌克兰人、日本人或中国人）将共存，但他们走的路实际上迥然不同。这实际上损害了缔造这个国家的人民发展的民族神话，导致以国家或地方的利益团体取而代之的情况，而团体的主要目标是要从经济和社会利益方面来提高它们自己的地位。由于对他们自己的历史了解不多，对古老世仇的没有带偏见的记忆（如波兰人与乌克兰人、希腊人与“马其顿人”、塞尔维亚人与克罗地亚人之间存在的仇恨），这些地方团体要么不得不在匆忙之中（和在一个被移植的国家中）寻找新的民族神话（甚至真理），要么仅仅将缔造这个国家的民族对过去所拥有的不充分认识的丧失变成一种象征。

加拿大担负着文化贬值的危险。在这种贬值中，移民的个人团体——逐渐在文化上与英国奠基者的后裔融合在一起——错误地把他们的团体身份当成真正的历史，这就像北爱尔兰的新教和天主教中发生的事情那样。同时，他们不得不讨好那些原来说法语、反应更加消极的少数派，而那些人倾向于把自己变成另一批追求自己权利的艰苦探求者：在 1995 年的一场公民复决投票的演讲中，魁北克的总理抱怨他被“金钱和少数民族”打败了。人们担心的结果是，对那些面对同样经济和商业压力的美国人来说，加拿大同样会经历与社会及其政治过程脱节的严重状况，这与脱离它的早期民族传统一样可怕——社会变成了占有性和分裂性个人主义的工具。

在总统选举中，不投票的美国人人数通常比欧洲要高，重要的是（通过选择或冷漠）它没有稍微下降的迹象。伴随有关过去的重要观念的丧失以及拓展和改善遗传的、可理解的传统的需要的丧失，雷同
248 化和非个性化在即将灭亡的民主过程中显露了出来。在这个过程中，消费主义者和政治上冷漠、激烈的民众——断言投票很难影响他们的生活——他们把社会管理交给日益减少的精英。我暂不考虑以下这一点：目前，甚至那些投票人在可供选择的可信信息基础上做出选择的权利可能被歪曲到了非常可怕的程度——在克林顿的第一次选举中，大多数投票人并不知道国会掌握在哪个政党的手里。

“民主”一词对不远的将来而言仍然是难以捉摸的。然而，在对

有关好民主应该像什么和它的历史条件是什么之类的问题缺乏清晰认识的时候谈论“民主”就像谈论其他道德语言的普通术语一样，仍然是模棱两可的。说这个术语的人通常像一个走进珠宝店的人，他需要购买手表，但对好手表没有清晰的概念，因为他并不知道手表为什么存在。如果对民主的目的缺乏清晰认识，我们会把它当成一种目的或政治“选择”的类似物。只要我们拥有“自由选择”，我们相信我们能够获得自己作为人的地位；只要我们生活在“民主”社会，我们就相信我们拥有可以“自由”的机制。如果选择是私人生活的偶像崇拜，那么，民主就变成了公共生活的偶像崇拜。

如果美国是西方的先锋，我们可以预料一种名义上的民主——它拥有所有完整的民主机构，但那些机构已经不再具有民主性质。相反，那些试图保护他们政治权力的有能力的少数人控制了受人口消费驱动的个人主义，而那些人口被剥夺了历史根基和共同善的观念，他们将作为各种受雇的生产性齿轮，在巨大的、非个人的、不断增加的多国经济机器中尽可能长时间地起作用。对那些操纵着历史沦落的人来说，重要的工具就是刺激“爱国心”的爆发，同时单独检查政府行为的（真实的或想象的）不当是一种如同盗用人权来追逐私利的诉讼。这说明，丧失正确历史观念也帮助和促进了公民团体的平民化。公民团体借助于平等和机会的名义变得成熟了，但它们仍然需要来自精英的欺骗政治。因为，如果我们作为个人或国家完全不关心我们的过去，那么我们将难以阻止对我们未来的操纵，也阻止不了进一步丧失个人和国家身份的危险，但这种身份正是谄媚的政客宣称他们要提高的东西。

人们注意到：主张重塑人类的希特勒、斯大林和其他人的某些目 249
标可以在无刺激性和没有思想的社会里得到实现，这是一种基于无根基的和嫉妒的个人主义而变得更为舒适和主张人人平等的极权主义。这种由无知和轻视过去的做法相伴的个人主义能够在“民主的”保护伞下兴旺发达绝不是偶然的；的确，这些特征可能变成任何未来“民主”的三个虚幻的支柱：它遭到阶级分裂的撕扯；被犯罪、政治交往和司法过程中的腐败、大量平庸的人以及文盲（尽管口若悬河的、受过相当高的教育的、精明的精英领导他们）所破坏。民主的游戏无味而残忍——并且把对自由的自我奉献也当成选择。美国在这个方向上已经走了很远，而跟随其后、相对而言没有受到保护的加拿大人目前在担忧分裂主义之余还有许多要忧虑的东西。

有关历史观念衰落的影响的第二个例子完全不同。18 世纪后半叶，英国教堂开始失去同新兴工业城市的穷人的联系，因此，正如韦斯利（Wesley）和惠特菲尔德（Whitfield）认识到的那样，如果他们没有对宗教失去兴趣，最终也没有对道德传统失去兴趣，平民化的群众需要一种新形式的福音。这些循道宗信徒担心的原因是容易理解的，因为穷人被恐惧、饥饿或贪欲所推动而涌入了城镇，他们不再拥有一个稳定的社会，而这种社会是英国基督教教会控制了 200 年的领域。这种社会至少与几个世纪的基督教传统有某种想象的（即使不是实际的）关系。英国国教不仅不是他们继承稳定习惯、尊重长辈和理解事情的计划中的个人地位问题的唯一源头，而且它还支持其他教会或与其他教会并存。大规模转向工业化生活不仅对政治舞台上的革命者的暴力行动构成威胁，而且也对基督教传统的丧失构成威胁。无论基督教传统在多大程度上没有被充分宣讲，它都在人们的祖先已经卧躺几个世纪的国家、村庄和教堂里找到依据。

英国基督教没能挽回民众。尽管小教堂挽救了部分松散的信徒，但快速发展的非基督教化趋势——在维多利亚时代的习俗的表面之下行动——对那些很少能透过新兴城市文化追寻到更固定的和具有历史稳定性的过去的人来说，通常是通过大学里的男人和妇女体现出来
250 的。[26] 因此，在保留了历史观念和增加了城市贫民超道德的雷同化的社会中，渴望宗教和道德复兴的现象变成了大众意识形态和塔尔蒙称之为“极权主义者的民主”[27] 目标——那些自封的角色是在多种意志

[26] 要了解牛津运动的地方神学动机（而不是它的更广义的伦理动机）以及运动的“过时性”，参见 D. Callam，Christopher Dawson on the Oxford Movement and the Relationship of Development to Authority（《克里斯托夫论牛津运动及发展与权威的关系》），*Communio* 22，1995，pp. 488-501。

[27] Talmon，*The Origins of Totalitarian Democracy*.

下发现大众意志的人把民众确认为大众意志的原材料的结果。如果大英帝国没有承诺大不列颠人有自己的出路，那么这种意识形态的压力可能在他们之中造成破坏性的冲击，正如在欧洲大陆的人们中曾经出现的情况那样。由于宗教紧跟着国旗，因此民族神话支配着英国国教。一种新的但又是临时的生活租期就是这样出现的。

19 世纪英国历史中存在的这种好奇性在 20 世纪得到了一定程度的重复，效果虽不是戏剧性的，但意义是深远的。新教徒为了罗马公教而放弃英国国教就是一种结果，但这种结果又是 19 世纪的基督教知识分子运动的原因。虽然最近几年定期做礼拜的人数有所减少，但就像内部的知识分子成长一样，大批知识分子皈依者帮助了英国的罗马公教。

19 世纪的人们对英国国教十分执著。现在，国家中受过教育的精英对宗教地位的坚持也是引人注目的——如果思考天主教教义的缺陷，我们可以看到它是令人惊讶的。况且，那些广泛宣称他们拥有自己的根基、自己的过去和传统的人总是坚持自己的信仰，他们反对消费主义的扩展和因媒体、公关人员带来的对瞬间满足的崇拜。另外，我们还在一定程度上注意到了那些认为自己不能在不太清醒的人之间生活、具有历史意识的人的生存状态。我们可能会这样总结：在受过教育的人之中，如此坚持宗教信仰在空前的科技革新时代是非常引人注目的。

当代的情形与 19 世纪的先行者有重大差别。因为，雷同化在 19 世纪影响了贫穷、沮丧的城市群众，而雷同化在现在却吸收了表面上看来有知识而且过得舒适的中产阶级——这些人逐渐拥有了递增的财富，但他们保持了被平民化的特征，他们从某种意义上来说不属于任 251
何特定的社会阶级。除了精英之外，英国（就像美国一样）正在向一个类似于最低共同性质的无阶级社会迈进，其中的电视和报纸激发了受过部分教育的中产阶级、新来者、大量移民以及城市贫民的希望和恐惧。没有阶级的社会不一定是进步的社会；它可能只是一个让人失望、无目标的集合体而已。

在当代英国，只能根据与教会结合的个人自我意识来解释宗教的存在。教会已经从灵活性和多形态中释放出来，而无须它的传统的共鸣。这种现象对天主教的知识分子没有限制，但在一定程度上影响了那些从19世纪的慈善事业和理想主义的福音派传统中获得伦理学的人（现在福音派传统被大量世俗化了，并被剥夺了理论根基）。这一现象在天主教有教养的阶层中特别显著，其原因必然要与他们对传统的保留相联系——即使经常以一种单薄的形式保持着传统[28]——在他们的传统中，伴随着将心理多重性减到最小化的可能性，个人的自我意识被提升，并仍有可能被提升。除了对社会有更清醒的历史意识之外，有迹象表明，类似于两百年前影响了基督教圣公会教义的那种侵蚀，在20世纪中后期影响了天主教的是工人阶级。当个人被剥夺了过去，估计他会认为是别人把流行的东西和压力加在了他的身上。在我们这个时代，这种时髦和压力指的是经济人还原。

还有其他将解释历史影响的方法中性化的办法，这加强了对目前的令人窒息的关注，而不是忽略了这种关注。奥威尔观察了当代（或早期的）独裁政府的实践。他了解到：历史也是可以改写或虚构的。并且——特别是在21世纪早期——我们不需要独裁政府这样做；我们不仅可以依赖以自我为本位的政客和政治评论家，而且也可以
252 依赖意识形态学家和人文学家的权威主义心理状态[29]——部分是那些哲学历史学家的心态，或者是当代教会背景下的神学支持者的心理状态。

技巧大致是这样的：首先，我断言我的前辈是伟大而又有些天真的哲学家（通常指柏拉图和亚里士多德），然后我开始把他们逻辑"简单"的成果改写成更具现代形式的作品，在这样做的同时改变其作品的风格和特征。这样改写的好处就是，如果过去的思想家说了某些与同时代哲学中流行的东西格格不入的话，那么这个人就不会再面

---

[28] 参见 E. Duffy，Rewriting the Liturgy：The Theological Implications of Translation（《重写祈祷书：翻译的神学含义》），*New Blackfriars* 78，1997，pp. 4-27。

[29] 我们甚至可以像忽略不具备代表性的例子一样忽略否认大屠杀的极明显例子。

对判断是他（柏拉图或别的人）错了与还是我错了的困境。由于有了这种解决问题的方法，我们摆脱了谁是错误的人的困境。因此，过去的哲学家可能会同时受到尊重和忽略，因为从他们身上学习大量知识的机会已经被取消了。通过如此处理，柏拉图（或任何其他人）可能既会作为单纯的人被人们保护起来，同时又可能被转变为安慰当代的某些形式。如果过去的哲学家提供不了某些基本的东西，当代教授就可能不会解释哲学家更让人感兴趣的主张，或者把那些主张放在一种系统的混乱条件下：采取哲学历史上的“井中下毒”的方法来阻止他们接触当代的学生。

在那些希望用过去来否认我们差别的人之间存在有趣的相似之处，即用那些在时间上与我们不同的人的观点和我们希望采用的态度去对待在空间上而不是时间上与我们不同的社会：即当代的非西方传统。知识分子共同关心的是要使自己摆脱欧洲中心主义，并公平地对待来源于其他理论的、非常不同但有同样价值的思想形式。目前，没有必要在任何一种文化之间徘徊，即使它们能给予我们，甚至也能给予他们自己许多帮助。一种未经审查的推理经常提出研究文化的首要理由：因为，应该宽容所有的、至少是不危险的文化，它们对我们都有教育价值，而且它们的价值可能“相等”。

我们因为论点的缘故假定了这些怀疑的前提。更直接相关的方法是我们挪用了非西方的文化。非西方的文化通常教给人们的是，它们通过意识形态的激发——意识形态对“西方”传统采取不加鉴别的敌意形式——表现出更显著、更危险的无知——不仅是对完全不同的文化的无知，而且是对他们完全能够作比较的自己文化的无知。当一个人思考下列更具体的事实时：对这些材料进行系统表述的绝大多数人不仅受到意识形态的驱动，而且没有重要的语言知识和文化传统，而正是这些知识和传统表达了他们所要讲述的内容。有时候，他们甚至还否认这些知识的益处。这时候，愚昧支配愚昧的现象就会变得更加 253
明显。结果是，这些文化传到西方时，人们过分简单地理解它，它经过了大多数无知的西方人的眼睛。在印度人、中国人或美洲印第安人的思想中，有些人对自己要处理的概念毫无文化背景观念——或者他们会更加错误处理——他们可能把这样“讲授”的一系列结果与古典希腊哲学中讲授的结果做比较，天真地把古代社会介绍成我们自己社会的某种形式。

人们可能会说历史的死亡有空间和时间两方面；如果我们更多地超越历史，我们就会为自己从欧洲中心主义的限制中解放了出来感到更加自豪。我还注意到，西方人在教有关古代中国和印度的东西时有一种更可取的选择——这就是，那些与祖国隔绝的“本土人”希望以当代西方的模式改写他们自己的传统。

我们通过使用现在的特有用语改写历史的方法破坏过去的能力特别令人吃惊，因为它出现在两百多年科学编撰历史的尽头，历史学家比以往任何时候都更加明白怎样在事件的背景下研究事件，怎样根据当时的社会标准来理解历史上的个人行为[30]，而它在这个时期的尽头它出现了。会思考的人不会平白无故地责难古代的奴隶主，因为那些奴隶主像他们的奴隶一样，无法想象没有奴隶仍然运转的世界的可能性。承认历史条件的必要性就是承认文化传统的重要性。虽然有各种不同的原因，但我们仍愿意像我们的祖辈一样把所有的哲学问题都吸收到与当代直接相关的问题中，并否认伦理学有关社会的真理。我们把社会当成眼镜，并通过它观察历史。我们这样做是因为我们允许自己受到欺骗而否认我们的历史，而且也因为我们认为这种非历史存在的状态是正常的、标准的。我们的祖辈了解的历史细节可能比我们要少得多，但他们通常比我们更理解历史本身的重要性。

254 由于科学技术的进步，尤其是大众通信的进步，历史更广泛地表现得与我们毫无联系，似乎还从实际中消失了，而且这种消失并不是不经意的，而是被故意的无知所取代。这时，个人对竞争世界的适应将取代传统道德（不管这种道德是何种形式的）的主题发展。注意到这些以后，我开始了本章的这一部分。如果我们历史的丧失以及关于

---

[30] 我们因为自己的历史观点和对过去的怀疑而承认的局限性，不仅必须毫不含糊地得到承认，而且必须被经常加以考虑。它们绝对不会减弱我们对历史日益增多的理解。

我们自己的知识的更多丧失就像市场上瞬间消失的数字一般，它一旦与民主的平等主义结合起来，那么后者的最不利的特征就会更加恶化。结果就会改变，但心理上的分裂是永久的：可以预料，在统治者中只有无情的欺诈，而在被统治者中只有嫉妒和顺从。在大众社会中，如果这些态度与日益增长的无能混合在一起（或者与被剥夺公民权的不断强化的感觉混在一起），那么它会推动我们走向我已经提到过的选择：虚伪的民主或更加炫耀的极权主义。我还想提醒大家：不管奥威尔的噩梦如何，前者从长远来看可能更加狡猾，这主要是因为人们希望它说服平民热爱独裁者而不是在独裁者面前以无能冷漠的方式退缩证明是更加困难的。然而，民众看起来变得更加残忍，而不是热爱统治者——正如在一场宫廷革命中，当一个暴徒有机会报复他从前总是要巴结奉承的凶手时，将会发生什么。

如果在我们当前非历史的社会中提出虚伪民主的可能性以及更明显的极权主义选择，我必须最终重提一种给平民化和无根基的进一步发展贡献了特殊当代方法的机构：这种机构就是官僚机构。官僚机构在精心经营的社会中是不可避免的，但是当它给这个社会的“车轮加油”时，它以非个人的和非历史的特征起作用。官僚机构必定是非个人的（因而即使效率高，它也让人厌恶和憎恨）。从这一点来讲，它能够在虚假民主和极权主义的统治下运作。对于官僚主义者而言，委托人没有过去，只有一份档案；没有个性，只是一个数字或长队中的一个位置。它的一个特征是，官僚主义打击了机构的责任，这就是为什么官僚机构的官员能够如此轻易地从一种政治主人转移到另一种主人的又一个原因。

然而，作为一种必要的工具，它不能被彻底废除。只能让它接受监督。在任何一种相对健康的官僚机构中，“吹口哨”受到鼓励，而对机构的崇拜——自从拜占庭帝国时期以来，这种机构就有了被崇拜的倾向——作为法律以外的东西不被提倡：特别在它的较高的标准上，历史的观念应该作为必要条件。当然，官僚机构本身不会促进色 255
拉西曼裘斯式的个人主义；更确切地说，它是一种猖獗的个人（独裁者或团体）可以可怕地加以利用的工具。

我提供的只是有关政治社会生活中的一个分支的介绍：把伦理学中的选择理论和原子个人主义与“民主”国家中政治精英和普通成员之间的欺骗的必要性及（或）普遍缺乏历史的观念结合起来。我们对这种结合引起的一些危险现象看来得出了初步结论。第一种危险是对个人或团体权利的过分强烈要求是不可能获得的权利要求，因为如果这些权利都必须依法执行，那么就需要无穷扩展的资源。在实际中，只有在对资金的激烈竞争中，最终的和最流行的权利才有胜利的可能；在任何情况下，没有义务的永无止境的权利满足只会导致不断增长的资源分配上的霸权。因此，对无限权利的寻求——这点有些像对无限选择的寻求——将导致对权力的追逐和必然用权力来对付他人，这对个人和经济都有危害。甚至，要求越来越多的工作岗位也可能产生这样一种情形：如果我有了新工作，他人也就失去了工作。

第二种危险：没有足够的资源满足永无止境的权力要求——主要是拥有权力的要求——这种不足（当它和道德理论中无法确认和证明有关共同的和私人的善的要求相结合时）必须刺激有关人类本质和经济社会现实的欺骗，特别是无止境的经济增长的可能性——因此，要求大量的意见形成者使这种欺骗永久保持（并把它掩盖起来）。

第三种危险是前面所说的现象的必然结果。尽管经济扩张最终必然下降（并且更直接的问题是关于报酬的公平分配），而对物质商品和不正当的“不可剥夺”的权利的无休止要求却不会相应下降，因此，像我们看到的那样，生活似乎越来越像个“总数为零”的游戏。
256 这样的一个明显结果就是很少有人会“承受得起”让孩子进一步消耗他们的时间和资源：这确实已是一种欧洲现象。在道德理论中，特别在关于理性契约形成的解释中，我们已经注意到孩子消失的现象。在社会政治领域，总数为零的竞争已经取代了古典的“社会”和共同善。“理论”的消失将在更为古老的公民团体中找到它们的类似物。当然，移民可能也被邀来填补工作场所，（并在黑人中保留养老金，）

但是他们不是有责任的公民，而是被剥削者。还可以进一步看到：我总结的前景是社会政治领域的最终条件。在这方面，柏拉图的实在论和它的政治用途已经最终被它们的代用品所取代。向这一方向前进的道路是曲折的，因此人们更容易忽视它。

第九章　上帝和伦理学

实在论伦理学与神的命令

257　最后，让我们从宏观转向微观，从社会转向个人。我已经证明，只有我们达到充分统一的状态，我们的多元自我统一为一个单一的自我，我们的自我和我们未来的灵魂才能使我们有能力履行自己的道德义务和很好地生活——假设这种义务和标准是现实的。这意味着善的生活的可能性取决于道德标准的现实性和某种外在原因——这种原因从后果方面来说必须具有“超越人的性质”。或者用传统的基督教术语来说：如果我们必须得到上帝的保佑，我们可以获得这种授权，至少是逐渐获得这种授权，而如果没有这种授权，“应当”（如果存在某种应当）暗示的决不是“能够”，而是“不能够”。只要道德的存在有意义，那么它的作用和保罗读犹太教法典一样：它让我们认识到了我们何以不能履行自己的道德愿望。用传统的话说，如果道德要发挥作用，上帝必须是导致我们道德生活的最终有效原因。

许多当代神学家和道德客观主义者认为，他们可以在当代羞于借助于上帝来论述首要道德原则即把上帝作为道德行为目的和最终作为道德行为的必要支持的方法之外找到一条道路。在他们看来，有关道德原理的争论能够在人的理性倾向提供的材料基础上与不可知论者、无神论者之间有效地展开。这种哲学努力是——人们承认——应该付出的，而且，如果它是成功的，有神论道德哲学家在智力方面将不再那么孤立，他们会变得更加保险——这可能体现在对康德主义的修改方面。在这一点上，格瑞兹、约翰·菲尼斯和许多其他人——即新自然法理论的提议者——已经对无例外的道德规 258
范提供了辩护，他们认为那些道德规范的获得可以不求助于形而上学，更不用说求助于神学或神的启示。① 根据他们的看法，我们能区分某些"前道德之善"（生命、友谊、知识等等），这就像我们能够区分苹果和橘子一样，而且，既然没有普遍的理由——善不像区分苹果和橘子那样可以比较——以另一个善为代价来选择一个善，我们从来不需要有意地和直接地反对这些善中的任何一个善，也无须直接地和有意地为一个更大的善而牺牲某一个善，或者将一个善当作追求另一个更大的善的手段：他们指出，我们必须为了迎接善的到来而总是拒绝直接作恶，这恰恰是——根据相同的不可对照原则——合乎理性的事情。

不幸的是，事情并不这么简单——尽管我已经暗示，如果不想在某个假定的时间原子里对抽象的善进行选择，而是认识到选择通常会轻易地和不知不觉地从我们迄今为止的生活方式里产生出来②，那么两种善之间的不可对照性可能不那么可怕。

---

① 也许能够最直接和最简洁地表明其观点的文章是《实践原则、道德真理和最终目的》（Practical Principles, Moral Truth, and Ultimate Ends, *American Journal of Jurisprudence* 32，1987，pp. 99－151）。（在评论麦金太尔的时候）J. M. 波伊尔在《自然法和传统伦理》（Natural Law and the Ethics of Traditions, in R. P. George (ed.), *Natural Law Theory: Contemporary Essays*, Oxford University Press，1992，pp. 3－30）一文中对道德首要原则的自明性提出了一种更加随意的解释。

② 亚里士多德认为，繁荣昌盛只能在一种"完善的生活"中被适当地辨认出来。在不可对照的善之间进行抽象选择需要停止人的生活之钟。在宣称我们不能在时间的连续性中做出这种选择的观点和芝诺宣称阿喀琉斯（Achilles）在竞赛中永远无法赶上先起跑的乌龟的矛盾观点之间存在一种相似性：因为等到阿喀琉斯到达乌龟的起跑点的时候，乌龟已经前进了，而等到阿喀琉斯到达乌龟前进的地点时，乌龟又进一步前进了。

问题不可能通过这种方式得到完全解决：在这些交付给“脏手”的艰难情况中，似乎完全需要以一种善为代价来追求另一种善，因为“邪恶”的行为通常仍然必须被明显地视为避免某种更坏后果的方式。面对这种情况，首先应该注意的是如果我们承认为拯救一种善而牺牲任何前道德之善是没有意义的——那种善是达到某种似乎更大的善的手段——而且仅仅因为这些善是不可对照的，那么我们与其说是在遵循一种似乎合乎理性的路线，还不如说是在避免这样一种路线；我们不是说这种行为不应该做，而是说我们没有充分理由来证明这种行为应该做。通过假设义务是假定理性的不可缺少的伙伴，而缺乏引导必
259 须被视为例外行为的一种道德意义上的抑制（“如果我不能提供做某事的理由，我就不会做它”），我们得到了应有的结果。

在转入更困难的道德限制问题之前，让我们考虑一下积极的道路。在实在论道德世界里，有关某事应该做的“决定”不是对人的意愿做出反应的某种人的意志可以保证的东西，而是某种事实上首先被人类大脑认识的东西，这仅仅因为世界原本就是这样的。尽管人类理性可能给出指令说 X 应该做（相信 X 是道德上应当做的事情），但是“应该做”——而不是仅仅“理性地做”——暗示进一步授权——而且这不仅仅是因为人类理性在认真做决定时可能无法做出正确决定。为了证明它自己的道德性质，而不是谨慎的产物或充其量是合乎康德意义上的理性的东西，可能出错的人类理性要求——斯瑞兹（Suarez）可能已经注意到[3]——某种外在的保证。在缺乏“柏拉图的理念”（它不提供指令）的时候，外在的保证只能是上帝，他的“本质”——也就是假定我们具有的“原始”本质——是通过非武断的命令交流的。只要实践道德为我们提供了义务，而不是仅仅诉诸我们（有限）的理性，那么它不要求对一种客观的、死板的理念提供辩护，而是要求对一种全知全能的、天意的和先知的神性进行辩护。说上帝是善的，但他不愿意展示他的善；或者说他知道我们应

③ 参见 J. Finnis，*Natural Law and Natural Rights*（《自然法则与自然权利》），Oxford University Press，1980，pp. 338－339。

当做什么，但没有（在必要时通过可理解的指令）告诉我们应当做的事，这是没有意义的。如果无助的实践理性不能解释为什么一种善可以或不可以为另一种善“牺牲”，那么我们的理性在道德支持的情况下可能能够做到这一点——但它仅仅是从上帝的角度进行假设的结果。

我们被迫承认道德义务——从慎重思考或从已启蒙的自我利益中清晰分离出来的唯一义务——在无神论（如果我们更早一点的论断是正确的，它也是非实在论的）宇宙中只是一种乌托邦梦想，而有神论者希望说服世俗道德思想家相信他们之间的争论可以通过纯粹属于这个世界的术语得到解决来否定这一点是徒劳无益的。他们应该已经预见到，诸如格瑞兹和菲尼斯之类的哲学家试图论证这种辩论无须求助于上帝的努力和康德的努力一样失败。康德曾经试图证明道德无须形而上学基础（他理解的形而上学基础），但他不得不承认他的道德世界离开上帝的最后认可会崩溃：我们可以看到，康德一方得到了尼采的很高评价。后者认为道德基础在上帝“死后”便不存在了。那种认为康德能使宗教（即所谓的信仰）在没有形而上学基础的条件下存在 260
的观念仅仅是旧信仰主义主张的现代翻版——他们宣称宗教是真实的，但不具有可辩护性，而宣称康德追求没有上帝的道德的相关观点本身是对康德观点的否定。④

如果不能从当代关于传统伦理学的争论中将上帝排除，我们能够更容易理解为什么在阅读菲尼斯，特别是阅读格瑞兹时，我们很难知道他们在试图区分哲学和神学的过程中是否清楚他们所从事的两个领域。在许多不可对照的善的背后——如果荒唐地向无神论者推荐，那些善包括宗教在内——是一些没有得到承认的有关行为类型的观点，即上帝通过《圣经》和权威已经正式宣布禁止的观点。如果这种关于可欲求的行为起源的观点从一开始就直接得到了认可——马利坦

---

④ 康德没有用“理智局限之内的宗教”来解释教条主义的基督教，参见 John E. Hare, Augustine, Kant and the Moral Gap, in G. B. Mathews (ed.), *The Augustinian Tradition*, Berkeley and London: University of California Press, 1999, pp. 251-262。

(Maritain）就是这样认为的[5]，那么，即使有神论者和无神论者就严格的道德问题（至少就道德的基础和辩护问题）进行的辩论必须在有神论的砖墙前突然停止下来，它也是更令人满意的观点。我们看到，上帝不但是道德发挥作用的必要条件，而且不能从有关道德基础和道德命令的讨论中被排除掉。我们还将很快看到，奥古斯丁和阿奎那暗示上帝是怎样使我们摆脱决策的瘫痪状态——我们对脏手的过分谨慎会以不同的方式证明我们在此状态下所犯的罪行。[6]

说实在论的道德基础中必须包括上帝的存在，而上帝的存在是命令的源泉，这不是要承认——如果让人厌恶地重复——善是上帝的命令或道德的全部内容就是遵循神提出的义务要求。它的准确意思是，对道德行为本质的解释——道德行为不同于有关“道德”事实的真正看法——必须包括对神谕的论述。当然，这一事实已经在几个世纪的
261 时间里和某些宗教传统里导致了道德意识本身的变形，因为，正如萨尔米斯（Psalmist）所说，尽管畏惧是智慧的开端，但是它不是智慧的类似物或等同物。要明白为什么这是相关的内容，我们必须考虑道德命令的本质，尤其是按照道德要求发出命令的人的本质。在此做法中，我们必须回顾我早先区分（尤其在第五章）的两种行为，即出自原则感的行为和出自对正确的善的事物的爱的行为。如果我们认识到第一种行为是正当的行为，第二种行为是优秀的行为，那么宣称道德仅是对神性力量及神的旨意的服从意味着对上帝的论述从整体上来讲是不充分的。[7] 我已经看到，对上帝的不充分论述相应地提供了或支持了对人的不充分论述。

---

⑤ 参见 R. McInerny，*The Question of Christian Ethics*（《基督教伦理学的问题》），Washington，D. C.：Catholic University of America Press，1993。

⑥ 参见 Ashley，What Is the End of the Human Person?。

⑦ 吉奇（P. Geach）在《道德法则与上帝的法则》（The Moral Law and the Law of God）一文中表达了接近这一错误观的立场。重印见 *God and the Soul*（《上帝与灵魂》），in P. Helm (ed.)，*Divine Commands and Morality*（《神圣的命令与道德》），Oxford University Press，1981，esp. 172-174。详见 173 页的表达：“我们对上帝的敬畏超过我们对一切世俗事物的恐惧。”

人们常常认为，如果行善就是做上帝要求的事情，那么道德也就被完全省略了。以这种方式行善可能会带来很好的感觉——一个人可能因为不行善而被指责为傻瓜——但它是纯粹的算计，并不能对道德提供“实在论”解释。认为服从上帝这一“强者”具体体现了道德是一种错误，这种错误可以与把道德行为归结为为义务而义务的错误。我们已经看到，我们宁愿从出于爱而做的有益的行为或同情的行为中获益，而不愿从仅仅出于义务感或出于对惩罚的恐惧感而表现出来的行为中获益。

“粗糙的”神意理论的困难核心在于它对上帝本质提供的假定论述。既然上帝通常被有神论者看作造物主，那么权力在神性中具有显著作用：上帝是全知全能的，而且，正如心理学家在早些时候使我们认识到的那样，全知全能是小孩眼里的父母的显著特征——但它也可能是小孩憎恨的东西。然而，如果上帝的其他特性被对他的权力的强调所吞没（这就像一般的宗教把我们想象为上帝手中的灰尘或陶工手中的黏土一样），那么认为我们按命令做事是正确的等于说上帝处置事情的权力是正确的。这似乎导致了一种很难作为道德加以辩护的服从“道德”。如果上帝的爱是一种与他的权力不可分割的特性，那么我们可以确定他命令的东西不会仅仅是因为他命令了它（哪怕他会和“必须”发出命令，因为它是正确的），而是因为它像上帝那样善。有 262
两种可能的“神命令道德”形式，其中只有一种——即假设上帝之善的那一种——能够兼容我们的感觉——即如果某事应该是正确的，它不是仅仅因为它体现了优越者的意志才是正确的。⑧

承认本质为爱的上帝能够发出真正神圣的命令，那么我们可以假设错误的行为是因为它们与这种本质相背离或相对立的结果，而且它们违背了上帝的意志，因为后者没有发出与他的优秀相反的命令。因此，一种能保存的“实在论”道德——更好的被选择的“道德”，以

---

⑧ 奥古斯丁认为，美德就是对上帝的至高无上的爱（*On The Life-Style of the Catholic Church*，1.15.25）。这种观点可以与可能是苏格拉底的但确定是斯多葛派的观点作比较：后者主张美德即知识。奥古斯丁进一步将基本美德视为爱的形式。

理性计算为基础的道德或强调为义务而义务的道德——要求服从神的神圣命令，这不仅因为它们是命令，而且，正如柏拉图主义者总是指出的那样，因为善本身对我们和上帝有类似的激励作用。一个有爱心的人不会不公正地使用权力，即使他或她有这样做的生理能力；我已经注意到，我不能冷酷无情地射杀一个人并不意味着我没有足够的力量扣动枪的扳机，而是我不能“让自己”这样做。

我的结论是：实在论道德激励我们做正确事情的因素来自我们必须被善推动的所有能力；然而，既然我们认同这种激励的权力是有限的——我们感到厌倦，愤世嫉俗，追求享乐或自私自利（甚至达到非理性的状态）——我们不能抹去永久的义务——它们是我们受到激励的结果，可以充实我们受到激励的内容，但超越了它们的弱点——虽然没有涉及神的命令，但是其本身体现了神的不变本质。

在考虑激励方面，“纯粹的”柏拉图主义似乎低估了我们做我们想做之事的无能，甚至低估了我们做自己更少被激励去做的事情的无能。因此，他们不能提供一种回应怀疑论者（非常正确地）从未放弃的挑战：“你说的‘应该’是什么意思？”另一方面，有神论者——姑且不说世俗的后有神论者——倾向于忽视那些被原始柏拉图主义视为超越纯粹义务的道德的必要特征，即爱和激励——当柏拉图告诉《理想国》里的监护人返回洞中的时候，他是知道这一点的——揭示义务，促进公正行为，并——我延伸了柏拉图的观点——能够（给出正
263 当的欲望目标）赢得同情。正是这种忽略在一些宗教传统中导致了对权力的崇拜，而道德事实上被排除了。

我已经试图证明，对道德的充分分析何以要求上帝的存在，而上帝的特性不能被权力埋没。当然，只有我们人类对道德的需要（甚至我们在无神的（godless）宇宙中对道德的需要）才会驱使我们尝试这样一种分析。因此，如果不在我们道德意识的某些特征和对我们分裂自我的分析之间达到一种协调，我将无法对这种讨论提供合理的结论：最重要的是要分析我们的道德缺陷，分析我们不能根据认识的善去行善的无能，而我们就是通过这种方式受到激励

的，并产生义务感的。

我们需要认识我们自身的某些特征。这些特征说明我们是什么，而上帝可以单独给予我们产生理性希望，甚至具有可理解性的原因。我已经考虑到我们的“无理”因素、我们试图无视我们“想要”的道德统一性的自我扩展能力以及奥古斯丁将其包括在两个相互关联的条目即无知与声色之欲的实质——他声称它们是人类堕落的结果。我在这里不考虑他的神学解释，而仅仅考虑他收集的材料和他的相关看法——这些并不多——关于人类堕落与目前的分裂自我之间的关系的看法。

首先，我们并非总是能够认识到善究竟是什么：我们感到迷惑，不知如何将我们的道德原则运用到实际情况中去。这种无知并不总是简单的无知。因为我们是分裂的，所以我们或许“不知道”或“不愿知道”我们应该做的事情。这会使我们的“无知”（只要它是通过一种邪恶的意志行动开始的）更加接近声色之欲，即我们缺乏做我们知道应该做的事情的意志力，我们具有做各种形式的恶的缺点：正如诗人奥维德（Ovid）所说，我们的能力在于我们“知晓更好的事物却跟随更恶的东西”。

在缺少统一自我的情况下，由于作为知晓者和主体的我们在本质上是分裂的，因此我们似乎不可能知道我们应该做的事情。更进一步说，如果我们知道什么是正确的事情，我们也不能根据它来行动，因为“我们”不能连贯地将我们道德信仰的意义付诸实施。连贯的行为要求单个个体或单个自我（或一套完全和谐而相互组织的自我）是活跃的——这是我们除了希望以外没有达到也无法达到的状态。因此，在无神论的世界中不仅不存在道德基础，而且，即使我们能建立这样的基础——并因此认识到（每种不可能的情况下的）道德是对我们的合理要求——我们仍然不能道德地生活，因为我们发现自己处在不统 264
一的分离状态中，最终需要（在一个绝对不可能让人满意的无神论世界里）上帝的帮助、上帝的命令以及上帝能够使我们在认识真正的善方面得到统一的恩泽。

上帝、"脏手"和政治可能性

如果善是不可比较的，那么很难想象一个说明行为与某一种善直接对立的根本理由。如果某一种善只能通过做某事才能获得，而这事通常是直接错误的，而且那种善的失去总是不能与所追求的更大的善进行比较，那么很难保证显然"更大的"善能够被理性地选择。在某些情况下，行为可能出现的这种理性失败几乎达到瘫痪的状态，它在政治领域的表现尤其可怕——理性主体坐在那里，而可怕的事情就在他的周围发生。⑨

当善不可对比这一问题的某些形式变得不像它们出现时那么可怕的时候，这些困难可以通过采取一种不太抽象的观点而被减少。抽象地考虑，有关虔诚的观点或许看起来不能和有关公正的主张相比较，但在具体情形下情况未必如此。在不同种类的德行中进行选择不取决于一种抽象的、从理性上来讲或许不可能的选择，但与行为表现出来时主体的道德身份直接相关。虽然他或她也许不能预见要追随的行为路线，并因此而不能在类似情况下为行为制定优先原则，但是他在当时也许并没有产生怀疑，后来也没有任何悔恨。我已经注意到，尽管这减少了不可比较的困难，但是它没有解决（道德）禁止的问题——尤其因为禁止本身会在要求道德主体决定行动的时候在他的思想模式中体现出来。

我首先考虑了与马基雅维利有关的"脏手"。⑩ 正如我们在第二章所看到的那样，他似乎提供了一种选择：要么我们能过一种基督徒的生活，这种生活在很大程度上建立在中世纪的道德实在论基础上，

---

⑨ See the arguments of J. Porter, *The Recovery of Virtue* (Louisville: Westminster, 1990), 21, against G. Grisez, *The Way of the Lord Jesus: Christian Moral Principles* (Chicago: Franciscan Herald Press, 1983), 184.

⑩ 马基雅维利的关键作用是在现代被认识的（Buckler, *Dirty Hands*），他没有指出解决问题的方法，但他毕竟提出了问题。

要么我们可以进入政界，努力变成“王子”，在适当的地方和不向善的时候学会残暴的伎俩和撒谎。马基雅维利的观点频繁地回响，至今仍有影响力。它宣称一般的道德不适合于政治，它事实上会导致那些受其约束的政治家们的失败，因为，最近的观点认为[11]，依据后果来判断行为的后果论是唯一的政治道德——有些人甚至说它是“唯一的政治语言”。 265

马基雅维利的这些态度和主张在那些从公共生活中进行相对退却的“新自然律师”身上得到了有效验证。如果政治需要被严格禁止的“非道德”行为（如欺骗或更多的是提供错误信息，更不用说残暴无情和麻木不仁），那么善良的人据说从理性上来讲不能成为政治家；另外，如果他试图成为一名政治家，他要么很快不得不因为受到引诱弄脏了手而辞职，要么在他选择的事业中一事无成郁郁而终。举一些直接的例子。现代西方国家的军队中似乎没有对好人开放的职位，也没有可以控制军队的政治职位。

为防止误解而作的解释增加很快。当不得不保护的货币受到威胁的时候，任何一个财政部长都不可避免地会努力提高他们相信难以维持的信心，但在担心他们可能被迫让货币贬值的时候，他们必须辩解说他们并不是故意这样做的。相反的做法——甚至不管记者是否有权知道就拒绝回答他提出的问题——只能破坏财政部长有责任保护的货币。简言之，似乎从当代或可预见的政治情况看，严格反后果论的追随者无法进入公共生活：他仅能坐在旁边保护政治家们极不公平的行为。他可以从一种导致瘫痪的立场来批判，但他不能提供切实可行的选择。

再考虑一下战争的问题。严格遵守不伤害无辜平民这一规则的精神将使现代将军或“国防”部长的生活变得不可想象。在战争中，这些人可能通过政策规定和运用尖端技术努力使“附带性”死亡最小化，但是他们知道不可能完全避免这种死亡。在某一重大的冲突中，

---

⑪ Cf. R. Holland, *Against Empiricism*（《反对经验主义》），Oxford University Press，1980，pp. 126－142.

即使使用的是传统武器，附带性死亡也会很巨大——发言人会普遍否
266 认这一点，但大家都知道他在说谎。一个指挥官甚至可能没有直接威胁无辜平民的意图，但是他知道他可以从大量惊吓他们的事实中受益。面对一个残酷无情、愤世嫉俗的敌人，他也知道严格遵守有意不杀害无辜者的政策会使他本人及其政治上司在面对让人极其讨厌的讹诈时陷入无助的局面。因此，为了使他的宫殿更加安全，萨达姆·侯赛因用“人体盾牌”填充宫殿，而米洛舍维奇在科索沃模仿了他的做法——他用塞尔维亚人“护送”阿尔巴尼亚难民，以引诱北约的飞机来轰炸他们。私人生活中也有类似的行为，但它们在公共领域中表现最突出；马基雅维利主义者通过将后果论视为“政治道德”的方式把这种行为合理化了。

几年前，威廉姆斯将一个著名的例子引入了有关后果论的争论中。[12] 例子的背景是南美独裁政权统治下的一个乡村。一个拜访者碰见某一民兵上校聚集了一群他将要处决的印第安人。上校告诉那位来访者，他作为客人有射杀第一个印第安人的特权，而且如果他这样做了，其余的 30 人将被释放，但如果他拒绝，那些人将全部被射杀。从后果论的角度看，来访者的处境似乎很清楚。如果他不能说服（或胁迫）那位上校拯救那些犯人的性命，那么他应该杀死一人以拯救多人。然而，反对意见是明显的：我不应该谋杀某一个人以防止杀害另一个人；换言之，我不应该屈服于道德讹诈。

为什么我不应该屈服呢？至少有三个可能的答案，其中两个我已经考虑了。我不应该屈服，因为我这样做是在危害我的灵魂——用世俗的语言说，因为我不想使我的道德完整性受到破坏，不想——用本文的语言来说——增加我的“多样性”。第二，我不允许讹诈在政治和社会生活中被作为一种武器来使用；从后果论的角度看，这也是一个有力的论点。最后，也是最简单的理由在于，杀害印第安人对于我来说是不公正的。后一种论点对于康德主义者来说是有力的，但对于

[12] B. A. O. Williams, A Critique of Utilitarianism（《功利主义批判》）, in *Utilitarianism: For and Against*）, pp. 77-150.

后果论者来说几乎没有用处。

江纳森·格莱福（Jonathan Glover）放弃了认为我应该在这种事物中避免弄脏自己的手以小心谨慎、过分地保持自己的完整性这一“世俗”观念。[13] 按世俗的说法，他也许会很难回答——尽管他的文章针对的实际上是索尔尼特（Solzhenitsyn）的非世俗主义立场，而根据格莱福的看法（我们应该尊重索尔尼特的观点），它从哲学意义上来讲是不充分的。即使格莱福会接受我对完整性缺失的分析，他也会从功利主义立场出发要求我在这种情况下放弃自己的立场：一种更大的善的获得可以超过失去完整性的损失。然而，对于一个相信死亡没有永恒重要性的人来说，这种回答的可信性较少——而且，纳格尔（Nagel）可以正确地怀疑相信来生的人不太可能成为死刑的坚定提倡者。[14] 教皇约翰·保罗二世是相信来生的最著名人士之一，他就反对死刑。 267

霍兰德（Holland）有关威廉姆斯笔下的印第安人的讨论具有广泛用途。尤其是他突然运用非世俗语言揭示了他对“圣人”在此情况下所做事情的迷惑。他认为一件事是清楚的，即圣人不会射杀印第安人。[15] 霍兰德考虑的主要是“道德圣人”；然而，他的做法是被误导的结果，同时又具有误导性。“圣人”是一个宗教术语，在宗教语境之外使用它要么是用词不准确和庸俗的表现，要么是——有意或无意地——在不切实际和无法辩护的语境中盗用宗教术语的情感力量。

尽管“道德圣人”可以在没有实在论（及宗教）信仰的情况下存在，但是他的道德圣人身份只有诉诸实在论才能得到辩护。霍兰德指出这种人可能根本没有道德理论，但是他就是知道怎样行动。一种更好的解释是他无须具有思想立场——从目前的情况看，他拒绝射杀印第安人，但他或许愿意顶替后者而献出自己的生命——然而，如果某

⑬ J. Glover, It Makes no Difference Whether or Not I Do It（《我做与不做并不重要》），*Proceedings of the Aristotelian Society: Supplement*（《亚里士多德研究会进展》）49 (1975), pp. 171-190, especially pp. 187-188.

⑭ Nagel, *The View from Nowhere*, p. 230, note 4.

⑮ Holland, *Against Empiricism*（《反对经验主义》），pp. 141-142.

人不得不为这种行为进行辩护，他只能求助于道德实在论。

这些人怎么能够借助于脏手来帮助我们呢？在否认道德政治学的可能性的同时，霍兰德似乎认为政治领域的道德不可能性可以在私人事务中得到实现：在私人事务中，少数道德圣人可以凭借直觉找到解
268 决他们个人困境的正确答案。然而，如果在私人行为中可以做到这一点，在政治中又何尝不是这样呢？霍兰德显然正确地认为，在某些情况下避免脏手——无论是在私人领域还是在公共领域，情况都一样——也许在一些环境中——意味着要牺牲某人自己的生命。著名的例子是英国的托马斯·莫尔爵士（Sir Thomas More）。他付出了努力，但最终无法既保全自己的完整性又保留自己的性命。如果不是为了拯救某人生命，而是维护一种可以让某人更加有效地行善的政治立场，那么问题就会变得更加棘手。早在失去自己的生命之前，莫尔就被迫辞去了他的权力职位，并失去了他的直接影响力。

不过，霍兰德有关道德圣人的直觉主义也许依然具有启发意义。也许正如马基雅维利所假设的那样（霍兰德也这样认为），政治不是善良的人活动的范围，但善良的人在受到召唤时必须进入政界（虽然他从未忘记他在某个时候会被迫离开政界），因为他不能预先确定他是否不能避免脏手，也不能预先确定他个人的“终点”在哪里。在那种情况下，公共道德类似私人生活道德（我们不能从中“辞职”）。在两种情况下，我们都不知道自己在何时不得不拒绝行动。对脏手的需要总是一种充满恐惧的可能性，但它可能不会变成现实或不会马上变成现实。暂时会有很多善存在。

有关脏手的典型例子在某人被要求做出人们不愿做的决定时会出现，而人们往往被引诱通过脱离需要这种决定的情景来消除困难。[16]在这方面，宣称政治不具有道德可能性的观点说明它本身是一种有意的撤退或以避免某些生活方式来逃避这类决定，而许多生活方式似乎需要善良的人参与其中。认为政治不具有道德可能性的观点证明是逃

⑯ 在这种观点与斯多葛派（及伊壁鸠鲁派）的观点之间存在一种奇怪的相似性。后者主张对欲望和情感责任持一种“安全操作”态度。

避责任。它显然在避免引诱，因为艰难的情况既可能在公共领域表现得更加突出，也可能在私人领域出现。那么，人应该怎样避免它们呢？奥古斯丁经常提出的建议也许有帮助。在脏手面前进退两难的政治家和将军反复地问奥古斯丁，他们是否应该同时脱离私人生活和寺院生活，而后者——有时似乎持一种过分乐观的观点，认为寺院生活能够使人摆脱这种困境——通常对有关“从社会生活的黑暗中撤退” 269
的询问的回答是毫不含糊的“不”！

奥丁斯丁似乎想用两种方法解决脏手问题：一种是“宗教的”，另一种是实用主义的（尽管他最不愿承认这是一种终极的区分）。他力劝人们相信，上帝在我们困难的时候会告诉我们怎样做：行动或拒绝行动。他也愿意让一定程度的后果论进入政府官员和更多在公共领域活动的民众的行为中。举一个极端的例子（对于我们来说，它是不能容忍的）。在禁止一个生命受到威胁的人进行自卫杀人的同时，奥古斯丁会毫不犹豫地参加帝国军队，而军队的一般职责主要就是发布和执行杀人的命令。为什么他要做这种区别呢？这当然是因为他认为，人们必须发现或看到的是一种在不出现严重犯罪情况下能够确保某些预期结果和阻止极端邪恶的方法。

例如，这不仅意味着允许通过拒绝行动让成千上万的人死亡证明了相信上帝的最终保佑的正确性，而且是在鼓励人们在祈祷中求助于上帝，并坚信我们在“此生”就可以从上帝那里得知怎样保证最佳结果的方法，我们的手也因此而不会被弄脏了。除了拒绝以后果论为流行语言的政治，我们一定会发挥自己的作用，而且是道德地发挥作用——我们认识到了失败后果的极端严重性[17]——直到我们的作用结束为止，而且我们很可能被其他人排挤出去。这种建议对无神论者或不可知论者毫无影响，后者也不会因为不遵守它而遭到蔑视；另外，他们应该承认，这一建议从“实在论”角度来看是一个好建议。况且，我的整个论断暗示，如果无神论者或不可知论者被迫承认他有进

⑰　这也许算得上是一种认识，它使约翰·保罗二世没有应许多人的要求对西方的核武力进行正直的批评，而他很可能从感情上对那一种要求持同情态度。

退两难的困境，他应该通过这种认识被迫重新考虑他的立场。因为对神的引导的这种信任不仅仅是直觉主义，而且只有一种实在论的道德形而上学才能为它辩护——这不是说非实在论的“道德圣人”可以不按照它来行动。尽管格莱福认为这种辩护证明是对自己的完整性表现了过分的关注，它在有神论世界里只不过是对世界及其创造者的“合
270 道德性”的最重要事实的认可。

有理智的有神论者会因此而拒绝马基雅维利的最初困境的两个方面——既不拒绝适当的政治义务，也不为了荣誉参与政治。因为，虽然他是一个“社会动物”，他依赖其有神论实在论对社会建立的忠诚没有受到任何一个政治社会的限制。他分享他融入其中的社会，将其自身视为其中的一个组成部分，但他最重要的忠诚是超越性的，而且对于更广泛的社会来说——当然没有纯粹的民族—国家被假设为“德性”的家园⑱——它被奥古斯丁视为上帝之城，而从这一点来说，他对地方的忠诚是由他对民族—国家的忠诚决定的，并由后者最终来衡量。

我已论证人在此生中不可能达到道德完善，因为我们所有人在道德上都是不完善的。我们姑且不管“道德”圣人的立场，只看看普通圣人的立场是怎样的。圣人的形象有时似乎让人迷惑，其表现是他们可能显示明显的甚至极为明显的道德失败：杰罗姆（Jerome）是一个臭名昭著的例子，弗朗西斯也如此。他们的圣洁当然不会导致一种完善的或必须具有神圣性的生活，但是会导致某个行为或一系列行为，

---

⑱ 我们在第一章注意到了共和主义是怎样与斯特劳斯主义并驾齐驱的，虽然后者缺乏诠释美国运动的古怪理论。共和的美德和斯特劳斯的美德是相似的，其表现是它们不仅反对各种形式的个人主义，认为人作为公民（在现代世界里作为民族国家的公民）具有德性义务，而且反对实在论，认为这些美德可以在不求助于形而上学和神学的条件下得到确立。斯特劳斯的许多解释是针对一种不可能实现的计划，即证明柏拉图也“真正”坚信一种非形而上学的理论。要了解现代共和主义及其根源，请参见 J. G. A. Pocock，*The Machiavellian Moment*：*Florentine Political Theory and the Atlantic Republican Tradition*（《马基雅维利时刻：佛罗伦萨的政治理论与大西洋的共和传统》），Princeton University Press，1975；Q. Skinner，Machiavelli on the Maintenance of Liberty（《马基雅维利论如何维护自由》），*Politics* 18，1983，pp. 3-15；要了解认为共和主义是个人主义和共产主义之间的中介的观点——即它是各种在社会活动中受义务和自尊主导的社会个人主义或市民个人主义，马基雅维利身上就体现了这一点——参见 P. Pettit，Liberal/Communitarian：MacIntyre's Mesmeric Dichotomy，in *After MacIntyre*，pp. 176-204。

而后者超越了“一般”能力，体现了一种异常而隐蔽的生活。虽然他们受所达到的“神圣水平”的束缚，但是他们依然表现出异常的，甚至让人惊奇的行为，以适应他们的完整性，而他们的行为验证了善本身的本质（苏格拉底），即验证了上帝的存在（弗朗西斯）。然而，神圣的行为表现并不具有广泛“正确性”，因为它仍然会反映人的不完整性和分裂性。从这一方面来说，“道德”圣人也会表现出相似的行为，只不过他们缺乏这样做的明显理由。用奥古斯丁的话说，“道德”
圣人是隐蔽的“上帝之城”的居民，而用耶稣基督的话说，他是“我 271
在这片草地上看不见的一只羊”。

哲学与神学：策略与真实的传统

哲学提出的问题一般涉及世界的各个方面，而世界是通过我们的思想和感觉显现在我们面前的，因此哲学伦理学尤其注重反思通过我们的愿望、希望和欲望变成我们的善的东西，并相应地关注通过反思发现的“或对或错”的行为方式——它们在达到我们的善方面具有或多或少的有效性。在整个文章中，我一直坚持认为对有神论伦理学理论的替代只能一方面借助于一种实在论道德基础理论即柏拉图的理论或某种（更好的）公开化的神学理论，另一方面借助于一种最终无法让人理解的观点即认为可接受的或不太可接受的行为取决于我们理性地或非理性地将其作为我们的善、需要和权利来决定或选择的东西。这种实在论立场也具有明显的神学性质或至少具有形而上学性质，它在一定程度上拓展了柏拉图的形而上学观点——即在人的思想之外存在某种外在的善和理解性原则。

这给我们带来了一种尴尬，即除了愿意解释世俗理论的不可减少的多样性之外，一个实在论道德思想家或神学思想家只有极小的余地与世俗的对手辩论基本原则——即使将伦理学理论应用于实际道德问题和困境，他或她会就（具体）行为或公共政策提出类似建议。我已经注意到这种显然不幸的情况是怎样引诱实在论者通过过分屈服于对手规定的辩论术语埋没他们自己的立场。他们愿意仅仅在严格限制的术语意义里“哲学地”展开辩论。当代伦理学领域就是这样的。[19]

272 “哲学地”(我对世俗主义者暗中界定的这一词语加上了引号)表现行为的明显优点在于，通过忽略他们自己的基础和重新以探讨世俗哲学的工具性和问题作为起点，实在论者既能锻炼他们的分析技能，又能挽救被当代知识界接受了的错觉。他们减少了因为依赖“宗教的”但非存在性的存在或无法证明的前提而被瞬间抛弃的危险。其弱点在于，他们可能会假设，虽然在道德基础问题上存在无法解决的争议，实际的共识和共同立场是可以达成的——这种假设被罗尔斯等等世俗主义者所使用。罗尔斯喜欢声称至少他们的政治提议建立在没有争议的基础上。然而，我们必须认识到，这种假设是一种错觉。停止充当实在论者会痛苦的实在论者不得不承认，他或她运用世俗哲学的追问方法只能获得假定的伦理义务和激励体系，而他希望可以和世俗实在论者共同提出的最好观点是一套道德观点，这些观点可能因为具有很好的逻辑性而为实践奠定连贯一致的基础。仍然要求有某种类似“忠实行为”的东西来认同确定的信仰基础不仅仅是最合乎理性、最小心谨慎的伦理建设所能达到的最佳状态——假定没有实在论——它是通过契约方式达到的。实际上，经验表明人们在实践中不可能达成共识。[20]

---

⑲ 像伦理学目前的混乱状态所呈现的许多特征一样，“哲学”和“神学”之间所谓的主题差异有重要历史根源。这对奥古斯丁来说是未知的，它根源于12世纪把神学作为“亚里士多德”科学的尝试。这一有害的计划最终导致了对神学主题的孤注一掷的探求。对于新教徒来说，主题仅仅局限于《圣经》，但从最近几个世纪的历史批判来看，这种受限制的“神学”的可能性已经大大减少。要了解这种混淆的起源，请特别参见 M. D. Chenu，*La théologie comme science au xiiie siècle*，Paris：Bibliothèque Thomiste，1969。要了解当代的进一步评论，参见 J. M. Rist，*On Inoculating Moral Philosophy Against God*（《反对上帝的道德哲学》），Milwaukee：Marquette University Press，2000。

⑳ 有关意志在信念中的作用的论述，参见 J. Ross，Cognitive Reality（《认知的现实性》），in L. Zagzebski（ed.），*Rational Faith*（《合理的信仰》），Notre Dame University Press，1993，pp. 226-255，esp. 237-246。

实在论者必须坚持：他的对手只能为人类假定一种不可剥夺的价值，即上帝的存在或柏拉图的理念。他应该（用芝诺的风格）进一步指出，如果他们通过假设提出一系列（通常）不能得到承认的形而上学观点，而那些观点和他们自己的观点一样无法得到辩护，那么宣称或假定这种价值的世俗方案的可信性甚至比神学体系还要弱。康德主义就是这样被排除的——或者应该被排除——但是他承认一种诸如功利主义之类的方案是可能成立的，因为功利主义仅仅接受理性计算的意义（虽然不是价值）。他还可以通过计算行为的可能结果评价成套的行为，这样一来，各种各样的设想就被铺展到了人类面前——至少被铺展到了一些人面前——人类可以对它们进行挑选。

实在论者应该认识到，他试图评价成套行为的努力与他的对手抵挡“动物解放主义者”观点的努力一样艰难。动物解放主义者希望每 273
一种动物的利益和人的利益被放在同一个水平上，反对只考虑人类的存在而不关心动物存在的做法。从逻辑上来说，他的身上只保留了某种类型的霍布斯主义。如同霍布斯，理性使动物解放主义者支持某种形式的契约——动物不参与这种契约——以保障他自己及其同类的优势（可以假定是这样的，但未必是人类），并保护他自己及其同类。

不管怎么说，真实的情况是，如果道德实在论者想要和那些否定实在论可能性的人对话，那么他别无选择，只能按他们的要求和他们对话，因为他们不会按他的要求来进行这种对话。然而，如果实在论者试图有所进展而又不牺牲他自己的原则，那么他是在反对他的天平上放置的东西，而达成交易的最好方式——许多劳动仲裁者知道——在于使各方的交谈建立在认为交易是可能的假设基础上，只要他们能发展一种友好或“同事”关系。这一对比说明了为实在论者设的陷阱，因为许多明显的一致意见能够通过这一手段得到保证，而且存在许多他似乎要获得的东西，其条件是他不能让他自己默认或盲目地接受被一层层包裹着、能够暗示实在论事实上已经被排除的前提。

况且，从道德实在论者的视角来看，立场可以从这种练习中产生吗？最大的挑战将是论证三个主题：一是至今还为人们所熟悉的主题在于，我们在某一种德性道德即一种似是而非的实在论道德范围内活动的时候必然会欺骗我们自己或其他人或两者兼而有之；二是如果实在论是可能的，那么一种具有连贯性的道德能够建构起来——即使从我们目前缺乏个人统一性的情况来看，这种统一性在我们目前的生活中可以达到；三是论证一个概念体系的连贯性和统一性不是论证这一体系外在于我们的思想，这恰好是伦理学辩论中区分实在论和非实在论的界限。

因为如果——我们已经看到，这是一种很大胆但不是不可思议的假设——我们处于实在论和世俗主义道德哲学家认可某一观点的情境中，即他们同意——考虑到世界的神学框架，我们可以把自己的伦理观点建立在某种既可以丰富它们又可以为它们提供长久意义的东西这一观点上，那么世俗主义者将不得不要么选择他们自己的“信仰行为”（或公开的非理性行为）——就好像相信有关人类价值的信仰选
274 择是正确的一样——要么选择一种实在论形而上学作为这种信念的坚实基础。可能有人认为这样一种有趣的两难处境比凤凰还少见，因为我们已经看到，一种在神学或形而上学世界之外形成的有关作为伦理主体的人的理论似乎很难满足神学家要求用于理解人的本质的条件，世俗主义者与他的神学对手之间的共同之处是一系列关于人类的经验的、生理的和心理的事实。心理事实可能最引人注目，但它们被关注的程度不能预先决定。

这样一来，我们就来到了世俗道德哲学家和神学道德哲学家不得不分道扬镳的地点，这就像北美和欧洲大陆之间通常可以通过彼此（或内部）的哲学派别的区分体现差异一样，神学道德思想家和世俗道德思想家之间既存在地理和制度差异，又存在哲学上的差异——即使这种差异在一定程度上被一群在有争议的领域保持“低姿态”的人弄模糊了，因为他们希望接受另一机构的学术职位或者有选择性地希望参加有较少争议的话题（如逻辑和科学哲学）的讨论。

我们让坚定的世俗主义者在公开或秘密地引进道德基础的做法和

更诚实但也更杂乱的观点之间做出选择。后一种观点认为引进道德基础无论如何没有必要，更应该关心的是如何考虑达到了发表看法阶段的实在论者所处的情景，而且应该是从形而上学观点或神学观点的角度来考虑——实在论者的道德理论体现一定的生活方式、善恶取舍、对错选择，其逻辑可能性不仅可以得到合理辩护，而且具有可理解性。事实上，他试图断言的是有关如何生活和如何不生活的问题不能仅仅在“道德”王国里来审视或被作为哲学心理学关于恢复或发现一种关于人的假定完整性或全面性的问题来审视。他将认识到，把这些问题单独看成道德问题来加以描述——至少在通常接受这些词语的时候——是一种归约主义的做法，而“我应该服从上帝”和“我应该尽我的职责或履行我的义务”具有迥然不同的逻辑秩序这一事实足以证明这种妥协。

虽然柏拉图曾经回应过一位承认上帝的存在但不愿根据上帝的旨意来安排自己生活的批评家，但是对于基督教时代的哲学家来说懂得善是什么和行善是有区别的。这让我们想起柏拉图的一个观点，即如 275
果我们不希望行善，那说明我们不知道善是什么。柏拉图可能最终认识到他不得不承认善的激励作用的消退，而实在论必须完全承认灵魂的弱化和分裂状态：人们可能，甚至很可能听见和至少部分理解善的呼唤，但没有将它们付诸实践或有意忽略了它们。

这是神令道德吸引人的地方，因为畏惧能够在爱和鼓励不能或还不能提供支持的地方提供支持。对于认为服从道德命令根本不是道德服从的反对意见，明显的回答是——我们已经看到——神的命令没有增加或减少被命令的东西的善。然而，它确实吸引人们去关注善的“人”的本质，并帮助人习惯于做正确的事情——而且柏拉图认为，如果我们的习惯完全形成，那么我们至少拥有了学习理解善是什么的机会。

我已经刻画的实在论者和有神论者是因为认识到了善的正当性才去行善的，而且因为唯一值得考虑的有关上帝的论述促使他要求善的东西，这主要不是因为他有权这样做，而是因为这样做与他的本质和存在的善是一致的。如果因为他已经按照他自己的形象创造了人类而使这样做还与这样做的本质相一致，那么他还能做得更好吗？

有神论者可以要求（与他的世俗对手相对立）成为重要的亚里士多德主义者，并因此从狭义的道德中被拯救出来，即从一种只有禁令的伦理学中被拯救出来。他认识到，错误行为就像努力不用脚走路一样或假装没有脚一样，因此需要好的行为。对于亚里士多德派来说，不道德行为是人们不按照他们被设计的状态来行动时表现出来的行为。正是从这种意义上讲，不合乎道德就是不合乎理性——而且只有有神论信仰者能够看到它不合乎理性的程度。

相应地，试图证明我们能够在不求助于神的旨意的情况下来辨别道德行为的有神论者将他自己无可奈何地放进了与世俗主义者一样的桎梏中：难怪他依靠康德有关人的尊严或人权的观点或把人视为目的而不是手段的观点——正确的情感——我已经论述过——没有得到应
276 有的支持。神学家的优势在于他能够把这种主张看成纯粹的或与情感无关的事实，而道德上的"应当"对于他来说是由上帝提供的，它能够使我们从多元性转向心理统一性——它摆脱了纯粹"术语"的狭隘性。因此，过分神圣的命令不能是武断专横的。确实，在任何充分概念化的有神论世界中，任何武断专横的东西都会被视为偏离了最好目的的东西。这样一来，我们认为成为道德的人不仅是成为理性的人，而且更重要的是尽可能地达到神的状态——柏拉图也是这样认为的，他赞同《旧约》里的话"你将变得和神一样"。相反，我们不仅只有一个选择，而且我们不能理性地进行选择，因为这种非道德的"选择"是非理性的——其形式是多种多样的，而在通过假设这个世界是相反的状态来消除我们自身和社会的分裂的同时，我们还在进一步分裂。

我们已经辨别了有神论者的思想立场。如果世俗主义者的相应思想立场是诚实的人提出来的，那么它会接受分裂的不可避免性，而且会勇敢地发现新道德或为某种道德辩护——要么支持有神论者宣称为

真实的善，要么支持世俗主义者主张的善；否则，从不平等的竞争中撤退和认输。尼采提供了第三种选择：撒谎和控制人的创造力是为了使人能够自己走出深渊。有神论者只会将此视为否定死亡的无效英雄主义做法而不予考虑。

因为缺乏这种赤裸裸的选择，当然存在许多通向多元性的路径。如果有神论不是幻想，那么它保留了一定的人类自由。然而，陷入多元性不能仅仅通过做出决定来避免，而只能通过有神论隐晦地或明确地引导做出的选择来避免——有神论者就是通过这种转向排除了对“自由”的错误担忧，变得像神一样，并且获得了类似上帝享有的自由：从一定意义上来说，这种自由不多不少，恰如其分。虽然他不能自由地使用或滥用这种自由，但是他能够自由地按照神的方式表现好的行为。如果有人否认这是一种“自由”，那么把真正的自由当成悲剧性错误和反对者的局限性来经历的人对于他来说是很重要的。因为它体现了认为我们不仅有决定善的生活的自由的有神论观点的实质。如果善的生活就是上帝的生活，那么我们的选择不可能将它变成相反的生活，它只能由上帝恩赐而存在。

这将把我们置于了有神论者和世俗主义者之间的辩论中的哪一个位置呢？它当然把我们置于相当尴尬的思想立场中。从理论上来讲，共识有可能达成；从公共政策方面来说，也可能达成至少暂时的共识，尤其是我们已经看到——如果世俗主义者在坚持不变成有神论者 277
的条件下继续在一个有神论框架内运作，这种暂时的共识就更容易达成。我们通常应该期待世俗主义者的无神论立场能够很坚定，而代表奥古斯丁所谓的“两个城市”之间的鸿沟变得更大。然而，仍然有一线希望——事情可能不会总是这样的。如果有神论者是正确的，认为一直以奥古斯丁所谓的“与我们的统一性相对立的影子统一性”的形式被追求的世俗主义做法将把人类引向心理和政治灾难，因为他们指引人去追求一种与上帝提供的善对立的本质，而对自我毁灭的明智的、霍布斯式的恐惧至少会以进一步的伪装显现出来，而且可能会疑惑有神论者从来就是正确的。然而，哲学家无须成为预言者。它是纳粹分子有计划地审查犹太人和其他人的一个教训，即对自我毁灭的恐惧也会让位给人类在反上帝的自杀性战役中摧毁特定敌人时所表现的无益的愤怒。

哲学活动和预言不同，但它或许能够提供一些合理的预言。如果在道德哲学中唯一具有连贯性的思想立场是实在论的和有神论的——我们的个人哲学自我不仅是不完善灵魂的载体，而且是投入道德思维及其影响的有限洞察力的载体——它使我们有责任不仅考虑怎样才能看到我们自己的局限性，而且看到我们怎样可以通过审视构成我们信仰的必要基础的实在论来保持我们和我们的前人已经揭示的结论。换言之，它使哲学家有责任考虑如何保持哲学传统和这些传统赖以存在的制度基石。

如果不可能在个人主义基础上建立一种切实可行的或者可以理解的道德理论，道德哲学不可避免地会论及社会，因为仅仅谈论我们的个人道德身份没有意义。然而，如果我们在某种意义上是相互从属的，那么我们不得不从名义上和事实上这两个方面来假定社会。一个特定社会的特性是通过它的各种机构体现出来的——机构不仅指家庭、法院、议会、学校、医院，而且指那个社会的社会习惯、教育习惯和文化习惯——它们都是社会得以确立和维护的东西。

这种机构和习惯是由公共规范，尤其是由既包括那些规范又超越
278 其成员的良知的社会传统来巩固的。另外，如果说取代诸如被拆毁或被破坏的学校、寺院之类的可见机构是艰难的，那么，如果传统遭到攻击或陷入争议或随着时代的发展消失了，修补那些传统的难度要大得多。无论好坏，如果传统机构被废止了，那么社会的传统美德、习惯和目标迟早会被遗忘、误解或误传。一个社会的智慧只有在其旨在保持对代代相传的习惯、信仰和精神的记忆的体系结构得到制度化的条件下才能被流传下来。如果传统的外部体系与它们旨在促进的理想和习惯不再有关系，那么它们就受到了威胁。也就是说，如果传统以其通常容易消失的方式消失了，仅仅与它们自身的过去保持一种历史关联，那么它们就危险了。这种消失了的机构的存在或所有机构可能

展现被贬低的特色的事实的存在可能使人相信——人们目前普遍相信——“精神的善不可能被制度化”。这种信仰相应地导致了一种消失，其表现是后代没有努力减少外部机构，而是仅仅以不能令人满意的方式追求善——结果只有各种机构被流传了下来。

传统在理想社会中的角色首先是为正在社会中成长的青年提供一种环境和机会，使他们能够将社会的规则、目标和价值内化，同时使社会的成年人成员和社会监护人羞于屈从于颓废和沮丧。然而，一种受到其自身古老性辩护的传统不容易被批评和攻击，但随着它在变化多端的世界环境中的老化，它的提倡者越来越倾向于混淆传统和传统精神。因此，一种传统不仅需要保持社会在过去拥有的智慧，而且必须能够在不同历史环境下更新那些智慧，在面对不断更新的、突然的挑战时丰富我们对传统的理解。如果它不能发挥这种富有挑战性的作用——这实际上等于说“如果人失败了”——那么它开始消亡。传统的消亡也许会拖长或相当突然地发生——它就像政治帝国和王朝在突然解体前会以尸体的方式延续一段时间一样（苏联共产主义将列宁和斯大林的尸体外壳加以保存就说明了这一点）。

传统主义者容易被视为，而且通常被错误地视为极端保守主义者。这不可避免，但指责的力度能够被最小化，其方式是必须强调——我们经常强调——我们自己关心的唯一传统不是化石，而是一种精神宇宙生长和发展的动力：一种传统事实上可以在不放弃或破坏 279
它宣称的原则和基础的条件下从对它的反思中以及反传统人士对它的批评中吸取东西。正因为如此，天主教徒从教内教外的改革者那里学了许多东西。在追求这一目标过程中，一种传统不仅必须应对如何保留其自身本质的挑战，而且必须同时在“解决”新挑战（如伦理学理论的新挑战）过程中避免向反传统的势力作太多的让步或对被暂时不景气的恐惧感压倒的内部人士作太多让步。㉑

㉑　那些就女牧师的可能性展开争论的人经常犯这种错误，在争论是否具有规定的“民主”权利时更是如此——男人碰巧没有的一种权利——这种争论的适当背景只能是教会是否有权规定妇女权利的问题。

这一任务——平凡陈腐但困难巨大——摆在那些希望保留一种将道德体系永恒化的生活传统的人的面前，它用一种严肃的自我批评精神把知识和对过去的尊重结合在一起——仅凭这一点，传统本身可以避免恶的永恒化——加上一种对待新事物的开明精神——它对新事物采取接纳、拒绝或提炼的态度。我坚持认为，实在论道德哲学家希望实践他或她宣扬的东西，他指出这一任务，并在他的能力范围内就如何完成任务提出他的建议和忠告。他也不应该像他通常那样把人的善的生活归结为成套的道德规范或任何被狭隘地理解的“道德”。人的完善具有文化性，但也具有批评性，它应该具有无所不包的包容性，否则，它只能是完美主义。

显然，传统在人类社会中扮演着一个模糊的角色：一方面，新的社会成员被引进文明之船，为社会历史增光加彩；另一方面，具有误导性或腐朽性的事物的传送者和保护者也势力强大——如果社会具有或多或少的和谐性，那么它的否定方面就会更容易被模糊。在中世纪基督教国家里，至少有时候的情况就是这样的。“现代”的一些伊斯兰教国家的情况也是如此。如果社会达到了高度的和谐，几乎不会为内部批评留下余地，那么它会陷入沉睡。只有等到灾难降临时，它才
280 会醒来。天主教教会就是这样醒来的——在宗教改革时期，它经常处于一种担心敌人的状态中。

另外，如果一个社会处于不断斗争中——西方自由民主国家就是这样的——为了在面对无限的选择性主张时保持某些确定的原则，它可能失去过去，仅仅依赖某一原则。我曾经指出，那是一个最终会导致自我毁灭的原则——它不能容忍人拥有多种多样的愿望。以这种方式来行动必然会导致容忍这一原则本身的消失。

要对自己的过去保持一种批判的态度是困难的。即使在一种真正的道德传统里，情况也是如此，因为批判制度就是批判控制制度的人。直截了当地说，这种情况涉及由掌权的、可能腐败的个人组成的“传统”整体，那些个人既处于反对一群可能腐败的批评家的境地，又处于不得不面对被后者反对的境地。那些批评家总是试图取代他

们。纵然那些批评家不可能腐败，他的活动也会暗地里破坏他以拥有强烈自我意识的同胞的身份挑战的权威。我们可以承认一种传统的效果更好，至少在短期和中期具有更好的效果，其条件是它必须是非自我意识的。一些人认为，一种自我意识过分强烈的传统可能成为其自身的颠覆者。

由于当今世界缺乏各种能够保障政府的基础主义流派，我们可以假设一种不具有自我批判精神的传统是不能存活的。我们就像智者之后的古希腊人。柏拉图已经看到，他们是绝对不走回头路的。我们的传统的智力前景不等于它们的过去，因此，对于那些支持实在论（和有神论）道德的人来说，这种未来似乎是可怕的。我们需要认识过去和过去产生的传统，同时允许批评精神能够繁荣昌盛，但如果我们的批评忘记了它的根，那么它的成功会消灭传统本身。相反，如果传统不仅试图压制或忽视那些想摧毁它的批判者——但他们也能作为传统之师提供服务——而且试图压制或忽略那些提供内部消息的朋友，那么传统必定会陷入停滞状态。

道德哲学中的实在论传统在西方受到威胁。西方实在论传统的大多数残余支持者——虽然不一定是最有效的——是我的罗马天主教同胞。继续防卫的态度没有意义，它只会变成纯粹的怀旧或试图仅仅通过用规则影响支持者的方式来勉强获得持续性。在一个日趋自由化的世界里，压迫会导致对过去成就进行不顾一切的盘剥，而——人们可以经常在以前的基督徒身上看到——对执行一种权威规则的反应通常既不采取批判性信仰的形式，也不采取非批判性信仰的形式，而是采取权威世俗主义的形式：昔日的修女积极支持人工流产 281
的运动。

黑格尔认为，情绪波动在一种进行自我批评的传统中是不可避免的。批判比重建更容易，而——从罗伯斯庇尔到列宁的革命者以及更多的当代独裁者向我们证明——在有关不公正的布道中欺骗人民相信这样的布道必定能够指示通往公正的道路是很容易的。经常的情绪波动可能导致传统本身的死亡，因为那些一度似乎永恒的东西在持续的变化中很容易从视野中消失。毛泽东等真正的革命者正确地认为，在道德和政治观点相互冲突的大旋涡中，对传统（指马克思主义传统）的维护必定会在权力冲动中以及对可选择生活方式的妥协中失去其最初的理想和目标。革命者战胜他或她的弱点的唯一希望在于不断诉诸首要革命原则。更“令人尊重”的传统也不能忽略这种警告。

就在最近，许多阿奎那思想（这一思想传统存在于最详细体现有关道德和精神生活的实在论的西方道德哲学中）鼓吹者似乎对他们积极献身于其中但几乎没有将它流传给下一代的原因感到迷惑。[22] 他们中的一些人因为对机构的重要性留下了很深的印象踏上了怀旧之路，试图在阿奎那理论被传授的地方推进基础建设——但在“美好的旧时代”，这种理论有时是通过死记硬背的方式和通常以一种更加纯粹的哲学形式来传授的。[23] 也许他们希望西方出现一种大规模的天主教复
282 兴或中世纪欧洲的精神复兴。然而，由于缺乏不可能成为事实的剧情说明书，以这种方式复兴的阿奎那理论注定要面对相对的失败——除非对基督教说教进行狭隘的解释，这种失败才会被视为成功！这种机构可以成为传统的智力支持者，但仍然不能影响非实在论者，更不用说影响非基督教徒，这主要是因为他们的学生不像早期的阿奎那主义者，他们对自己作为基督教徒或非基督教徒的过去和现在在很大程度上是无知的——而阿奎那对历史实在论和基督教神学的细节都很熟悉。[24]

西方伦理学中的实在论传统开始于柏拉图。如果它首先是在非有

㉒ Cf. R. McInerny，Reflections on Christian Philosophy，in V. B. Brezik（ed.），*One Hundred Years of Thomism*，Houston：University of St Thomas Press，1981，pp. 63-73.

㉓ 哈尔丹在最近几个场合中已论证，阿奎那的哲学思想必定被分析哲学注入新的活力——当然的事实是越来越多更年轻的阿奎那主义的哲学家属于分析哲学的范围。

㉔ 我对这种“阿奎那”举动的批评与哈尔丹的明显失败主义是有明显区别的。哈尔丹在别处（MacIntyre's Thomist Revival：What Next?，in *After MacIntyre*，101）批评研究阿奎那理论的当代历史学家——如那些启示米克莱利（McInerny）的同代人的人——不能创造一种“活哲学，它被广泛认为比大卫学派的哲学、纳格尔的道德心理学或帕菲特的道德理论更好”。在回答这一点时，人们只能问是谁承认了这一说法。和其他许多人一样（但和麦金太尔不一样），哈尔丹似乎假设大卫派、纳格尔派和帕菲特派能够从一个基本的（和中立的）立场出发和阿奎那主义者争论。然而，情况显然不是这样的！

神论的理论框架中被考虑——它是怎样获得最早的吸引力的——那么它必须返回到柏拉图的文学和哲学天赋：不仅因为历史的原因——我已经对此作过辩解——亚里士多德假定且因此减少了他老师的伦理思想中的“实在论”因素，却让阿奎那与奥古斯丁等人展开争辩，而且因为柏拉图的著作使人们更加清楚地认识到哲学错误是通过指向自我的论点来得到辨别和区分的，而那种指向自我的论点反映的是对立立场中的错误假设，而不是通过张扬基础主义观点被提出的。这一程序其实旨在将柏拉图（苏格拉底）谆谆教诲哲学的方法与灌输哲学思想的方法区别开来。

在柏拉图之后，实在论传统的支持者必须通过它的历史起作用——这种历史包括误传它的人的历史——它一直到今天，而且延续到未来。他们学习同时代世俗人士的技巧和洞察力（但不学习他们的意识形态），并因此提出了一种被本书视为贡献的新主题：那些在伦理学中不能勇敢地面对实在论思想立场的人必须因为拥有尼采的选择性路线而受到挑战，而尼采的路线为不可抗力、撒谎、伪善、知识欺诈、受容易轻信和大部分处于前哲学阶段的公众欢迎的琐碎事等开绿灯。任务是漫长的，甚至是遥遥无期的，而且没有理由认为它至少从 283
人的角度来看会成功。我——和奥古斯丁及其追随者——已经论证，我们作为人还不足以知道做出这种努力的我们是谁。奥古斯丁得出的结论是正确的，即想得到正当的东西是进步的唯一标志。

广义地理解，本书已经论证柏拉图主义或欺骗是我们可以获得的唯一道德和政治选择；西方在道德选择方面所表现的欺骗性——其他的错误承诺在任何别的地方也可以找到——被证明是不连贯的；柏拉图主义是易于理解的——就像理解被柏拉图自己简化的观点一样——与论述人性的任何其他方式相比较，它确实增加了其他论述的可理解性：换言之，（从广义角度理解的）柏拉图主义被证明是哲学心理学可以借助的唯一一种切实可行的理论，对于道德和政治哲学来说也如此。这并没有使柏拉图主义变得“真实”，虽然我已经提出各种理由来说明为什么它不仅是一种前后一致的理论，而且，尽管面对许多困难，它能够对人的生活、人的理性、人的欲望以及人的一般经验提供一种从理性上来讲更加可信的论述：简言之，在论述伦理学方面它是唯一连贯的理论。

然而，倘若柏拉图主义是错的，那么这种现实即使不由普通人来面对，也至少必须由真理热爱者来面对。让我们自己相信，柏拉图主义的结果可以在没有惠及柏拉图主义自身的情况下得到安全保证可能带给我们更多的安慰，但这似乎是一个错误。在任何情况下，一个哲学家都不可能不言自明地证明，他有任何冠冕堂皇的理由引诱人们相信可以证明是错误的或可能是错误的东西。㉕

如果真理“尤其受到某一哲学家”的喜欢，那么我没有理由试图把前景弄得昏暗，即如果柏拉图主义是错的（即使它是正确的，它也可能被视为错误的理论），它会逐渐被当成错误的东西，而且，将它视为错误的人越多，人类的未来将变得越黑暗。这种黑暗不应该从修辞学的角度来理解，只能从对人类生活日益减少的尊重这一方面来理解：日益增多的“不公正”㉖ 杀戮、严刑拷问、各种形式的“残暴”以及公
284 开和隐蔽的冷漠。美学也与道德一起瓦解了。美学曾经在纳粹艺术家希特勒的统治下瓦解，因为纳粹的统治没有上帝，“美”只是一个选择的问题，它最终体现行政官员的品位。㉗ 况且，如果人类灭绝，美丽事物不再显得重要，甚至事实上已经不再是美丽的事物，因为它对任何一个人来说都是无关紧要的。那些长期反对实在论的人的前景是滑稽的，但其中几乎没有独特风味。他们曾经试图说服人们相信更坏的论断就是更好的论断，但他们最终被他们试图说服的对象淘汰了。

㉕ 在没有实在论的条件下，不存在以善意方式反对欺骗的“道德”可能性，也不存在以恶的方式反对欺骗的道德可能性。

㉖ 引号的使用是为了说明所有这些“价值术语”已在非实在论世界中转换了价值。正是这种理解为穷凶极恶的价值转换铺平了道路，纳粹分子就是这样的。海德格尔是可怕的预兆性人物。

㉗ 为了英国（工党和保守党的）民主官员在这些事务上的成功，具体观点见G. Walden，Contemporary Art，Democracy and the State，in J. Haldane (ed.)，*Philosophy and Politic Affairs*，Cambridge University Press，2000，pp. 85–95。

参考文献

Annas, J., *The Morality of Happiness* (Oxford University Press, 1993). 285

Platonic Ethics, Old and New (Ithaca: Cornell University Press, 2000).

Anscombe, G. E. M., 'Modern Moral Philosophy', *Philosophy* 33 (1958), 1–19.

Ashley, B., 'What is the End of the Human Person? The Vision of God and Integral Human Fulfillment', in L. Gormally (ed.), *Moral Truth and Moral Tradition: Essays in Honour of Peter Geach and Elizabeth Anscombe* (Dublin: Blackrock, 1994), 68–96.

Aubenque, P., *La prudence chez Aristote* (Paris: Presses Universitaires de France, 1963).

'La prudence aristotélicienne porte-elle sur la fin ou sur les moyens?', *Revue des Etudes Grecques* 78 (1965), 40–51.

Badhwar, N. K., 'Social Agency, Community and Impartiality', *Social Philosophy and Policy* 13 (1996), 1–26.

Baier, A., 'The Need for More than Justice', in V. Held (ed.), *Essential Readings in Feminist Ethics* (Boulder: Westview Press, 1995), 41-58.

Bar-On D., 'Conceptual Relativism and Translation', in G. Preyer, F. Siebelt and A. Ulfig (eds.), *Language, Mind and Epistemology: On Donald Davidson's Philosophy* (Dordrecht: Reidel, 1994), 145-70.

Barney, R., 'Is Plato Interested in Meta-Ethics? Commentary on Rist', in J. Cleary and G. Gurtler (eds.), *Boston Area Colloquium in Ancient Philosophy* 14 (1999), 73-81.

Baron, M., 'Remorse and Moral Regret', in R. A. French, T. E. Uehling Jr. and H. K. Wet stein (eds.), *Midwest Studies in Philosophy*, vol. xii: *Ethical Theory: Character and Virtue* (Notre Dame University Press, 1988), 259-81.

Bellinger, C. K., 'Kierkegaard's Either/Or, and the Parable of the Prodigal Son: Or, Three Rival Versions of Three Rival Versions', in R. C. Perkins (ed.), *International Kierkegaard Commentary, Either/Or, Part II* (Macon, Ga.: Mercer University Press, 1995), 59-82.

Berlin, I., *The Hedgehog and the Fox* (London: Weidenfeld and Nicholson, 1953).

Black, M., *The Prevalence of Humbug* (Ithaca: Cornell University Press, 1985).

Blackburn, S., *Spreading the Word* (Oxford University Press, 1984).

Blum, L. A., *Friendship, Altruism and Morality* (London: Routledge and Kegan Paul, 1980).

286 'Moral Exemplars', in P. A. French, T. E. Uehling, Jr. and H. K. Wettstein (eds.), *Midwest Studies in Philosophy*, vol.

XⅢ: *Ethical Theory: Character and Virtue* (Notre Dame University Press, 1988), 196–221.

Blustein, J., *Parents and Children: The Ethics of the Family* (New York: Oxford University Press, 1982).

Boyle, J. M., 'Natural Law and the Ethics of Traditions', in R. P. George (ed.), *Natural Law Theory: Contemporary Essays* (Oxford University Press, 1992), 3–30.

Boyle, J. M., J. M, Finnis and G. Grisez, 'Practical Principles, Moral Truth, and Ultimate Ends', American Journal of Jurisprudence 32 (1987), 99–151.

Boyle, N., *Who Are We Now?: Christian Humanism and the Global Market from Hegel to Heaney* (Notre Dame University Press, 1998).

Braine, D., *The Human Person: Animal and Spirit* (Notre Dame University Press, 1992).

Brunschwig, J., 'The Cradle Argument in Epicureanism and Stoicism', in M. Schofield and G. Striker (eds.), *The Norms of Nature* (Cambridge and Paris: Cambridge University Press, 1986).

Buckler, S., Dirty Hands: *The Problem of Political Morality* (Aldershot: Avebury Press, 1993).

Callam, D., 'Christopher Dawson on the Oxford Movement and the Relationship of Development to Authority', *Communio* 22 (1995), 488–501.

Chappell, T. J. D., 'The Virtues of Thrasymachus', *Phronesis* 38 (1993), 1–17.

Chenu, M.-D., *La théologie comme science au xiiie siècle* (Paris: Bibliothèque Thomiste, 1969).

Crawford, D. D., 'Intellect and Will in Augustine's *Confessions*', *Religious Studies* 24 (1988), 291–302.

Darwall, S., A. Gibbard and P. Railtion, 'Towards Fin de Siècle Eethics', *Philosophical Review* 101 (1992), 115–89.

Davidson, D., 'On the Very Idea of a Conceptual Scheme', *Proceedings and Addresses of the American Philosophical Society* 67 (1973–4), 5–20.

'How is Weakness of the Will Possible?', in *Essays on Action and Events* (Oxford University Press, 1980).

D'Entrèves, A. P., Natural Law (second revised edition, London: Hutchinson, 1970).

De Koninck, C., 'In Defence of St Thomas: A Reply to Father Eschmann's Attack on the Primacy of the Common Good', *Laval Théologique et Philosophique* 1. 2 (1945), 9–109.

De Sousa, R. B., *The Rationality of Emotion* (Cambridge, Mass.: MIT Press, 1987).

Review of Taylor, *Sources of the Self*, *Dialogue* 33 (1994), 109–23.

Dodds, E. R., *Plato's Gorgias* (Oxford University Press, 1959).

Donagan, A., *The Theory of Morality* (University of Chicago Press, 1977).

Duffy, E., 'Rewriting the Liturgy: The Theological Implications of Translation', *New Blackfriars* 78 (1997), 4–27.

Ellis, A., 'Neutrality and the Civil Service', in R. E. Goodin and A. Reeve (eds.), *Liberal Neutrality* (London: Routledge, 1989), 84–105.

287 Emilssen, E. K., *Plotinus on Sense Perception* (Cambridge University Press, 1988).

Ewing, A. C., *The Definition of Good* (New York: Macmillan, 1947).

Farrar, C., *The Origins of Democratic Thinking* (Cambridge University Press, 1988).

Ferreira, M. J., 'Faith and the Kierkegaardian Leap', in A. Hannay and G. D. Marino (eds), *The Cambridge Companion to Kierkegaard*, (Cambridge University Press, 1998), 207–34.

Fest, J. C., *The Face of the Third Reich* (Harmondsworth: Penguin, 1983).

Finnis, J. M., *Natural Law and Natural Rights* (Oxford University Press, 1980).

Fundamentals of Ethics (Washington, D. C.: Georgetown University Press, 1983).

Firestone, S., *The Dialectic of Sex: The Case for Feminist Revolution* (London: Jonathan Cape, 1970).

Flanagan, O. and A. O. Rorty (eds.), *Identity, Character and Morality* (Cambridge, Mass.: Harvard University Press, 1990).

Flew, A., 'Responding to Plato's Thrasymachus', *Philosophy* 70 (1995), 436–47.

Fortenbaugh, W. W., 'Aristotle's Conception of Moral Virtue and its Perceptive Role', *Transactions and Proceedings of the American Philological Association* 95 (1964), 77–87.

Foucault, M., 'Qu'est-ce un auteur?', *Bulletin de la Société Francaise de Philosophie* 63 (1969).

Frankfurt, H., 'Freedom of the Will and the Concept of a Person' *Journal of Philosophy* 68 (1971), 5–20.

The Importance of What We Care About (Cambridge University Press, 1988).

'On Bullshit', in *The Importance of What We Care About* (Cambridge University Press, 1988).

Friedman, M., 'The Social Self and the Partiality of Debates', in C. Card (ed), *Feminist Ethics* (Lawrence: University Press of Kansas, 1991), 161–79.

Fromm, E., *Man for Himself* (New York: Holt, Rinehart and Winston, 1947).

The Art of Loving (New York: Holt, Rinehart and Winston, 1957).

Furley, D., 'Antiphon's Case against Justice', in *Cosmic Problems* (Cambridge University Press, 1989), 66–76.

Fussell, P., *Wartime: Understanding and Behavior in the Second World War* (Oxford University Press, 1989).

Gauthier, D. P., 'Why Contractarianism?' (unpublished lecture).

Morals by Agreement (Oxford University Press, 1986).

Geach, P., 'Assertion', *Philosophical Review* 74 (1965), 449–65.

'The Moral Law and the Law of God', in P. Helm (ed.), *Divine Commands and Morality* (Oxford University Press, 1981), 165–74.

George, R. P., 'Natural Law and Human Nature', in R. P. George (ed.), *Natural Law Theory: Contemporary Essays* (Oxford University Press, 1992).

Gewirth, A., 'Are There any Absolute Rights?', in J. Waldron (ed.), *Theories of Rights* (Oxford University Press, 1984).

Gibbard, A., *Wise choices, Apt Feelings* (Cambridge, Mass: Harvard University Press, 1990).

288 Gill, G., 'Is there a Concept of Person in Greek Philosophy?', in S. Everson (ed.), *Psychology: Companions to Ancient Thought*, vol. II (Cambridge University Press, 1991).

Glendon, M. A., Rights Talk: *The Impoverishment of Political Discourse* (New York: Free Press, 1991).

Glover, J., 'It Makes no Difference Whether or Not I Do It', *Proceedings of the Aristotelian Society: Supplement* 49 (1979), 171–90.

Goodin, R. E., *Protecting the Vulnerable* (University of Chicago Press, 1985).

Green, R. M., *Kierkegaard and Kant: The Hidden Debt* (Albany: State University of New York Press, 1992).

Grisez, G., *The Way of the Lord Jesus: Christian Moral Principles* (Chicago: Franciscan Herald Press, 1983).

Haldane, J., 'MacIntyre's Thomist Revival: What Next?', in J. Horton and S. Mendus (eds.), *After MacIntyre* (Cambridge: Polity Press, 1994), 91-107.

'The Individual, the State and the Common Good', *Social Philosophy and Policy* 13 (1996), 59-79.

'Thomism and the Future of Catholic Philosophy', *New Blackfriars* 80 (1999), 158-71.

Halperin, D. M., 'Bringing Out Michel Foucault', *Salmagundi* 97 (1993), 69-89.

Hare, J. E., *The Moral Gap: Kantian Ethics, Human Limits and God's Assistance* (Oxford University Press, 1996).

'Augustine, Kant and the Moral Gap', in G. B. Matthews (ed.), *The Augustinian Tradition* (Berkeley and London: University of California Press, 1999), 251-62.

Hart, D. A., *Faith in Doubt: Non-Realism and Christian Belief* (London: Mowbray, 1993).

Hart, H. L. A., *The Concept of Law* (Oxford University Press, 1961)

Holland, R., *Against Empiricism* (Oxford University Press, 1980).

Hundert, E. G., *The Enlightenment's Fable: Bernard Mandeville and the Discovery of Society* (Cambridge University Press, 1994).

Inwood, B., *Ethics and Human Action in Early Stoicism* (Oxford University Press, 1985).

Irwin, T., *Plato's Ethics* (Oxford University Press, 1977).

Kahn, C. H., *Plato and the Socratic Dialogue* (Cambridge University Press, 1996).

Kleve, K., 'Lukrez und Venus', *Symbolae Osloenses* 41 (1966), 86–94.

'Lucrèce, l'épicurisme et l'amour', *Actes du Colloque Guillaume Budé* (1969), 376–83.

Korsgaard, C., 'Kant's Formula of Humanity', *Kant-Studien* 77 (1980), 181–202.

Kraut, R., 'Are there Natural Rights in Aristotle?', *Review of Metaphysics* 49 (1996), 755–74.

Kretzmann, N., 'Abraham, Isaac and Euthyphro: God and the Basis of Morality' in D. V. Stump, J. A. Arieti, L. P. Gerson and E. Stump (eds.), *Hamartia: The Concept of Error in the Western Tradition* (New York and Toronto: Edwin Mellen Press, 1983), 27–50.

Lewis, E., 'The Stoics on Identity and Individuation', *Phronesis* 40 (1995), 80–108.

289 Lillegard, N., 'Judge William in the Dock: MacIntyre on Kierkegaard's Ethics', in R. L. Perkins (ed.), *International Kierkegaard Commentary, Either/Or, Part* Ⅱ (Macon, Ga.: Mercer University Press, 1995).

Lisska, A. J., *Aquinas' Theory of Natural Law* (Oxford University Press, 1996).

MacIntyre, A., 'Existentialism', in M. Warnock (ed.), *Sartre: A Collection of Critical Essays* (New York: Doubleday, 1971), 1–58.

After Virtue (London: Duckworth, 1981).

Whose Justice? Which Rationality? (London: Duckworth, 1988).

Three Rival Versions of Moral Enquiry (London: Duckworth, 1990).

'A Partial Response to My Critics', in *After MacIntyre* (Cambridge: Polity Press, 1994), 295–7.

Mackie, J. L., *Morality: Inventing Right and Wrong* (Harmondsworth: Penguin, 1977).

Matthews, G. B., *Thought's Ego in Augustine and Descartes* (Ithaca: Cornell University Press, 1992).

McDowell, J., 'Projection and Truth in Ethics' (Lindley Lecture, University of Kansas 1987).

McInerny, R., 'Reflections on Christian Philosophy', in V. B. Brezik (ed.), *One Hundred Years of Thomism* (Houston: University of St Thomas Press, 1981), 63-73.

The Question of Christian Ethics (Washington, D. C.: Catholic University of America Press, 1993).

'Reply to Haldane', *New Blackfriars* 80 (1999), 192-5.

Miller, Fred R. Jr., *Nature, Justice and Rights in Aristotle's Politics* (Oxford University Press, 1995).

Mitsis, P., *Epicurus' Ethical Theory* (Ithaca and London: Cornell University Press, 1988).

Murdoch, I., *The Sovereignty of Good over Other Concepts* (Cambridge University Press, 1970).

Nagel, T., *The View from Nowhere* (Oxford University Press, 1986).

Nozick, R., *Anarchy, State and Utopia* (Oxford University Press, 1974).

Nussbaum, M., *The Therapy of Desire* (Princeton University Press, 1994).

O'Connor, D. J., *Aquinas and Natural Law* (London: Macmillan, 1967).

O'Neill, O., *Constructions of Reason* (Cambridge University Press, 1989).

Towards Justice and Virtue (Cambridge University Press, 1996).

O's Neill, O. and W. Ruddick (eds.), *Having Children: Legal and Philosophical Reflections on Parenthood* (New York: Oxford University Press, 1979).

Okin, S. M., *Justice, Gender and the Family* (New York: Basic Books, 1989).

Orr, A., *The unJewish State: The Politics of Jewish Identity in Israel* (London: Ithaca Press, 1983).

Osborn, E., *Tertullian: First Theologian of the West* (Cambridge University Press, 1997).

Owens, J., 'The *kalon* in the Aristotelian Ethics', in D. O'Meara (ed.), *Studies in Philosophy and the History of Philosophy* (Washington, D.C.: Catholic University of America Press, 1081), 261–77.

290 Paton, M., 'A Reconsideration of Kant's Treatment of Duties to Oneself', *Philosophical Quarterly* 40 (1990), 222–32.

Pears, D. F., *Motivated Irrationality* (Oxford University Press, 1984).

Penelhum, T., 'Hume's Moral Psychology', in D. F. Norton (ed.), *The Cambridge Companion to Hume* (Cambridge University Press, 1993), 117–47.

Pettit, P., 'Liberal/Communitarian: MacIntyre's Mesmeric Dichotomy', in J. Horton and S. Mendus (eds.), *After MacIntyre* (Cambridge: Polity Press, 1994), 176–204.

Picty, M., 'Kierkegaard on Rationality', *Faith and Philosophy* 10 (1993), 365–79.

Pincoffs, E. L., *Quandaries and Virtues* (Lawrence: University Press of Kansas, 1986).

Pocock, J. G. A., *The Machiavellian Moment: Florentine Political Theory and the Atlantic Republican Tradition* (Princeton University Press，1975).

Poole，R.，'The Unknown Kierkegaard：Twentieth-Century Receptions'，in A. Hannay and G. D. Marino (eds.)，*The Cambridge Companion to Kierkegaard* (Cambridge University Press，1998)，48–75.

Popper，K.，*The Open Society and its Enemies* (second edition，London：Routledge and Kegan Paul，1952).

Porter，J.，*The Recovery of Virtue* (Louisville：Westminster，1990).

Rawls，J.，*A Theory of Justice* (Cambridge，Mass：Harvard University Press，1971).

Political Liberalism (New York：Columbia University Press，1993).

Raz，J.，*The Morality of Freedom* (Oxford University Press，1986).

Rich，A. N. M.，'*Reincarnation* in Plotinus'，*Mnemosyne* 7 (1954)，232–8.

Rist，J. M.，'Aristotle：The Value of Man and the Origin of Morality'，*Canadian Journal of Philosophy* 4 (1974)，167–79.

Human Value (Leiden：Brill，1982).

The Mind of Aristotle (Toronto University Press，1989).

'Plato says we have tripartite souls. If he is right，what can we do about it?'，in M. O. Goulet-Cazé，G. Madec and D. O'Brien (eds.)，*Sophies Maieutores：chercheurs de sagesse：hommage à Jean Pépin* (Paris：Institut d'Etudes Augustiniennes，1992)，103–24.

Augustine：Ancient Thought Baptized (Cambridge University Press，1994).

'On the Aims and Effects of Platonic Dialogues'，*Iyyun* 46 (1997)，29–46.

'On the Very Idea of Translating Sacred Scripture'，in J. Krašovec (ed.), *Interpretation of the Bible* (Sheffield University Press, 1998), 1499-511.

'The Possibility of Morality in Plato's *Republic*', in J. Cleary and G. Gurtler (eds.), *Boston Area Colloquium in Ancient Philosophy* 14 (1999), 53-72.

On Inoculating Moral Philosophy Against God (Milwaukee: Marquette University Press, 2000).

Robinson, H., 'Aristotelian Dualism', *Oxford Studies in Ancient Philosophy* I (1983), 123-44.

Ross, J., 'Cognitive Reality', in L. Zagzebski (ed.), *Rational Faith* (Notre Dame University Press, 1993), 226-55.

Rossi, J. and M. Wreen (eds.), *Kant's Philosophy of Religion Reconsidered* (Bloomington: Indiana University Press, 1001).

291 Rudd, A., *Kierkegaard and the Limits of the Ethical* (Oxford University Press, 1993).

Savage, D., 'Kant's Rejection of Divine Revelation and his Theory of Radical Evil', in J. Rossi and M. Wreen (eds.), *Kant's Philosophy of Religion Reconsidered* (Bloomington: Indiana University Press, 1991), 54-76.

Schama, S., *Citizens* (Toronto: Random House, 1989).

Schofield, M., 'Sharing in the Constitution', *Review of Metaphysics* 49 (1996), 831-58.

Sedley, D., 'The Stoic Criterion of Identity', *Phronesis* 27 (1982), 255-75.

Skinner, Q., 'Machiavelli on the Maintenance of Liberty', *Politics* 18 (1983), 3-15.

Skorupski, J., 'Liberty's Hollow Triumph', in J. Haldane (ed.), *Philosophy and Public Affairs* (*Cambridge* University Press, 2000), 51-74.

Smart, J. J. C. and B. A. O. Williams, *Utilitarianism: For and Against* (Cambridge University Press, 1973).

Sokolowski, R., *Moral Action* (Bloomington: Indiana University Press, 1985).

Sorabji, R., *Animal Minds and Human Morals* (London: Duckworth, 1994).

Steiner, G., *Real Presences* (London: Faber, 1990).

Strycker, E. de and S. R. Slings, *Plato's Apology of Socrates* (Leiden: Brill, 1994).

Stump, E., 'Sanctification, Hardening of the Heart and Frankfurt's Concept of Free Will', *Journal of Philosophy* 85 (1988), 395–420.

'Aquinas on Justice', *American Catholic Philosophical Quarterly* 71 (1997), 61–78.

Sumner, L. W., *The Moral Foundation of Rights* (Oxford University Press, 1987).

Syme, R., *The Roman Revolution* (Oxford University Press: 1939).

Talmon, S., *The Origins of Totalitarian Democracy* (Harmondsworth: Penguin, 1986).

Taylor, C., 'Responsibility for Self', in A. O. Rorty (ed.), *The Identities of Persons* (Berkeley: University of California Press, 1976), 281–98.

Sources of the Self: The Making of the Modern Identity (Cambridge, Mass: Harvard University Press, 1980).

Veatch, H. B., *For an Ontology of Morals* (Evanston, Ill.: Northwestern University Press, 1971).

Swimming against the Current in Contemporary Philosophy (Washington, D.C.: Catholic University of America Press, 1990).

Walden, G., 'Contemporary Art, Democracy and the State', in J. Haldane (ed.), *Philosophy and Public Affairs* (Cambridge University Press, 2000), 85–95.

Walzer, M., *Spheres of Justice: A Defence of Pluralism and Equality* (New York: Basic Books, 1983).

Warnock, G., *English Philosophy since 1900* (Oxford University Press, 1966).

Wiggins, D., 'Truth, Invention and the Meaning of Life', *Proceedings of the British Academy* 62 (1976), 331–78.

'Claims of Need', in T. Honderich (ed.), *Morality and Objectivity* (London: Routledge and Kegan Paul, 1985), 149–202.

Wilkes, K. V., *Real People* (Oxford University Press, 1988).

Williams, B., *Ethics and the Limits of Philosophy* (London: Fontana, 1985).

Wollheim, R., *The Thread of Life* (Cambridge University Press, 1984).

索　引

译后记

约翰·M·瑞斯特（John M. Rist）是当代西方著名哲学家。他1959年毕业于英国剑桥大学，获古典学学士学位；同年，赴加拿大多伦多大学古典学系任教；1969年晋升为教授；1980年，成为阿伯丁大学古典学讲座教授；1983年，返回多伦多大学，同时在哲学系和古典学系担任讲座教授，直到1996年退休。退休之前，他出版了《普罗提诺：通往现实之路》（剑桥大学出版社1967年出版）、《亚里士多德的思想》（多伦多大学出版社1989年出版）、《奥古斯丁：被洗礼的古代思想》（剑桥大学出版社1994年出版）等十部专著，发表了70篇学术论文，内容几乎涉及古希腊哲学的所有领域。他对新柏拉图主义和斯多葛学派的研究在国际上享有盛名。目前正致力于研究古希腊伦理学、神学，尤其是对柏拉图的伦理思想和圣·奥古斯丁的神学思想进行了深入、独到的探讨，受到了学术界的广泛关注。

《真正的伦理学——重审道德之基础》是瑞斯特于2001年推出的一部伦理学专著。该书在结构上可以分为三个部分：（1）第一章到第七章主要是历史追溯，作者探讨和分析了柏拉图的至善理论及其后来的演变、柏拉图的爱的理论及其“灵魂分裂说”和一些试图替代柏拉图道德实在论的伦理学理论。在这些章节里，作者主要把人作为一种道德（精神）个体来对待，试图通过分析个人的意志自由等来凸显人对先验的形而上学道德基础的需要。(2) 第八章转向探讨伦理学的政治意蕴，作者探讨和分析了伦理学向政治领域延伸的趋势，试图通过展现道德实在论和反道德实在论对社会意识形态的不同影响突出前者的正确性。(3) 第九章重提伦理学与神学的关系问题，作者再次从宏观转向微观，从社会转向个人，试图通过探讨个人道德信念和个人宗教信仰之间的关系重申“上帝必须是导致我们道德生活的最终有效原因”的观点。

该著作集中体现了瑞斯特研究古希腊伦理学的成就，给我们提供了一种广阔的伦理学视野。瑞斯特在当代伦理学领域里取得了引人注目的成就——他在历史传统中研究伦理学，但他没有简单地描述历史。正因为如此，他的著作在研究柏拉图伦理思想方面显示了不同凡响的力度——这种力度不是通过解释柏拉图的著作本身获得的，而是通过理解那些著作暗示的人与上帝的关系获得的。对柏拉图的伦理思想，尤其是对《理想国》中的伦理思想的分析与作者对从康德到休谟、帕菲特再到罗尔斯等现、当代西方哲学家的思想的剖析紧密结合在一起，这种伦理学研究方法具有贯通古今、比较研究的特色和优势。

著作的整体思路是：柏拉图把超越自我利益的道德建立在形而上学基础之上，并把有关形而上学基础的本质的分析置于伦理探讨的核心地位，这一传统为伦理学奠定了永恒的牢固基础，而当代西方道德哲学不再具有柏拉图伦理学中的形而上学体系，不再是任何形式的客观道德实在论，而是充满非认识论、道德虚无主义、非基础主义、非理性主义、形式主义的结论，因而陷入了空前的混乱——当代西方在争论伦理学基础问题时陷入了普遍危机。瑞斯特还进一步指出，当今许多道德辩论中的混乱部分是由于学术界之外的人和学术界内部的人不愿意直接面对日益严重的伦理学危机造成的。为了论证他的观点，瑞斯特没有列举尼采等自由主义思想家的观点和立场，而是用有力的论证方式证明他们的思想不具有可辩护性，只有柏拉图的道德实在论能够接受论证的检验。瑞斯特证明了柏拉图在《理想国》里使用的方法的有效性——令人信服地证明拒绝正义基础的人犯错误的唯一途径在于展示他们拒绝正义的客观道德要求所造成的全面社会后果和政治后果。在瑞斯特看来，只有柏拉图的道德实在论才是理解人类道德生活的最佳道德理论。虽然他有时也批评柏拉图道德哲学的不足，但从整体上来说，他对后者抱持一种积极肯定的态度。正如他在著作的导论里所说："柏拉图的道德实在论是一种古怪的理论，因为它对我们提出了严格要求，然而，如果他和那些将他的哲学发扬光大的人是严重错误的话，那么这个世界就是一个更加古怪的世界——我是说这个世界不仅更可怕，而且更不可理解——比我们有些人所能想象的更加严重。"

瑞斯特对柏拉图道德哲学的推崇和肯定与现代西方元伦理学家对柏拉图所持的普遍批评态度形成了鲜明对照。现代西方元伦理学家普遍拒斥西方传统哲学本体论意义上的形而上学，认为哲学、伦理学并没有超越于经验科学之上的优越性，它们应该像数学、逻辑学那样具有严密的逻辑性，因而强调道德必须建立在形而上学基础之上的柏拉图常常是他们批评的对象。他们反对把人的道德生活诉求看成由先验的"善"的理念规定的结果，而是要求把人的道德行为表现视为道德直觉、道德义务感或道德情感的产物。而在瑞斯特看来，形而上学不仅是柏拉图哲学、伦理学赖以存在的基础，而且是一切哲学和伦理学的基础所在。从这种意义上来说，瑞斯特对柏拉图伦理思想的反思和分析代表了当代西方批评现代元伦理学的思想潮流，表达了一些西方学者希望重新认识和重视西方传统规范伦理学的思想倾向。

整体看来，该书是一部视野广阔、思想广博的著作。作者在元伦理学主导 20 世纪西方伦理学舞台的历史条件下大力倡导回归传统规范伦理学的学术思路在当代西方具有特别重要的现实意义。在道德问题层出不穷、此起彼伏的人类社会，不同伦理学理论之间的斗争和融合是一个永不停止的过程。经过一个多世纪的激荡，元伦理学在西方掀起的反传统规范伦理学运动因其过激的反传统性正在失去进一步发展的力量，目前正越来越明显地表现出一种与西方传统伦理学理论相互融合的趋势。将伦理学研究严格地局限于概念分析、语言分析和逻辑分析容易导致“空洞”和“贫乏”，但如果像柏拉图那样诉诸抽象的神秘的理念或干脆求助于上帝来建构伦理学理论体系是否能够从根本上使伦理学摆脱目前的困境呢？这恐怕也是一个值得商榷、难有定论的问题。

在阅读该著作过程中，读者难免会对瑞斯特的许多观点提出异议，这在提倡“百花齐放，百家争鸣”的当今中国显然是极其自然的事情。我们翻译该书的重要目的之一就在于引他人之言，更多地激发我们自身的思想活力。

参与该著作翻译的共有三人。其中向玉乔教授负责翻译著作的导论和第一、二、三、四、五、七、九章，万丹副教授负责翻译第六章，邓志伟副教授负责翻译第八章。另外，向玉乔教授还承担了整个译文的校正工作。参与翻译的每一个成员都尽心尽力，力图做到精益求精。然而，由于水平有限，在翻译过程中出现错误在所难免。为此，我们恳请广大读者批评指正。

译者

2011 年 9 月于岳麓山下

This is a Simplified-Chinese translation of the following title published by Cambridge University Press:

Real Ethics: Reconsidering the Foundations of Morality, 9780521006088
© Cambridge University Press 2002

This Simplified-Chinese translation for the People's Republic of China (excluding Hong Kong, Macau and Taiwan) is published by arrangement with the Press Syndicate of the University of Cambridge, Cambridge, United Kingdom.

© China Renmin University Press 2022

This Simplified-Chinese translation is authorized for sale in the People's Republic of China (excluding Hong Kong, Macau and Taiwan) only. Unauthorized export of this Simplified-Chinese translation is a violation of the Copyright Act. No part of this publication may be reproduced or distributed by any means, or stored in a database or retrieval system, without the prior written permission of Cambridge University Press and China Renmin University Press.

Copies of this book sold without a Cambridge University Press sticker on the cover are unauthorized and illegal.

本书封面贴有 Cambridge University Press 防伪标签，无标签者不得销售。

图书在版编目(CIP)数据

真正的伦理学/瑞斯特（Rist，J. M.）著；向玉乔等译. —北京：中国人民大学出版社，2011.12
（当代世界学术名著）
ISBN 978-7-300-14791-8

Ⅰ.①真… Ⅱ.①瑞…②向… Ⅲ.①伦理学-研究 Ⅳ.①B825

中国版本图书馆 CIP 数据核字（2011）第 239840 号

当代世界学术名著
真正的伦理学
——重审道德之基础
约翰·M·瑞斯特（John M. Rist） 著
向玉乔 等 译
Zhenzheng de Lunlixue

出版发行	中国人民大学出版社		
社　　址	北京中关村大街31 号	**邮政编码**	100080
电　　话	010－62511242（总编室）		010－62511770（质管部）
	010－82501766（邮购部）		010－62514148（门市部）
	010－62515195（发行公司）		010－62515275（盗版举报）
网　　址	http://www. crup. com. cn		
经　　销	新华书店		
印　　刷	运河（唐山）印务有限公司		
规　　格	155 mm×235 mm　16 开本	**版　　次**	2012 年 3 月第 1 版
印　　张	21.25 插页 2	**印　　次**	2022 年 8 月第 2 次印刷
字　　数	290 000	**定　　价**	48.00 元

版权所有　侵权必究　　印装差错　负责调换